計量経済学の
革新的アプローチ

部分識別入門

Tsunao Okumura
奥村綱雄

日本評論社

● はしがき

　本書は、計量経済学の分野で急速に発展している新しい研究方法、「部分識別」（Partial Identification）について解説するものです。

　計量経済学には、「原因が結果に与える効果（因果効果）は、観察されるデータを分析するだけでは完全に識別できない（わからない）」という、本質的な課題である「識別問題」があります。この識別問題に対し、従来の計量経済学は、データの分布や因果効果を表す関数に多くの仮定（前提条件）を課すことにより、因果効果を識別してきました。しかし、①課した仮定の中には、便宜的に設けた仮定や信憑性に欠ける仮定が含まれる、②課す仮定によって推定結果が異なる、という問題があり、誰もが納得するような推定結果を得ることが困難でした。

　それに対し、「部分識別」の計量経済学は、この識別問題に新しい解決方法を提示しました。「部分識別」では、まず、「何も仮定を置かずに、観察されるデータのみをもとに分析したなら、因果効果について何が識別できるのか（わかるのか）」を考えることからスタートします。次に、「多くの人々が納得するような最小限の仮定を課した上で分析したときには、さらにどこまでの因果効果を識別できるのか」を考えていきます。そのため、「部分識別」では、分析対象の因果効果を、ある値をピンポイントに識別する（つまり、点識別）のではなく、因果効果の入りうる幅（バウンド、範囲）として識別（つまり、部分識別）します。

　部分識別の計量経済学は、従来の点識別の計量経済学では分析が困難であっ

た、①政策効果の評価と予測、②不等式の仮定の下での推定、③ゲーム理論の実証分析、④データに欠損値がある場合の推定などの問題に、「因果効果の部分識別」を発展的に応用することにより、分析を可能にしました。

　この部分識別の方法は、いまや経済学にとどまらず、教育学、社会学、政治学、犯罪学、医学、健康科学など、多様な分野において広く応用されています。これは識別問題が、諸分野のデータ分析で直面する共通の課題であるからです。そして、既存の点識別の方法の限界のために分析が不可能と考えられてきた問題に対し、部分識別の方法は新しい解決の手段を提示したからです。そのため、部分識別の方法は、欧米においてはいまや計量経済学の標準的ツールとして使われるようになっており、大学院の計量経済学の授業において主要な項目として教えられています。実践現場においても、部分識別の方法は、政策評価や将来予測の重要なツールとして使われはじめています。なお、部分識別の方法は、バウンド（Bounds）、集合識別（Set Identification）、集合推定（Set Estimation）、モーメント不等式（Moment Inequalities）、不等式制約下の推定（Inference Based on Inequalities）とも呼ばれています。

　このように具体的成果をあげている「部分識別」の計量経済学は、1989年に、Charles Manski現ノースウェスタン大学教授によって創始されたもので、今日まで、同教授を中心に発展してきました。Manski教授は、部分識別の研究による学術的貢献により、2009年米国科学アカデミー会員、2014年イギリス学士院 Corresponding Fellow、2015年トムソン・ロイター（現クラリベイト・アナリティクス）引用名誉賞（ノーベル経済学候補賞）、2017年アメリカ経済学会 Distinguished Fellowを受賞しています。

　このような国際的な状況に比して、日本においてはまだ、「部分識別」についての理解が計量経済学の専門家にとどまっています。「部分識別」という言葉をはじめて聞く人もおられるのではないかと思います。実際、部分識別に関する日本語の文献はほぼ皆無と言えます。海外でも、Manski教授による著書（Manski 1995, 2003, 2005, 2007, 2013）がありますが、一般的な計量経済学の教科書には、まだ詳しい解説は載っていません。

　そこで本書では、「部分識別」への理解を促進するために、ステップ・バイ・ステップで要点を解説していきたいと思います。最先端の計量経済学を知りた

い方、社会科学のデータを分析し実証研究をしたい方、政策評価の方法を総合的に知りたい方、そのような大学生、大学院生、研究者、政策担当者、エコノミストの方々を対象に執筆しております。計量経済学の専門的知識がない読者も直観的に本書を理解できるように、「大学教育を受けることにより、賃金はどの程度変わるのか？」、「銃規制は犯罪を抑止する効果があるのか？」、「ドメスティックバイオレンス（家庭内暴力）事件の被疑者を逮捕すると、その被疑者の再犯は防止されるのか？」、「企業が市場に参入するかどうかをライバル企業の動向を見ながら戦略的に決めるとき、企業はどのような判断基準で参入を決めるのか？」など、実際に皆さんに関心を持っていただけるような社会事象の具体例を使いながら、丁寧にわかりやすく説明していきます。

本書の構成

第1章では、部分識別の基本的な考え方を説明します。まず、因果効果を「平均処置効果」として数式で表します。次に、識別問題とは何かについて説明します。その際、「平均処置効果」の例として「大学教育を受けることによって、平均的に賃金はどれだけ変わるか」（大学教育のリターン）を使い、具体的に説明します。そして、その識別問題を、従来の点識別の計量経済学はどのように対処してきたのか、その際の問題点は何かについて説明します。それと対比して、識別問題を部分識別の計量経済学がどのように対処するのかを説明します。とくに、「平均処置効果」を「何も仮定せずに、データのみから部分識別する方法」について、大学教育のリターンを具体例として、データを使って実際に部分識別しながら説明していきます。部分識別の結果は、「大学教育を受けることによって、賃金は最低で〇％上昇し、最高で〇％上昇する」のように、幅（バウンド）として得られます（「部分識別のバウンド」は、「推定問題の信頼区間」とは全く異なる概念です）。

第2章から第5章までは、「多くの人々が納得でき信頼できる弱い仮定を課したときに、平均処置効果はどう部分識別されるのか」を、大学教育のリターンの実証例等を使って説明します。経済学では不等式で表される仮定が多く用いられていますが、従来の点識別の計量経済学では不等式の仮定は識別条件として使うことができませんでした。一方、部分識別では、不等式の仮定を識別

条件として使うことができます。ここでは、「信頼できる弱い仮定」として不等式の仮定を課したとき、どのようにして平均処置効果の入りうるバウンドが識別されるのかを説明します。

　第2章では、「増加関数の仮定」を課します。「増加関数の仮定」は、経済学では供給関数、生産関数、人的資本関数（教育の効果）等に課され、頻繁に扱われる不等式の仮定です。「増加関数の仮定」の下、平均処置効果のバウンドを識別し、データを使って大学教育のリターンのバウンドを推定します。この仮定の下で識別されたバウンドは、第1章の何も仮定しないときに識別されたバウンドより狭くなります。その狭まり方が、「増加関数の仮定」の持つ「識別力」を表します。次に、「供給曲線と需要曲線の交点（均衡）のデータのみからでは、供給曲線と需要曲線のシフトは識別できない」という古典的な識別問題に対し、部分識別の方法でそれが識別できることを示します。ここでは、供給曲線が価格の増加関数であり、需要曲線が価格の減少関数であることのみ仮定し、「増加関数の仮定」の下でのバウンドを活用します。

　第3章では、まず、「操作変数の仮定」（除外制約）を課します。従来の点識別の計量経済学では、「操作変数の仮定」の下、操作変数法を使うことによって「識別問題」に対処してきました。この章では、部分識別の方法により、「操作変数の仮定」の下では、平均処置効果はバウンドで識別されることを示し、さらに、操作変数法による点推定値は、「操作変数の仮定」に「線形関数の仮定」が加えられて初めて得られることを示します。次に、「操作変数の仮定」の等式関係を不等式関係に弱めた「単調操作変数の仮定」を考察します。実証研究において、操作変数の候補が「操作変数の仮定」を満たさないと考えられる場合でも、より弱い「単調操作変数の仮定」を満たすと想定できる場合があります。「単調操作変数の仮定」の下で、平均処置効果のバウンドを識別します。

　第4章では、「単調処置選択の仮定」を課します。最小二乗法などでは「独立の仮定」（説明変数と誤差項の無相関の仮定）が課されますが、人々が自身の能力や選好に応じて説明変数を選択するとき、「独立の仮定」は満たされなくなります。これを「自己選択（セレクション）問題」と呼び、社会科学のデータ分析の際にしばしば直面する問題です。しかし、このようなケースの中には、「独立の仮定」を不等式関係に弱めた「単調処置選択の仮定」を満たすと想定でき

る場合がよくあります。①「単調処置選択の仮定」を課したとき、②「単調処置選択の仮定」と「増加関数の仮定」を同時に課したとき、③「単調処置選択の仮定」と「凹増加関数の仮定」（限界生産力逓減の仮定）を同時に課したとき、それぞれの平均処置効果のバウンドを識別します。そして、③で識別されたバウンドが強い識別力を持つこと、そして、その大学教育のリターンのバウンドの推定値より、既存の大学教育のリターンの点推定値が過大推定されている可能性を指摘します。

第5章では、第1章から第4章で説明した部分識別の方法を使った3つの実証研究を説明します。1つ目に、米国ミネアポリス市で行われたドメスティックバイオレンス事件の被疑者を警察官が逮捕するか、逮捕しないかをランダムに決めて、被疑者の逮捕が再犯防止にどの程度効果があるのかを検証した「ランダム化実験」を例にとり、最小二乗法や操作変数法による点識別の推定結果に対し、部分識別の方法による推定結果がどのような優位性を持つのかを説明します。2つ目に、米国で行われている食糧配給政策が、配給を受けた家族の子どもの健康状態をどの程度改善するのかを部分識別の方法により推定し、最小二乗法による点推定値と比較します。3つ目に、実際に就業している人々の賃金だけでなく、（失業者や就業意欲喪失者などの）就業していない人々が仮に就業した場合に得られる賃金をも含めた、母集団全員の賃金の分布を、部分識別の方法で推定します。そして、推定された賃金分布より、母集団全員に関する賃金の不平等、あるいは、男女間や学歴間の賃金格差の度合いを推定します。

第6章では、ゲーム理論での複数均衡の問題に、部分識別分析を適用します。ゲーム理論のモデルに複数均衡が存在する場合、プレーヤーの反応関数のパラメータと実現均衡との間に一対一の対応関係が成立しません。そのため、従来の点識別の計量経済学では、観測される実現均衡のデータからプレーヤーの反応関数を点識別して推定することが困難でした。この章では、複数均衡が存在する場合に、反応関数のパラメータと実現均衡との間に不等式の関係が成立することを用いて、部分識別の方法により、反応関数をバウンドで識別し、推定します。ここではとくに、①2つの企業の市場参入ゲームにおけるそれぞれの企業の利潤関数と、②オークションゲームにおける入札者の評価額の分布（需要関数）を、バウンドで識別し、実際に数値例を使って推定します。

第7章では、「集合推定」や「モーメント不等式推定」とも呼ばれる、部分識別の推定の方法について説明します。部分識別では、識別対象のパラメータが入りうるバウンドとして（パラメータがベクトルの場合は集合として）識別されます。しかし、この識別されたバウンドや集合を推定することは、これまでの計量経済学が行ってきたような、「ある値」（点）を推定する方法とは異なるため、新領域の研究方法となります。この章では、部分識別の方法により識別したパラメータのバウンド（モーメント不等式モデル）を、有限のデータを使ってどのように推定（集合推定）するか、パラメータのバウンドの信頼区間（信頼集合）をどのように求めるか、パラメータの仮説検定をどのように行うかを説明します。

＊　　＊　　＊

　本書は、第1章から順に読んでいただくことを想定していますが、読者の関心によっては、以下のような読み方をすることも考えられます。

　(1)「識別問題」は、計量経済学の本質的課題であるにもかかわらず、これまで十分な関心が払われていない印象があります。そこで本書では、識別問題への対処が必要となる計量経済学の実証研究におけるさまざまな具体例をとりあげています。そして、識別問題がどうして計量経済学の本質的課題なのかを、丁寧に説明しています。とくに、第1章1.1節〜1.5節、第1章補論1、第2章2.4節2.4.1項、第5章5.2節5.2.1〜5.2.4項、第5章5.3節5.3.1項、第5章5.4節5.4.1項、第6章6.2節においてそうした具体例をとりあげていますので、それらの例に興味を惹かれる読者は、まず、その中のいくつかの例を読んで識別問題の概要を把握し、問題意識を高めてから、再度、第1章のはじめから改めて読んでいくのもよいかもしれません。

　(2) 部分識別は、いまや、ゲーム理論を応用した経済モデルの実証分析、とくに、実証産業組織論に広く活用されています。そちらに関心のある読者は、第1章を読んだ後、第6章を読まれるのもよいと思います。

　(3) 部分識別の推定方法は、集合推定やモーメント不等式推定と呼ばれて、近年、急速に発展していますが、そうした面に関心の高い読者は、第1章を読んだ後、第7章を読むことをおすすめします。

はしがき

＊　＊　＊

　本書を執筆するにあたり、2015年4月から2016年3月にわたって、『経済セミナー』誌に連載した「部分識別入門」を基本として、大幅に加筆し改訂しましたが、加えて日本経済学会2015年度春季大会での招待講演「部分識別とその応用」（奥村 2015）と、経済セミナー増刊『進化する経済学の実証分析』所収の奥村（2016）、および筆者の研究論文の内容も反映しました。

謝　辞

　Charles Manski教授には、筆者のノースウェスタン大学での大学院生時代から、同大学に客員研究員として滞在した期間を含め現在に至るまで、ご指導をいただきました。Rosa Matzkin現カリフォルニア大学ロサンゼルス校（UCLA）教授からもご指導をいただきました。

　日本評論社の吉田素規氏には、『経済セミナー』での連載から本書の出版まで、一貫してお世話になりました。本書の内容を、横浜国立大学経済学部と大学院での授業と演習（ゼミ）で使用し、受講生とゼミ生からは有益なフィードバックをいただきました。

　皆様方に心より感謝いたします。

2018年8月

奥村綱雄

● 目 次

はしがき　i

第1章　部分識別とは ———————————————— 1

1.1　はじめに　*1*
1.2　部分識別の考え方　*3*
1.3　基本的なモデル設定　*7*
1.4　識別問題とは　*9*
1.5　独立の仮定と伝統的な計量経済学　*12*
1.6　部分識別　*14*
1.7　何も仮定しないときのバウンド　*19*
1.8　おわりに　*24*
補論1　銃の携帯を許すと犯罪は助長されるか抑止されるか？
　　　　：仮定次第で結果は変わる　*24*
　　　仮定と点識別の関係　*24*
　　　弱い仮定の下での部分識別　*29*
補論2　条件付き確率、全確率の法則、条件付き期待値、
　　　繰り返し期待値の法則　*33*
補論3　条件付き独立の仮定と平均処置効果の識別　*35*

第2章　増加関数の仮定の下での部分識別 ———————— 37

2.1　はじめに　*37*
2.2　増加関数の仮定の下でのバウンド　*38*
2.3　凹増加関数の仮定の下でのバウンド　*47*
2.4　需要・供給曲線のシフトの部分識別　*51*
　　2.4.1　需要・供給曲線のシフトの識別問題　*51*
　　2.4.2　右上がりの供給曲線と右下がりの需要曲線の仮定の下での
　　　　　需要・供給シフトの部分識別　*53*
2.5　おわりに　*63*

補論　確率優越とDパラメータ　63
　　　（第一次）確率優越　64
　　　Dパラメータ　64

第3章　操作変数の仮定と単調操作変数の仮定の下での部分識別 ── 67

3.1　はじめに　67
3.2　操作変数の仮定の下でのバウンド　68
　3.2.1　関数 $y_j(\cdot)$ に操作変数の仮定のみを課したときの
　　　　パラメータのバウンド　68
　3.2.2　関数 $y_j(\cdot)$ が増加関数であり、かつ、操作変数の仮定を満たすときの
　　　　パラメータのバウンド　76
3.3　単調操作変数の仮定の下でのバウンド　79
　3.3.1　関数 $y_j(\cdot)$ に単調操作変数の仮定のみを課したときの
　　　　パラメータのバウンド　79
　3.3.2　関数 $y_j(\cdot)$ が増加関数であり、かつ、単調操作変数の仮定を満たすときの
　　　　パラメータのバウンド　87
3.4　線形関数における操作変数の仮定と単調操作変数の仮定の識別力　88
3.5　おわりに　92

第4章　単調処置選択の仮定の下での部分識別 ── 93

4.1　はじめに　93
4.2　単調処置選択の仮定の下でのバウンド　95
　4.2.1　単調処置選択の仮定のみの下でのバウンド　95
　4.2.2　増加関数と単調処置選択の仮定の下でのバウンド　103
4.3　凹増加関数と単調処置選択の仮定の下でのバウンド　107
4.4　おわりに　121

第5章　部分識別による平均処置効果と確率分布の実証研究 ── 123

5.1　はじめに　123
5.2　ランダム化実験や操作変数法と比較した部分識別法の優位性
　　：ドメスティックバイオレンスの被疑者を逮捕すると
　　再犯はどの程度抑止できるか　124

5.2.1　ドメスティックバイオレンスの被疑者逮捕のランダム化実験　*124*

　　　5.2.2　ランダム化実験法による平均処置効果の推定　*125*

　　　5.2.3　不遵守者がいる場合の識別問題　*128*

　　　5.2.4　操作変数法による局所的平均処置効果（LATE）の推定　*133*

　　　5.2.5　何も仮定しないときの平均処置効果のバウンド推定　*137*

　　　5.2.6　操作変数の仮定の下での平均処置効果のバウンド推定　*138*

　　　5.2.7　操作変数の仮定と単調処置選択の仮定の下での平均処置効果の
　　　　　　 バウンド推定　*140*

　　　5.2.8　操作変数の仮定と単調操作変数の仮定の下での平均処置効果の
　　　　　　 バウンド推定　*142*

　5.3　政策効果の推定（プログラム評価）
　　　　：食糧配給政策が子どもの健康に与える効果　*146*

　　　5.3.1　自己選択問題から生じる政策効果の識別問題　*146*

　　　5.3.2　政策効果の部分識別　*148*

　　　5.3.3　推定結果　*156*

　5.4　確率分布の推定：賃金の分布、および、それから推定される
　　　　不平等の度合い　*157*

　　　5.4.1　確率分布の識別問題　*157*

　　　5.4.2　確率分布の部分識別　*160*

　　　5.4.3　賃金の分布とその不平等の度合いの推定結果　*162*

　5.5　おわりに　*167*

　補論1　操作変数推定量は、遵守者に対する局所的平均処置効果（LATE）
　　　　 となることの（(5.17)式）の証明　*168*

　補論2　(5.33)式の導出と、
　　　　 推定値(5.34)、(5.35)、(5.37)、(5.38)式の計算　*169*

　　　補論2A　操作変数の仮定と単調操作変数の仮定の下での
　　　　　　　 $E[y(t)|v=u]$ のバウンド(5.33)式の導出　*169*

　　　補論2B　推定値(5.34)、(5.35)、(5.37)、(5.38)式の計算　*170*

　補論3　母集団の賃金分布 $P[y(1) \leq a]$ の四分位範囲 IQR の
　　　　 バウンドの上限(5.85)式の証明　*173*

第6章　ゲーム理論における部分識別 —— *175*

　6.1　はじめに　*175*

　6.2　ゲーム理論の複数均衡から生じる識別問題　*176*

　6.3　ゲーム理論の複数均衡から生じる識別問題に対する

    部分識別の方法　*185*
 6.4　オークションの識別問題に対する部分識別の方法　*190*
 6.5　おわりに　*202*

第7章　部分識別の推定 ——————————————— *203*

 7.1　はじめに　*203*
 7.2　モーメント不等式　*204*
 7.3　集合推定　*207*
 7.4　信頼集合　*211*
   7.4.1　信頼集合の求め方と問題点　*211*
   7.4.2　一般化モーメント選択　*216*
   7.4.3　一般化モーメント選択の手順　*218*
   7.4.4　その他の信頼集合の推定方法　*223*
 7.5　おわりに　*226*

参考文献　*227*

索　引　*234*

第1章 部分識別とは

1.1 はじめに

　本書では、計量経済学の分野で近年急速に発展している**「部分識別」**（Partial Identification）について解説する。部分識別は、**バウンド**（Bounds）識別とも呼ばれ、その推定については、**集合推定**（Set Estimation）、**モーメント不等式**（Moment Inequalities）とも呼ばれる計量経済学の新しい分野である。1989年に、Charles Manski現ノースウェスタン大学教授によって創始され、その後、同教授を中心に発展してきた。部分識別の研究とは簡単に述べると、**「対象であるパラメータについて、データのみから何が識別できるか？　その上で、信頼できる弱い仮定を課したときに、何が識別できるか？」**を考えていくことである[1]。

　これまでの計量経済学は、対象の分布や関数形に多くの仮定を課して、パラメータを識別しようとしてきた。この場合の識別とは、パラメータが完全に識別できる（1つの点として識別できる）ことであり、そうでなければ過少識別（Under-identification）の状態であり、識別不可能とされる。よって、完全に識別（**点識別**）できるまで強い仮定が必要となる。しかし、近年の理論・実証研究が示すように、多くの経済学者は、これらの強い仮定を課すことに懐疑的であ

---

[1] 識別については次節で説明する。今のところ、「わかること」という意味と考えてよい。

1.1 はじめに

る。それに対してManskiは、このような仮定をすべて排して、データのみから何がわかるかを考えた。その結果、パラメータは完全に識別（点識別）されるのではなく、**パラメータが入りうる幅（バウンド）として識別**された。つまり、パラメータを部分的に識別（部分識別）できることを見出したのである。さらに彼は、これまで課されてきた仮定の中から、信頼できる弱い仮定のみを課して、パラメータが入りうるバウンドを識別した。そして、仮定を少しずつ加えていきながら、バウンドを識別し、その狭まり方をみることによって、追加した仮定の持つ**識別力**（Identification Power）を明らかにした。

このManskiによる新しい考え方は、計量経済学の本質的問題である「**識別問題**」（Identification Problem）に対し、新しい研究方法を提示することとなった。第1に、部分識別により、多くの経済学者が同意するような信頼できる弱い仮定のみを課して、求めたいパラメータを（入りうるバウンドとして）識別することが可能になった。その結果、①因果効果、および、政策評価の識別問題、②自己選択（Self-selection）問題から生じる識別問題、③ゲーム理論での複数均衡の識別問題、④データの欠損値によって生じる識別問題、⑤顕示選好理論に基づく離散選択の識別問題など、これまで十分に分析できなかった、もしくは、識別するために根拠の乏しい強い仮定が必要であった問題に対し、新しい解決方法を示したのである。第2に、部分識別により、仮定と識別結果の関係が明白になったため、実証研究でどの仮定を課すべきかを判断できるようになった。部分識別では、仮定を強くすると、識別されるバウンドは狭くなり（識別力は強まり）、はっきりした推定結果を言えるようになる。しかしその一方で、仮定が強まると、信頼性の低い仮定が加わることになるので、その推定結果の信頼性は低くなる[2]。このような仮定の識別力と信頼性のトレードオフを観察することにより、有益でかつ信頼のおける実証結果を得るためにはどの仮定を課すべきかを判断できる。

本章以下1.2節では、部分識別の基本的な考え方を説明する。1.3節では、本書で用いる基本的なモデル設定を説明する。1.4節では、識別問題について説

---

[2] これを Manski は、「信頼性逓減の法則」（Law of Decreasing Credibility）と呼んでいる。

明する。1.5節では、伝統的な点識別の計量経済学は、この識別問題をどのように対処してきたかを説明する。1.6節では、部分識別が識別問題をどのように解決するのかを説明する。そして、具体的な実証例として、Okumura and Usui (2014) の教育のリターンの推定結果を用いて、仮定が増えるに従い、バウンドの推定値がどのように狭くなっていくのかをみる[3]。1.7節では、最初の部分識別研究である、何も仮定しないときにデータのみから何が識別されるのかを説明する。1.8節がまとめとなる。

1.2 部分識別の考え方

　伝統的な点識別の計量経済学では、パラメータの推定に際し、関数形を特定化したり、誤差項の分布に制約を加えたりと、多くの仮定が課される。しかし、関数形や誤差項の分布は幾種類も存在し、どの形状を選択するかによって、推定結果は異なる。誤った仮定の下で得られた推定結果に基づいて政策効果の予測を行うと、かえって誤った政策を提言してしまう。

　例として、計量経済学で最初に勉強する以下の線形回帰モデルを考えよう。

$$y_j = a + bz_j + u_j, \quad j = 1, ..., n, \quad \mathrm{E}[u|z] = 0 \tag{1.1}$$

ここで、z_j は処置変数（Treatment）[4]、y_j は結果変数（Outcomes）、u_j は誤差項である。z_j は説明変数や独立変数とも呼ばれ、y_j は被説明変数や従属変数とも呼ばれるが、本書では最近のミクロ計量経済学で使われる処置変数、結果変数と呼ぶことにする。

　(1.1)式には多くの仮定が課されている。とくに、①結果変数 y_j に対し、処置変数 z_j と誤差項 u_j が線形の関係にある、②処置変数の結果変数への効果 b は、すべての個人 j で同一である、③誤差項 u_j は処置変数 z_j と相関しないと仮定されている。

3）それぞれの仮定の意味は、1.5節で説明する。
4）1.3節で説明するように、正確には、z_j は実現処置変数と呼ばれる。

1.2 部分識別の考え方

図1.1　伝統的方法

〈点識別〉（完全に識別）

$y_j = a + bz_j + u_j$, 　 $E[u|z] = 0$, 　 $j = 1, ..., n$

仮定を　　弱める

関数形の仮定を弱める
・セミパラメトリック
・ノンパラメトリック

独立の仮定を弱める
・ランダム化実験
・コントロール変数法
・マッチング法
・傾向スコア法
・操作変数法

　しかし、これらの仮定は個人の経済行動を適切に表現しているだろうか？個人の複雑な行動が(1.1)式の単純な線形関係で表され、さらに、全員が処置変数に対して同じ反応を示すと考える人は少ないであろう。また、誤差項 u_j は、測定誤差だけではなく、観測されない個人の能力や嗜好といった異質性（Heterogeneity）も表しているが、個人は異質性 u_j の影響を受けて処置変数 z_j を選んでいる（自己選択している）と考えることが多い。そのため、$E[u|z] \neq 0$ である可能性が高い。

　伝統的な計量経済学は、(1.1)式のような厳しい仮定から出発して、根拠に乏しい仮定や推定のために便宜上課されているような**仮定を少しずつ弱めながら**、求めたいパラメータを点識別してきた（図1.1）。その成果が、特定な関数形を仮定しないセミパラメトリック法やノンパラメトリック法などであり、処置変数 z_j と誤差項 u_j の無相関の仮定（独立の仮定）を弱めたランダム化実験、コントロール変数法、マッチング法、傾向スコア法、操作変数法などである（1.5節で説明する）。しかし、これらの方法でも、点識別を達成するためには、依然として多くの便宜上の仮定が必要である。

　それに対し、部分識別は**真逆の発想**である。ノンパラメトリック計量経済学を代表する研究者であったManskiは、識別問題について仮定を弱めていく伝統的なアプローチで考えているうちに、それとは全く反対の考え方を思いついた：「**もし何も仮定しなかったら、データのみから何が識別できるのか？**」。

　1.6節と1.7節で示すが、その答えは簡単に導けたのである。それは、パラメータが1つの点として完全に識別されるのではなく、パラメータが入りうる幅

図1.2 部分識別

〈バウンド識別〉(識別問題の解決, 仮定の識別力)

信頼できる弱い仮定	仮定を　加える	不等式制約の仮定

信頼できる弱い仮定
・増加(減少)関数
・単調処置選択
・自己選択

不等式制約の仮定
・凹増加関数
・単調操作変数
・複数均衡モデル

何も仮定しないとき、データのみから何が識別できるか?

(バウンド)として識別された。伝統的な計量経済学では、点として完全に識別される(点識別)のでなければ、過少識別の状態であり、識別不可能とされる。しかしManskiは、**識別が完全か不可能かの二者択一の概念ではないことを示し、部分識別という新しい概念を提示した**[5]。

　Manskiはこの結果をもとに、多くの経済学者が同意するような信頼できる弱い**仮定を少しずつ加えながら**、仮定とデータから何が部分識別できるのかを示していった(図1.2)。そして、以下の4つの成果を挙げた。第1に、計量経済学の本質的問題である識別問題に新しい解決策を与えた。識別問題とは、(データが無限個ある場合でも)データから求めたいパラメータを一意に(点として)識別できない問題である。しかし、点識別の方法ではパラメータを識別できない場合でも、部分識別の方法であればパラメータを入りうるバウンドとして識別できる。部分識別がどのようにパラメータを識別するのかについては、次節以降で具体的に説明する。第2に、不等式関係で表される定性的な仮定を持つモデルのパラメータを、バウンドとして識別することが可能になった。本書で説明するように、経済学では、増加関数、凹増加関数、単調処置選択、単調操作変数の仮定やゲーム理論での複数均衡モデルの仮定など、不等式の仮定が多く用いられている。しかし、不等式の仮定の下ではパラメータを点識別できないため、伝統的計量経済学では不等式の仮定を扱うことができなかった。それ

---

5) 部分識別のようなアイディアが過去に全くなかったわけではない。何人かの研究者によって散発的に行われてきたが、継続的に研究されることはなく、その後の研究に影響を与えることはなかった。詳しくは、Manski (2003) p.5を参照。

1.2 部分識別の考え方

に対し、部分識別では、不等式の仮定の下で、パラメータを入りうるバウンドとして識別することができる。第 3 に、有益で信頼のおける実証結果を得るためには、どの仮定を課せばよいかを判断できるようになった。部分識別では、仮定を加えるに従い、識別されるバウンドは狭くなっていく。よって、その狭まり方を観察することにより、加えられた仮定の持つ識別力を知ることができる。一方、実証研究における仮定の妥当性や信頼性は、経済学の知見から判断できる。よって、仮定の持つ識別力と信頼性のバランスを考えながら、どの仮定の組み合わせが、それぞれの実証研究において最適なのかを判断することができる。第 4 に、点識別の伝統的な計量経済学では、計量手法により、推定結果やそれに基づく政策効果予測が異なってきた。部分識別の研究により、点識別の推定結果や政策効果予測の違いは、計量手法に課されている仮定の違いによることが明白になった（第 4 の成果については、本章の補論 1 「銃の携帯を許すと犯罪は助長されるか抑止されるか？」で具体的に説明する）。

本節の最後に、**識別**（Identification）と推定（Inference）の違いについて説明したい。識別とは、データが無限にある（つまり、母集団すべてが標本である）ときに、求めたいパラメータの真の値が決定できることを言う[6]。それに対し、推定は、識別されたパラメータを有限なデータで正確に推測することを言う。よって、推定問題は、有限なデータから生じる問題であり、データの数が増えるに従い解消されていくのに対し、識別問題は、データの数が増えても解消されない。**部分識別されるバウンドは、推定問題の信頼区間とは全く異なる概念**であることに注意してほしい。信頼区間は、母集団から有限のデータを抽出する際に生じる不正確さを表しているのに対し、部分識別のバウンドは、識別問題から生じる曖昧さを表している。また、部分識別によって、真のパラメータは識別バウンドの内側に存在することはわかるが、そのバウンド内のどこに存在しがちであるかはわからない。本書では、まず識別を中心に説明し、第 7 章でバウンドの信頼区間など推定方法を説明する。ただし、第 6 章までに多くの実証分析を使って説明していくので、そのとき示すバウンドの推定値は、バウンドの識別値に対応する標本統計量（主に標本平均）を用いることとする[7]。

---

6) 点識別の厳密な定義については、Matzkin（2007）を参照。

表1.1 本書のモデルの表記

表記	意味	表記	意味
$j = 1, 2, ..., n$	個人	$y_j(\cdot)$	関数（反応関数）
t	処置変数（モデルの説明変数）	z_j	実現処置変数（説明変数）
$y_j = y_j(z_j)$	実現結果変数（被説明変数）	$t \neq z_j$ に対する $y_j(t)$	潜在的結果変数
(z_j, y_j)	観測される標本（データ）	$[\underline{y}, \overline{y}]$	結果変数の値域
$E[y(t)]$	結果変数の期待値	$P[y(t)]$	結果変数の分布
$E[y(t)\|z=s]$	条件付き期待値（実現処置変数がsの人々の結果変数の平均値）	$E[y(1)] - E[y(0)]$	平均処置効果

1.3 基本的なモデル設定

本節では、本書の基本的なモデルを説明する。母集団 J の各個人 j は、関数 $y_j(\cdot)$ を持ち、それは、**処置変数**（Treatment）である t を、**結果変数**（Outcomes）である $y_j(t)$ に写す。処置変数の定義域を T とする。結果変数 $y_j(t)$ の値域 Y は、有限な最小値 $\underline{y}$ と有限な最大値 $\overline{y}$ を持つ実数値の閉区間とする（$Y = [\underline{y}, \overline{y}]$）。

ここで、個人 j が実際に受けた（または選んだ）処置変数（**実現処置変数**）を $z_j \in T$ とする。よって、観測される（実現する）結果変数 y_j は、$y_j = y_j(z_j)$ となる。その一方で、個人 j が実際に受けなかった（選ばなかった）処置変数 $t \neq z_j$ の結果変数 $y_j(t)$ は観測されず、**潜在的結果変数**（Latent Outcomes）と呼ばれる。

以上より、各個人の標本 (z_j, y_j) が観察され、データとして得られる。われわ

---

7) 標本統計量はノンパラメトリックなカーネル回帰法等により推定する。とくに断りのないかぎり、このバウンドの標本統計量は、識別されたバウンドの一致推定量になる。

1.3 基本的なモデル設定

れの目的は、このデータと仮定を組み合わせて、結果変数の期待値 $E[y(t)]$ や分布 $P[y(t)]$ を識別することである。これらの変数を表1.1にまとめている[8]。

例として、教育のリターンの推定を挙げる。教育を受けることによって、将来得られる賃金が平均的にどれだけ上昇するかを識別し推定することは、経済学において重要な研究テーマである[9]。関数 $y_j(\cdot)$ を、教育を処置変数とする賃金関数（または人的資本関数）と考え、ある人が t の教育を受けた結果、得られる賃金を $y_j(t)$ とする。いま簡単化のため、処置変数 t は 0 か 1 をとり、$t=0$ を高校卒業（高卒）、$t=1$ を大学卒業（大卒）とする。一方、実際に個人 j の最終学歴が高卒であるときを $z_j=0$、個人 j の最終学歴が大卒であるときを $z_j=1$ とする。識別において重要な点は、高卒 $z_j=0$ の個人 j の賃金 $y_j(0)$ は観測されるが、もしその人が大卒だった場合の賃金 $y_j(1)$ は、仮想的な（Counterfactual）潜在的結果変数であり、未実現で観測されないことである。同様に、大卒 $z_j=1$ の個人 j の賃金 $y_j(1)$ は観測されるが、もしその人が高卒だった場合の賃金 $y_j(0)$ は観測されない。

図1.3は、横軸に処置変数 t、縦軸に結果変数 $y_j(t)$ をとり、高卒の人々の実際に観測される平均賃金 $E[y(0)|z=0]$（$=E[y|z=0]$）を●Aで、大卒の人々の実際に観測される平均賃金 $E[y(1)|z=1]$（$=E[y|z=1]$）を●Bで表し、高卒の人々がもし大卒だった場合の仮想的な平均賃金 $E[y(1)|z=0]$ を○Cで、大卒の人々がもし高卒だった場合の仮想的な平均賃金 $E[y(0)|z=1]$ を○Dで表している[10]。●は観測されるが、○は観測されない。

---

8) 本書では、Manski のグループが使う表記を踏襲する。ミクロ計量経済学の教科書である Angrist and Pischke（2009, 2015）が使う表記のほうが馴染みのある読者には、両者の対応を以下の表に示すので参照してほしい。

	本書, Manski	Angrist and Pischke
処　置	t	t
実際に受けた処置（実現処置）	z_j	D_j
関数	$y_j(t)$	Y_{tj}

9) Angrist and Pischke（2009, 2015）の教科書は、教育のリターンの点推定の実証研究を多く引用している。

図1.3 識別問題

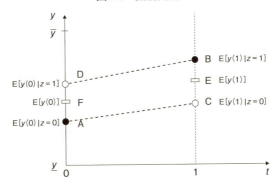

1.4 識別問題とは

　教育のリターンの例では、識別したい大学教育のリターンは、すべての人が大学教育を受ける（高卒から大卒になる）ことによって、平均的に賃金はどれだけ上昇するかである。よってそれは、

$$E[y(1)-y(0)] = E[y(1)] - E[y(0)] \tag{1.2}$$

で表される。これを**平均処置効果**（Average Treatment Effect：ATE、または、プログラム評価）と呼ぶ。

　まず、すべての人が大卒だったときの平均賃金$E[y(1)]$の識別を考えよう。高卒（$z_i = 0$）の人口比率を$P(z=0) = $ 高卒の人数/(高卒の人数＋大卒の人

---

10) 条件付き期待値$E[y(0)|z=0]$は、実現処置変数$z_i = 0$（高卒）の条件の下で、処置変数が$t=0$（高卒）の賃金$y_i(0)$の期待値であるから、$E[y(0)|z=0] = E[y|z=0]$、すなわち、高卒の人々の実際に観測される賃金の平均値となる。一方、条件付き期待値$E[y(1)|z=0]$は、実現処置変数が$z_i = 0$（高卒）の条件の下で、処置変数が$t=1$（もし大卒だったら）の場合の賃金$y_i(1)$の期待値であるから、$E[y(1)|z=0]$は高卒の人々がもし大卒だった場合の平均賃金となる。条件付き期待値$E[y(1)|z=1] = E[y|z=1]$と$E[y(0)|z=1]$についても同様である。条件付き期待値については、本章の補論2を参照。また、図1.3で描いた$E[y(1)|z=1]$（●B）と$E[y(1)|z=0]$（○C）の大小関係と、$E[y(0)|z=0]$（●A）と$E[y(0)|z=1]$（○D）の大小関係は単なる例である。これらの大小関係を入れ替えても、以下の議論は変わらない。

1.4 識別問題とは

数)とし、大卒($z_i = 1$)の人口比率を$P(z=1)=$大卒の人数/(高卒の人数+大卒の人数)とすると、**繰り返し期待値の法則**より、$E[y(1)]$は、

$$E[y(1)] = E[y(1)|z=1]P(z=1) + E[y(1)|z=0]P(z=0) \tag{1.3}$$

と書ける(「繰り返し期待値の法則」(Law of Iterated Expectations) については、本章の補論2を参照)。つまり、全員が大卒だったときの平均賃金$E[y(1)]$(図1.3の□E)は、実際に大卒の人々の平均賃金$E[y(1)|z=1]$(●B)と、高卒の人々がもし大卒だった場合の平均賃金$E[y(1)|z=0]$(○C)の平均値となる。(1.3)式において、$E[y(1)|z=1]$(●B)、$P(z=1)$、$P(z=0)$は観測されるが、**仮想的な$E[y(1)|z=0]$(○C)は観測されないため、$E[y(1)]$(□E)は識別できない**。これが**識別問題**である。同様に、全員が高卒だったときの平均賃金$E[y(0)]$は、

$$E[y(0)] = E[y(0)|z=0]P(z=0) + E[y(0)|z=1]P(z=1) \tag{1.4}$$

と書ける。(1.4)式において、実際に高卒の人々の平均賃金$E[y(0)|z=0]$(●A)、$P(z=0)$、$P(z=1)$は観測されるが、大卒の人々がもし高卒だった場合の仮想的な平均賃金$E[y(0)|z=1]$(○D)は観測されないため、$E[y(0)]$(□F)は識別できない。よって、**平均処置効果$E[y(1)]-E[y(0)]$(□Eと□Fの差)は識別できない**。ここで、$E[y(1)|z=1]-E[y(0)|z=0]$(●Bと●Aの差)は、実際に観測される高卒と大卒の賃金格差を表しており、識別したい$E[y(1)]-E[y(0)]$(□Eと□Fの差)と異なることに注意しよう。

本書では、(1.2)式の平均処置効果を識別対象とするが、平均処置効果以外に、以下の2つを識別対象にすることがある(教育のリターンの例で説明する)。

(1) 「実際に高卒であった人々($z_i = 0$)が、もし大卒であった場合($t=1$)に(つまり、大学教育を受けた場合に)、平均的に賃金はどれだけ上昇するか」:

高卒の人々の実際に観測される平均賃金は$E[y(0)|z=0]$(●A)であり、高卒の人々がもし大卒だった場合の仮想的な平均賃金は$E[y(1)|z=0]$(○C)である。よって、この識別対象は、

$$E[y(1)|z=0] - E[y(0)|z=0] \tag{1.5}$$

（○Cと●Aの差）で表される。これを、**処置を受けなかった人々にとっての平均処置効果**（Average Treatment Effect on the Untreated）と呼ぶ。このとき、$E[y(0)|z=0]$（●A）は観測されるが、**仮想的な $E[y(1)|z=0]$**（○C）は観測されないため、処置を受けなかった人々にとっての平均処置効果 $E[y(1)|z=0] - E[y(0)|z=0]$ は**識別できない**。

(2)「実際に大卒であった人々（$z_i = 1$）が、もし高卒であった場合（$t = 0$）に（つまり、大学教育を受けなかった場合に）、平均的に賃金はどれだけ低かったか」：

大卒の人々の実際に観測される平均賃金は $E[y(1)|z=1]$（●B）であり、大卒の人々がもし高卒だった場合の仮想的な平均賃金は $E[y(0)|z=1]$（○D）であるから、この識別対象は、

$$E[y(1)|z=1] - E[y(0)|z=1] \qquad (1.6)$$

（●Bと○Dの差）で表される。これを、**処置を受けた人々にとっての平均処置効果**（Average Treatment Effect on the Treated）と呼ぶ。このとき、$E[y(1)|z=1]$（●B）は観測されるが、**仮想的な $E[y(0)|z=1]$**（○D）は観測されないため、処置を受けた人々にとっての平均処置効果 $E[y(1)|z=1] - E[y(0)|z=1]$ は**識別できない**。

よって、平均処置効果、処置を受けなかった人々にとっての平均処置効果、処置を受けた人々にとっての平均処置効果のいずれも識別できない[11]。

---

11) 平均処置効果（ATE）、処置を受けなかった人々にとっての平均処置効果（ATUT）、処置を受けた人々にとっての平均処置効果（ATT）の関係は、

$$E[y(1)] - E[y(0)] \text{ (ATE)}$$
$$= \{E[y(1)|z=0] - E[y(0)|z=0]\} \text{ (ATUT)} \times P(z=0)$$
$$+ \{E[y(1)|z=1] - E[y(0)|z=1]\} \text{ (ATT)} \times P(z=1)$$

である。

1.5 独立の仮定と伝統的な計量経済学

伝統的な点識別の計量経済学は、さまざまな仮定を課して識別問題に対処してきた。その代表的なものが、実現処置変数 z_j と結果変数 $y_j(t)$ の「**独立の仮定**」（Mean Independence）である[12]。この仮定は、図1.3では、$t = 0, 1$ のそれぞれにおいて●と○が一致する、つまり、

$$\mathrm{E}[y(1)|z = 1]\,(\bullet \mathrm{B}) = \mathrm{E}[y(1)|z = 0]\,(\circ \mathrm{C}) \tag{1.7}$$

$$\mathrm{E}[y(0)|z = 0]\,(\bullet \mathrm{A}) = \mathrm{E}[y(0)|z = 1]\,(\circ \mathrm{D}) \tag{1.8}$$

を表している[13]。

独立の仮定の下では、(1.7)式と(1.8)式は、

$$\mathrm{E}[y(1)] = \mathrm{E}[y(1)|z = 1] = \mathrm{E}[y(1)|z = 0] \quad (\bullet \mathrm{B}、\circ \mathrm{C}、\square \mathrm{E} \text{が一致}) \tag{1.9}$$

$$\mathrm{E}[y(0)] = \mathrm{E}[y(0)|z = 0] = \mathrm{E}[y(0)|z = 1] \quad (\bullet \mathrm{A}、\circ \mathrm{D}、\square \mathrm{F} \text{が一致}) \tag{1.10}$$

となる。よって、この仮定の下では、平均処置効果(1.2)式は、

---

[12] 第4章4.2節（(4.10)式）、および第5章5.4節（(5.71)式）で説明する「統計的独立の仮定」と区別するために、「平均独立の仮定」と呼ばれることもある。

[13] $y_j(t)$ が線形関数で、かつ、b が j に対して一定である場合、すなわち、$y_j(t) = a + bt + u_j$ を考えよう。このとき、

$$\mathrm{E}[y(1)|z = 1] = \mathrm{E}[a + b + u|z = 1] = a + b + \mathrm{E}[u|z = 1]$$

であり、

$$\mathrm{E}[y(1)|z = 0] = \mathrm{E}[a + b + u|z = 0] = a + b + \mathrm{E}[u|z = 0]$$

であるから、独立の仮定(1.7)式は、

$$\mathrm{E}[u|z = 1] = \mathrm{E}[u|z = 0]$$

である。同様に、独立の仮定(1.8)式も、

$$\mathrm{E}[u|z = 0] = \mathrm{E}[u|z = 1]$$

である。さらに、$\mathrm{E}[u] = 0$ の仮定の下では、$\mathrm{E}[u|z] = 0$ が独立の仮定となる。これは、線形回帰モデル(1.1)式で課されている仮定である。

$$E[y(1)] - E[y(0)] \quad (\square E と \square F の差)$$
$$= E[y(1)|z=1] - E[y(0)|z=0] \quad (●B と ●A の差) \tag{1.11}$$

となり、大学教育のリターンは、観測される大卒と高卒の賃金格差として識別される[14]。この $E[y(1)|z=1] - E[y(0)|z=0]$ は、大卒と高卒のサンプルのみを使って、(1.1)式を最小二乗法で推定した b の推定値でもある。

しかし、人間の行動は独立の仮定を満たさないことが多くの実証研究で示されている。教育のリターンの例でいうと、個人の能力は、その人が選択する学歴と将来得る賃金の両方に影響すると考えられる。よって、高卒の人々 ($z=0$) と大卒の人々 ($z=1$) は平均的能力が異なるため、高卒と大卒が得られる平均賃金は、たとえ同じ学歴であったとしても異なるであろう。すなわち、

$$E[y(1)|z=1] \, (●B) \neq E[y(1)|z=0] \, (○C) \tag{1.12}$$
$$E[y(0)|z=0] \, (●A) \neq E[y(0)|z=1] \, (○D) \tag{1.13}$$

である可能性が高い。

そこで、伝統的計量経済学は、独立の仮定が成立するような状況を見つけ出し、その限定的な状況の下で、$E[y(1)] - E[y(0)]$ を識別する計量手法を開発してきた。例えば、ランダム化実験は、独立の仮定を正当化できる環境を人工的に作り出し、その下でパラメータを推定する(ランダム化実験については、第5章5.2節を参照)。また、コントロール変数法(重回帰法)、マッチング法、傾向スコア(Propensity Score)法は、実現処置変数 z_i と結果変数 $y_i(t)$ の相関を生み出す第三の変数(共変量:Covariates)を観測し、その変数が同じ値をとるグループにおいて独立の仮定が成立すると仮定して、パラメータを推定する(この仮定を、条件付き独立の仮定と言う。本章の補論3を参照)。操作変数法は、

---

[14] (1.7)式と(1.8)式の独立の仮定の下では、①「処置を受けなかった人々にとっての平均処置効果」である $E[y(1)|z=0] - E[y(0)|z=0]$ (○Cと●Aの差)も、②「処置を受けた人々にとっての平均処置効果」である $E[y(1)|z=1] - E[y(0)|z=1]$ (●Bと○Dの差)も、$E[y(1)|z=1] - E[y(0)|z=0]$ (●Bと●Aの差)となる。つまり、独立の仮定の下では、(全員にとっての)平均処置効果、処置を受けなかった人々にとっての平均処置効果、処置を受けた人々にとっての平均処置効果の3つは一致し、$E[y|z=1] - E[y|z=0]$ になる。

図1.4 識別問題と部分識別

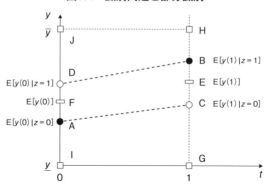

操作変数が結果変数 $y_i(t)$ にランダムに割り当てられ、かつ、実現処置変数 z_i を外生的に動かすと仮定して（これを、操作変数の仮定、あるいは、除外制約と言う）、独立の仮定が操作変数を通して成立すると考えて、パラメータを推定する（操作変数法については、第3章3.4節と第5章5.2節を参照）。言い換えると、これらの既存の点識別の計量手法は、観測できない図1.3の○を、観測できる●から推測することにより、求めたいパラメータを識別しようとする方法である。

1.6 部分識別

部分識別は、伝統的計量経済学の発想とは真逆の方向から思考することにより、計量経済学が持つ本質的問題である識別問題に新たな解答を与えることになった。

部分識別では、識別問題に対して以下の発想を提示する：「○がわからないのであれば、放っておけばいいじゃないか」。具体的には、「識別のために、観測できない○に独立の仮定などの恣意的な仮定を課すのではなく、何も仮定を課さなければどうなるかを考えよう」という発想である。**観察できない○に何も仮定しなければ、○がとりうる値の範囲は、結果変数 $y_i(t)$ の値域 $[\underline{y}, \overline{y}]$ になる**。図1.4は、図1.3に $y_i(t)$ の値域の下限 $\underline{y}$ と上限 $\overline{y}$ を□で書き込んだ図であるが、$\underline{y}(\Box G) \leq \mathrm{E}[y(1)|z=0] (\bigcirc C) \leq \overline{y}(\Box H)$、および、$\underline{y}(\Box I) \leq \mathrm{E}[y(0)|z=1]$

図1.5 部分識別のバウンド

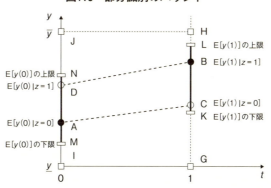

(○D) $\leq \bar{y}$ (□J) であることがわかる。よって、(1.3)式の観測されない $E[y(1)|z=0]$ (○C) を値域の下限 $\underline{y}$ と上限 $\bar{y}$ で置き換えることにより、$E[y(1)]$ が入りうるバウンドが以下のように識別される。

$$E[y(1)|z=1]P(z=1) + \underline{y}P(z=0) \leq E[y(1)] \\ \leq E[y(1)|z=1]P(z=1) + \bar{y}P(z=0) \tag{1.14}$$

図1.5は、(1.14)式のバウンドを表している。(1.14)式の下限（□K）は、$E[y(1)|z=0]$（○C）が $\underline{y}$（□G）と一致したときのその値 $\underline{y}$ と $E[y(1)|z=1]$（●B）の平均値である。(1.14)式の上限（□L）は、$E[y(1)|z=0]$（○C）が $\bar{y}$（□H）と一致したときのその値 $\bar{y}$ と $E[y(1)|z=1]$（●B）の平均値である。

同様に、(1.4)式の観測されない $E[y(0)|z=1]$（○D）を値域の下限 $\underline{y}$ と上限 $\bar{y}$ で置き換えることにより、$E[y(0)]$ が入りうるバウンドが識別される。

$$E[y(0)|z=0]P(z=0) + \underline{y}P(z=1) \leq E[y(0)] \\ \leq E[y(0)|z=0]P(z=0) + \bar{y}P(z=1) \tag{1.15}$$

図1.5では、(1.15)式の下限（□M）は、○Dと□Iが一致したときのその値 $\underline{y}$ と●Aの平均値であり、(1.15)式の上限（□N）は、○Dと□Jが一致したときのその値 $\bar{y}$ と●Aの平均値である。

(1.14)式と(1.15)式を使って、求めたいパラメータである平均処置効果 $E[y(1)] - E[y(0)]$ が入りうるバウンドを求めることができる。$E[y(1)] - E[y(0)]$

1.6 部分識別

のバウンドの下限は、$E[y(1)]$ が (1.14) 式の下限となり、$E[y(0)]$ が (1.15) 式の上限となったときに得られる。つまり、$E[y(1)]-E[y(0)]$ のバウンドの下限は、(1.14) 式の $E[y(1)]$ の下限（図1.4の□K）から (1.15) 式の $E[y(0)]$ の上限（□N）を引いたものとなる。一方、$E[y(1)]-E[y(0)]$ のバウンドの上限は、$E[y(1)]$ が (1.14) 式の上限となり、$E[y(0)]$ が (1.15) 式の下限となったときに得られる。つまり、$E[y(1)]-E[y(0)]$ のバウンドの上限は、(1.14) 式の $E[y(1)]$ の上限（□L）から (1.15) 式の $E[y(0)]$ の下限（□M）を引いたものとなる。具体的には、

$$\{E[y(1)|z=1]P(z=1)+\underline{y}P(z=0)\}-\{E[y(0)|z=0]P(z=0)+\overline{y}P(z=1)\}$$
$$\leq E[y(1)]-E[y(0)]$$
$$\leq \{E[y(1)|z=1]P(z=1)+\overline{y}P(z=0)\}-\{E[y(0)|z=0]P(z=0)+\underline{y}P(z=1)\} \quad (1.16)$$

(1.14) 式、(1.15) 式、(1.16) 式が、何も仮定をせずにデータのみから識別されるパラメータ $E[y(1)]$、$E[y(0)]$、$E[y(1)]-E[y(0)]$ のバウンドである。

部分識別では、さらに、信頼できる仮定を少しずつ加えて、観測できない○のとりうる範囲を狭めていくことにより、その範囲に対応するパラメータ $E[y(1)]$、$E[y(0)]$、$E[y(1)]-E[y(0)]$ の入りうるバウンドを狭めていく。

大学教育のリターンの例で示そう。Okumura and Usui (2014) は、凹増加関数と（後述する）単調処置選択の仮定の下で、平均処置効果が入りうるバウンドを識別した。そして、アメリカの個票データである National Longitudinal Survey of Youth 1979 (NLSY79) の 2000 年版を用いて、教育のリターン（平均処置効果）の入りうるバウンドを推定した。同時に、部分識別でこれまで使われてきた弱い仮定のそれぞれの下で、教育のリターンが入りうるバウンドを推定し、前者と後者を比較している。Okumura and Usui (2014) の具体的な内容は、第 4 章 4.3 節で詳しく説明するが、その前にこうした識別による推定結果を、ここで示すことにする[15]。

前述の大学教育のリターンの説明では、処置変数 t は 0 か 1 で、高卒と大卒の人々のみをサンプルとしていたが、Okumura and Usui (2014) では、処置変

---

[15] 推定には、35歳から44歳の非自営業で常勤の白人のサンプルを使っている。

表1.2　大学教育のリターンの推定値

〈点識別〉

手法	推定値	標準誤差
①大卒と高卒の賃金格差 （大卒と高卒のサンプルの最小二乗推定値）	0.131	0.009
②全サンプルの最小二乗推定値	0.100	0.005

〈部分識別〉

仮定		バウンドの推定値	
		下限	上限
③何も仮定しない	(Manski 1990)	−0.863	0.883
④増加関数	(Manski 1997)	0.000	0.777
⑤増加関数と単調処置選択	(Manski and Pepper 2000)	0.000	0.138
⑥凹増加関数と単調処置選択	(Okumura and Usui 2014)	0.000	0.115

注）Okumura and Usui（2014）で用いたNLSY79のデータを使って、それぞれの仮定の下でバウンドを推定している。

数 t は、高校中退以下（$t=1$）、高校卒業（$t=2$）、短大卒業または大学中退（$t=3$）、大学卒業（$t=4$）、大学院以上（$t=5$）の5つのレベルに教育水準を分類し、このすべてのサンプルを使う。結果変数の実現値 y_j は個人 j が2000年に得た賃金の log 値をとる。1.7節で説明するが、上記の(1.2)〜(1.16)式は、t のカテゴリーが三値以上の場合にも適用できる。推定したいパラメータは、全員がもし高校卒業（$t=2$）から大学卒業（$t=4$）に教育水準が変化したとき、平均的に賃金は年率で何パーセント変化するかであり、$\{E[y(4)]-E[y(2)]\}/4$ で表される[16]。

表1.2が推定結果である。①行の0.131は、実際の log(賃金) の大卒の平均値と高卒の平均値の差（$\{E[y(4)|z=4]-E[y(2)|z=2]\}/4$）であり、同時に、高卒と大卒のサンプルのみを使って、(1.1)式を最小二乗法で推定した b の推定値でもある。②行の0.100は、全サンプルを使って(1.1)式を最小二乗法で推定した b の推定値である。これまで、アメリカのデータを使った教育のリターンの推定が数多く行われており、最小二乗推定値は5.2%から8.5%程度、操作変数推定値は7.8%から13.2%程度と報告されている（Card 1999, 2001を参照）。

---

16) $y_j = \log(賃金)$ なので、$E[y(4)]-E[y(2)]$ は高校卒業から大学卒業に教育水準が変化したときの平均賃金の変化率を表し、$\{E[y(4)]-E[y(2)]\}/4$ はそれを大学教育年数の4で除して年率単位で表している。

1.6 部分識別

表1.2の③〜⑥行は、部分識別による、教育のリターン $\{E[y(4)]-E[y(2)]\}/4$ が入りうるバウンドの推定値を示している[17]。③行の何も仮定しないバウンドの推定値の具体的な求め方については1.7節で、④行の増加関数の下でのバウンド、⑤行の増加関数と単調処置選択の下でのバウンド、⑥行の凹増加関数と単調処置選択の下でのバウンドの各推定値の求め方については、第2章と第4章で説明し、ここでは結果の解釈のみ行う。

③行の何も仮定しないときに $\{E[y(4)]-E[y(2)]\}/4$ が入りうるバウンドの推定値は、大学教育により賃金が年率で最悪86.3%減少し、最高で88.3%増加することを示している。最も広く保守的な推定値となるが、重要な点は、大学教育のリターンはこのバウンド推定値の範囲外では起こりえないと言うことである[18]。④行は、Manski (1997) が提示した、関数 $y_j(\cdot)$ が増加関数であるときのバウンドの推定値を示している。増加関数の仮定とは、処置変数 t_1, t_2 が、$t_1 \leq t_2$ であるとき、$y_j(t_1) \leq y_j(t_2)$ であることを言う。教育は賃金を低下させないというこの仮定は、多くの人が同意する信頼できる弱い仮定といえる。この仮定の下での大学教育の効果は、最悪で0%、最高で77.7%上昇である。仮定から下限が非負になる一方、上限は10.6%低下している。⑤行は、Manski and Pepper (2000) が提示した、関数が増加関数で単調処置選択の仮定を満たすときのバウンドの推定値を示している。単調処置選択の仮定とは、処置変数 $t_1, t_2, t \in T$ が、$t_1 \leq t_2$ であるとき、$E[y(t)|z=t_1] \leq E[y(t)|z=t_2]$ であることを言う。この仮定は、独立の仮定 $E[y(t)|z=t_1] = E[y(t)|z=t_2]$ の等式関係を、片側の不等式関係に弱めたものである。教育のリターンの多くの既存研究では、能力の高い人ほど高い学歴を選択し、同時に、高い賃金関数を持つ傾向があると考えられている。単調処置選択の仮定は、この考えを表している[19]。⑤行の推定値より、増加関数と単調処置選択の仮定の下では、大学教育のリターンは、最悪で0%、最高で13.8%上昇である。単調処置選択の仮定を加えることによ

---

[17] データにおける y_j の最小値が0.19、最大値が4.79であるので、$\underline{y}=0$、$\overline{y}=5$ としている。

[18] Manski は、何も仮定しないバウンドを「最悪の場合のバウンド」(Worst-case Bounds) と呼んでいる。

[19] $y_j(t)$ が、$y_j(t) = a+bt+u_j$ であり、推定式が(1.1)式の場合、単調処置選択の仮定は、$t_1 \leq t_2$ のとき $E[u|z=t_1] \leq E[u|z=t_2]$ となる(脚注13参照)。

り、バウンドがかなり狭まる。

　このManski and Pepper（2000）の推定結果により、部分識別が実証研究に有用であると多くの経済学者に理解され、その後部分識別が大きく発展した。しかし、⑤行のバウンド上限の推定値13.8％は、既存研究の教育のリターンの点推定値（5.2％から13.2％）に比べまだ大きい。⑥行は、Okumura and Usui（2014）が提示した、関数が凹増加関数で単調処置選択の仮定を満たすときのバウンドの推定値を示している。凹増加関数は、経済学が一般的に仮定する限界生産力が逓減する関数である。労働経済学では、賃金関数や人的資本関数は、教育に関して限界生産力が逓減する関数であると考えられているので、凹増加関数の仮定は信頼できる弱い仮定といえる。⑥行の推定値より、大学教育は賃金を、最悪で0％、最高で11.5％上昇させることがわかり、既存研究の教育のリターンの点推定値と比べても、十分に識別力を持つ。

　以上のように、仮定が強まるとバウンドの推定値が狭まることが観察でき、それぞれの仮定の識別力が明白になる。そして、強い仮定の下では、狭いバウンド推定値が得られ、はっきりした結論が言えるようになる。その一方で、ある仮定を課すことはそれと排反する仮定を排除することになるため、強い仮定の下では、誤った推定値と結論を得る可能性が生じる。詳しくは、第2章、第3章、第4章で説明する。

1.7　何も仮定しないときのバウンド

　Manskiによる最初の部分識別の研究（Manski 1989, 1990, 1994）は、何も仮定しないときに、データのみを使って、パラメータが入りうるバウンドを識別することであった。1.6節の（1.14）式、（1.15）式、（1.16）式で処置変数が $t=0,1$ の二値の場合を説明しているので、本節では、二値より大きい処置変数を含む一般の場合（$t \in T$）を説明する[20]。処置変数 $t \in T$ に対して、繰り返し期待値の法則より、結果変数 $y(t)$ の期待値 $\mathrm{E}[y(t)]$ は以下のように書ける。

$$\mathrm{E}[y(t)] = \mathrm{E}[y(t)|z=t]\mathrm{P}(z=t) + \mathrm{E}[y(t)|z \neq t]\mathrm{P}(z \neq t) \qquad (1.17)$$

1.7 何も仮定しないときのバウンド

実現処置変数 z_j は観測されるので、確率 $P(z=t)$ と $P(z \neq t)$ は観測される。そして、$z_j = t$ の人の結果変数 $y_j(t) = y_j(z_j) = y_j$ は観測されるので、$E[y(t)|z=t]$ は観測される。しかし、$z_j \neq t$ の人の $y_j(t)$ は、もし z_j を選んだ人が t を選んでいたらという仮想的な場合の結果変数であり、観測されないので、$E[y(t)|z \neq t]$ は観測されない。1.6 節の説明と同様に、(1.17) 式の $E[y(t)|z \neq t]$ がとりうる範囲は、結果変数 $y_j(t)$ の値域 $[\underline{y}, \overline{y}]$ となるので、$E[y(t)|z \neq t]$ を $y_j(t)$ の値域の下限 $\underline{y}$ と上限 $\overline{y}$ で置き換えることにより、$E[y(t)]$ が入りうるバウンドは以下のようになる[21]。

$$\begin{aligned}
E[y(t)|z=t]P(z=t) + \underline{y}P(z \neq t) &\leq E[y(t)] \\
&\leq E[y(t)|z=t]P(z=t) + \overline{y}P(z \neq t)
\end{aligned} \quad (1.18)$$

(1.18) 式のバウンドの幅は、$(\overline{y} - \underline{y})P(z \neq t)$ であり、$y(t)$ がとりうる範囲が広いほど、そして観測されないデータの比率が高いほど、バウンドは広くなる。もし、点識別ができないからといって識別するのをあきらめていたら、$\underline{y} \leq E[y(t)] \leq \overline{y}$ しかわからなかったのであるから、それよりも狭い (1.18) 式のバウンドは有益である。また、(1.18) 式のバウンドはシャープ (sharp) である。**シャープバウンド**とは、データの分布とそれに課せられる仮定から得られるバウンドの中で最も狭いものを言う。部分識別研究では、識別バウンドがシャープであることは重要である。それは、前述したように部分識別研究の意義が、仮定を課すことによるバウンドの狭まり、つまり識別力を明らかにすることである以上、その仮定の下で最も狭いバウンドを得る必要があるからである[22]。

処置変数が t_1 から t_2 に増加したとき、結果変数が平均的にどれだけ変化したかを表す $E[y(t_2) - y(t_1)] = E[y(t_2)] - E[y(t_1)]$ を、平均処置効果と呼ぶ。前節

---

[20] 本書では、t を離散変数とし、$P(z=t) > 0$ として考える。しかし、t が連続変数でも、本書の内容は成立する。ただし、連続変数の場合、$P(z=t) = 0$ となるため、$E[y(t)|z=t]$ や $P[y(t)|z=t]$ は、ノンパラメトリック法(カーネル回帰)で推定する必要がある。

[21] (1.18) 式の下限は、すべての $z_j \neq t$ の人の結果変数 $y_j(t)$ が $\underline{y}$ であるときに、期待値 $E[y(t)]$ がとる値であるのに対し、(1.18) 式の上限は、すべての $z_j \neq t$ の人の結果変数 $y_j(t)$ が $\overline{y}$ のときに、$E[y(t)]$ がとる値である。

表1.3　学歴ごとのlog(賃金)の平均値と相対度数

z	学歴	E[y|z]	P(z)
① 1	高校中退以下	2.516	0.078
② 2	高校卒業	2.727	0.423
③ 3	短大・大学中退	2.980	0.184
④ 4	大学卒業	3.251	0.180
⑤ 5	大学院以上	3.336	0.134

では、教育のリターンがこれにあたる。平均処置効果のシャープバウンドの下限は、$t=t_2$のときの(1.18)式の下限から$t=t_1$のときの(1.18)式の上限を引いたものである。一方、平均処置効果のシャープバウンドの上限は、$t=t_2$のときの(1.18)式の上限から$t=t_1$のときの(1.18)式の下限を引いたものである[23]。

1.6節で、表1.2の③行に、何も仮定しないときに教育のリターン{E[y(4)]−E[y(2)]}/4が入りうるバウンドの推定値を示したが、ここで、この推定値をどのように計算したかを説明する。表1.3は、処置変数である各教育水準（z）ごとの$y_j=$log(賃金)の平均値E[y|z]と各教育水準（z）の標本数が全体の標本数に占める比率P(z)を示している（Okumura and Usui 2014のTable 1を再掲）。処置変数は、高校中退以下（$z=1$）、高校卒業（$z=2$）、短大卒業または大学中退（$z=3$）、大学卒業（$z=4$）、大学院以上（$z=5$）である。デー

---

[22] 1.6節の表1.2で示した教育のリターンのバウンドの推定値は、それぞれの仮定の下で識別されたシャープバウンドの推定値である。シャープバウンドの重要性をこの例で考えよう。表1.2の③行は、何も仮定しないときに教育のリターンが入りうるシャープバウンドであり、それは、④行の増加関数の仮定の下での教育のリターンの入りうるシャープバウンドを内包している。別の言い方をすると、③行のバウンドは、増加関数の仮定の下での教育のリターンのバウンドにもなっているが、シャープバウンドではない。よって、シャープバウンドを導出して初めて、その仮定が持つ識別力を検出したことになる。本書で導出するバウンドはすべてシャープバウンドであるが、その証明は省略する。ただし、私の経験から言って、シャープバウンドの導出と証明が、部分識別研究で最も労力がいる仕事の一つである。

[23] 具体的な式は、

$$\{E[y(t_2)|z=t_2]P(z=t_2)+\underline{y}P(z\neq t_2)\}-\{E[y(t_1)|z=t_1]P(z=t_1)+\overline{y}P(z\neq t_1)\}$$
$$\leq E[y(t_2)]-E[y(t_1)]$$
$$\leq \{E[y(t_2)|z=t_2]P(z=t_2)+\overline{y}P(z\neq t_2)\}-\{E[y(t_1)|z=t_1]P(z=t_1)+\underline{y}P(z\neq t_1)\}$$

1.7 何も仮定しないときのバウンド

タにおける y_i の最小値が0.19、最大値が4.79であるので、$\underline{y} = 0$、$\overline{y} = 5$ とする。全員が高校卒業だったときの平均賃金 $E[y(2)]$ と全員が大学卒業だったときの平均賃金 $E[y(4)]$、そして、大学教育のリターン $E[y(4)]-E[y(2)]$ のそれぞれのバウンドの推定値を求めよう。$t = 2$ のときの (1.18) 式の $E[y(t)|z=t]$、$P(z=t)$ と $P(z \neq t)$ に、表1.3の②行の $E[y|z=2]$、$P(z=2)$ と $1-P(z=2)$ の値をそれぞれ代入すると、

$$2.727 \times 0.423 + 0 = 1.154 \leq E[y(2)]$$
$$\leq 2.727 \times 0.423 + 5 \times (1-0.423) = 4.039$$

である。一方、$t = 4$ のときの (1.18) 式に表1.3の④行の値を代入すると、

$$3.251 \times 0.180 + 0 = 0.585 \leq E[y(4)]$$
$$\leq 3.251 \times 0.180 + 5 \times (1-0.180) = 4.685$$

である。大卒に比べ高卒の比率が高い（$P(4) = 0.180 < P(2) = 0.423$）ため、$E[y(4)]$ のバウンドの推定値よりも $E[y(2)]$ のバウンドの推定値のほうが狭くなっている。大学教育のリターンのバウンドの推定値は、

$E[y(4)]$ のバウンドの下限 $-E[y(2)]$ のバウンドの上限
$= 0.585 - 4.039 = -3.453$
$\leq E[y(4)]-E[y(2)]$
$\leq E[y(4)]$ のバウンドの上限 $-E[y(2)]$ のバウンドの下限
$= 4.685 - 1.154 = 3.532$

であり、年率では、$-0.863 \leq \{E[y(4)]-E[y(2)]\}/4 \leq 0.883$ である。

最後に、結果変数 $y_i(t)$ の母集団の分布 $P[y(t)]$ が入りうるバウンドを識別しよう。分布 $P[y(t)]$ は、教育のリターンの例では、全員が高校卒業（$t=2$）であった場合の賃金分布 $P[y(2)]$ などを表している。分布 $P[y(t)]$ のバウンドを識別することは、次の二つの意味で有益である。第1に、分布 $P[y(t)]$ 自身を求めたいことがよくある。例えば、教育のリターンの例では、高校卒業（$t=2$）の（母集団）賃金分布 $P[y(2)]$ のバウンドを推定することにより、高校卒業の（母集団の）賃金の不平等の状態を知ることができる。第 5 章5.4節で説明するBlundell et al.（2007）は、処置変数（t）として、非就業（$t=0$）と就業（$t=1$）をとり、非就業者の賃金は観測されないという識別問題の下で、就業者と非就業者をあわせた母集団の賃金分布、すなわち、もし非就業者も就業した場合の全員の賃金分布を、入りうるバウンドとして推定した。そして、年ごとにそのバウンドを推定し、比較して、賃金の不平等が時代とともに拡大したか縮小したかを議論している。第 2 に、ここでは、先に期待値 $E[y(t)]$ のバウンドを識別したが、分布 $P[y(t)]$ のバウンドが識別されれば、それから期待値 $E[y(t)]$ のバウンドも識別することもできる。さらに、中央値（Median）や分位数（Quantile）のバウンドも、分布 $P[y(t)]$ のバウンドから導出できる。分布のバウンドから期待値、中央値、分位数のバウンドを導出する方法は第 2 章で説明する[24]。

何も仮定しないときの分布 $P[y(t)]$ のシャープバウンドは、期待値 $E[y(t)]$ のシャープバウンド (1.18)式の導出と同様な手順で導出できる。**全確率の法則**（Law of Total Probability）より、$P[y(t)]$ は、

$$P[y(t)] = P[y(t)|z=t]P(z=t) + P[y(t)|z \neq t]P(z \neq t) \quad (1.19)$$

と書ける[25]。条件付き確率 $P[y(t)|z=t]$ は、$z_j = t$ の人々の実現結果変数 y_j の分布から観測できる。また、確率 $P(z=t)$ と $P(z \neq t)$ も観測できる。しかし、$z_j \neq t$ の人々の $y_j(t)$ の分布 $P[y(t)|z \neq t]$ は仮想的であり、観測できない。Blundell et al.（2007）の例で言うと、非就業者（$z_j = 0$）がもし働いて（$t=1$）いたら得られたであろう賃金 $y_j(1)$ の分布 $P[y(1)|z=0]$ は観測できない。しかし、$P[y(t)|z \neq t]$ は確率であるから、**$0 \leq P[y(t)|z \neq t] \leq 1$ は必ず成立する**。よって、$P[y(t)]$ は、(1.19)式の $P[y(t)|z \neq t]$ を 0 と 1 で置き換えることにより、以下のシャープバウンドで識別される[26]。

$$P[y(t)|z=t]P(z=t) \leq P[y(t)] \leq P[y(t)|z=t]P(z=t) + P(z \neq t) \quad (1.20)$$

---

24) 母集団の確率分布 $P[y(t)]$ のバウンドを識別し、推定した実証研究を、第 2 章2.4節、第 5 章5.4節、第 6 章6.4節で説明する。
25) 全確率の法則については、補論 2 を参照。

1.8 おわりに

第1章では、部分識別とはどのような考え方かについて解説した。読者の皆さんはどう感じられただろうか？「なんだ、当たり前じゃないか」と思っただろうか。しかし、部分識別の登場以前は、ほとんどの経済学者がその当たり前の真実に気付かなかったのである。それは、計量経済学の常識にとらわれて気付かなかったか、正視しようとしなかったからではないかと思う。Manskiは常識にとらわれず、識別問題の根本に立ち返ったことでこの真実に気づき、真摯に追求した結果、部分識別という新しい分野が拓けたのだと思う。

また、読者は、「得られるバウンドが広く、結果が曖昧で、実証研究に役立たない」と思っただろうか。それに対しては次章以降、次の2点から、部分識別が実証研究に有益であることを示していく。第1に、人々が同意するような弱い仮定を少しずつ増やしていき、その下で、実証研究に有益なバウンドを示す。第2に、部分識別が、経済学で扱うさまざまな不等式のモデルの推定に適用できることを示す。

補論1 銃の携帯を許すと犯罪は助長されるか抑止されるか？：仮定次第で結果は変わる

仮定と点識別の関係

計量経済手法次第で異なった推定結果や政策効果予測が得られるのは、それ

---

26) (1.20)式は、B を結果変数の任意の集合とすると、

$$P[y(t) \in B | z = t]P(z = t) \leq P[y(t) \in B]$$
$$\leq P[y(t) \in B | z = t]P(z = t) + P(z \neq t) \quad (A1.1)$$

と表せる。集合 B が「ある実数 r 以下の実数の集合」であれば、確率 $P[y(t) \in B] = P[y(t) \leq r]$ は累積分布関数である。(A1.1)式の下限は、すべての $z_j \neq t$ の結果変数 $y_j(t)$ が集合 B に含まれないときに、確率 $P[y(t) \in B]$ がとる値であり、上限は、すべての $z_j \neq t$ の結果変数 $y_j(t)$ が集合 B に含まれるときに、確率 $P[y(t) \in B]$ がとる値である。

ぞれの計量手法に課されている「仮定の違い」によることが、部分識別の研究を通して明らかになった。本補論では、銃規制と犯罪の関係を部分識別の方法で検証したManski and Pepper（2018）に基づいて、計量モデルに課す仮定によっては、「銃の携帯を許すと犯罪が増える」という結論になる一方、逆に「銃の携帯を許すと犯罪は減る」という結論にもなること示したい。

　米国では、銃の携帯の是非について激しい議論が行われてきた。一般人が銃を携帯すれば、犯罪者から襲われるリスクが減り、犯罪が抑止されるという主張がある一方で、多くの人が銃を携帯すれば、より凶悪な犯罪が起きるという主張もある。かつては、一般人が銃を携帯することを全米の多くの州が禁じており、1977年においては、「銃を携帯する権利を認める法律」（銃携帯許可法）[27]が施行されていたのは9州のみであった。しかし、1980年代後半から、次々と銃携帯を許可する州が増え、2014年にイリノイ州で許可されて、全米のすべての州で銃の携帯が許されるようになった。

　経済学者や犯罪学者は、①銃の携帯が許されていた州と許されていなかった州の犯罪率を比較したり、②ある州で銃の携帯が許可される前と許可された後の犯罪率を比較したりして、銃の携帯の許可が犯罪率を増加させたのか、あるいは、減少させたのかを検証してきた。例えば、Lott and Mustard（1997）やLott（2010）は、銃の携帯の許可が、殺人を含む多くの犯罪の犯罪率を大幅に引き下げたと主張した。それに対し、Aneja, Donohue and Zhang（2011）は、同じデータを使って、銃の携帯の許可は、殺人の犯罪率の増減に有意な効果を持たず、かえって、他の犯罪率を増加させたと主張している。

　同じデータを用いて分析しながら、なぜこのように異なる推定結果が出るのであろうか？　それを考えるために、銃の携帯が1989年に許可されたヴァージニア州と、1989年以降も禁止されていたメリーランド州を比較しよう[28]。表1.4は、ヴァージニア州の許可前の1988年と、同州の許可後の1990年の殺人率（人口10万人当たりの殺人件数）を示している。この表のデータに基づいて、ヴァージニア州で、銃の携帯が許可されたことに伴って、同州の殺人率がどう変化

27）「銃を鞄等にしまって他人に見えないように携帯することを許可する法律」（Right-to-carry-concealed-handgun law）を指す。
28）ヴァージニア州とメリーランド州は隣接していて、地理的条件は近い。

補論1　銃の携帯を許すと犯罪は助長されるか抑止されるか？：仮定次第で結果は変わる

表1.4　ヴァージニア州とメリーランド州の殺人率

年	ヴァージニア州	メリーランド州
1988	7.75 (銃の携帯を禁止)	9.63 (銃の携帯を禁止)
1990	8.81 (銃の携帯を許可)	11.55 (銃の携帯を禁止)

注）人口10万人当たりの殺人事件数。

したかを識別したい。

この例においては、変数の添え字 j は、$j = VA$ がヴァージニア州を表し、$j = MD$ がメリーランド州を表す。変数の添え字 d は、$d = 1988$ が1988年を表し、$d = 1990$ が1990年を表す。処置変数 t は、$t = 0$ を銃の携帯が禁止されている場合、$t = 1$ を銃の携帯が許可されている場合とする。銃の携帯の禁止、あるいは、許可（処置変数 t）が殺人率に与える効果を、関数 $y_{jd}(\cdot)$ で表す（$j = VA, MD；d = 1988, 1990$）。つまり、$y_{jd}(1)$ は、j 州で d 年に銃の携帯が許可されていた場合の殺人率であり、$y_{jd}(0)$ は、j 州で d 年に銃の携帯が禁止されていた場合の殺人率である。実現結果変数 y_{jd} は、j 州で d 年に実際に起こった殺人率である。

本分析において識別したいのは、ヴァージニア州で銃の携帯が許可されたことにより、1990年の殺人率がどの程度変化したのかの平均処置効果、

$$y_{VA,1990}(1) - y_{VA,1990}(0) \tag{1.21}$$

である[29]。1990年には、ヴァージニア州（VA）で銃の携帯は許可されているので、表1.4より、

---

29) 実現処置変数を z_j として、1990年に実際に銃の携帯が許可されていたことを $z_j = 1$、1990年に実際に銃の携帯が禁止されていたことを $z_j = 0$ とすると、処置を受けた州（ヴァージニア州）にとっての平均処置効果（本文 (1.6) 式）は、$E[y_{1990}(1)|z=1] - E[y_{1990}(0)|z=1]$ と表される。しかし、ここでは、ヴァージニア州（$z_{VA} = 1$）とメリーランド州（$z_{MD} = 0$）の2州しかないので、(1.21)式の簡潔な表記を用いる。

$$y_{VA,1990}(1) = y_{VA,1990} = 8.81 \tag{1.22}$$

である。一方、1990年に、仮にヴァージニア州（VA）で銃の携帯が禁止されていた場合の殺人率 $y_{VA,1990}(0)$ は、仮想的な潜在的結果変数であり、未実現で観測されない。よって、(1.21)式の平均処置効果は、(1.22)式より、

$$y_{VA,1990}(1) - y_{VA,1990}(0) = y_{VA,1990} - y_{VA,1990}(0) = 8.81 - y_{VA,1990}(0) \tag{1.23}$$

である。潜在的結果変数 $y_{VA,1990}(0)$ は観測されないため、平均処置効果(1.23)式は識別できない。これがこの問題の識別問題である。

この識別問題に対し、点識別に基づく従来の実証研究では、$y_{VA,1990}(0)$ に以下の3つの仮定のいずれか1つを課して、(1.23)式の平均処置効果を識別してきた。

【仮定1】独立の仮定

$$y_{VA,1990}(0) = y_{MD,1990}(0) \tag{1.24}$$

仮定1は、「仮に1990年にヴァージニア州で銃の携帯が禁止されていれば、その場合のヴァージニア州の殺人率は、1990年に銃の携帯を禁止されていたメリーランド州の殺人率と同じである」ことを意味している。(1.24)式は、本文の(1.8)式の「独立の仮定」と同じ式である[30]。

1990年に銃の携帯を禁止されていたメリーランド州の殺人率は、表1.4より、

$$y_{MD,1990}(0) = y_{MD,1990} = 11.55 \tag{1.25}$$

である。よって、仮定1の下では、(1.24)式と(1.25)式より、

$$y_{VA,1990}(0) = y_{MD,1990}(0) = y_{MD,1990} = 11.55 \tag{1.26}$$

となり、潜在的結果変数 $y_{VA,1990}(0)$ は点識別される。

したがって、平均処置効果(1.23)式は、(1.26)式より、

---

30) 脚注29の表記を使えば、(1.24)式は、$\mathrm{E}[y_{1990}(0)|z=1] = \mathrm{E}[y_{1990}(0)|z=0]$ と表される。よって、(1.24)式は、本文(1.8)式の「独立の仮定」と同一である。

補論1　銃の携帯を許すと犯罪は助長されるか抑止されるか？：仮定次第で結果は変わる

$$y_{VA,1990}(1) - y_{VA,1990}(0) = 8.81 - 11.55 = -2.74 \tag{1.27}$$

となる。(1.27)式の平均処置効果は、1990年のヴァージニア州の殺人率（$y_{VA,1990}$）とメリーランド州の殺人率（$y_{MD,1990}$）を最小二乗法で回帰して得られる平均処置効果の推定値でもある。

【仮定2】事前事後不変の仮定

$$y_{VA,1990}(0) = y_{VA,1988}(0) \tag{1.28}$$

仮定2は、「仮に1990年にヴァージニア州で銃の携帯が禁止されていれば、同州での1990年の殺人率は、1988年に銃の携帯を禁止されていた同州の殺人率と変わらなかった」ということを意味している。

実際に、1988年に銃の携帯が禁止されていたヴァージニア州の殺人率は、表1.4より、

$$y_{VA,1988}(0) = y_{VA,1988} = 7.75 \tag{1.29}$$

である。よって、仮定2の下では、(1.28)式と(1.29)式より、

$$y_{VA,1990}(0) = y_{VA,1988}(0) = y_{VA,1988} = 7.75 \tag{1.30}$$

となり、潜在的結果変数 $y_{VA,1990}(0)$ は点識別される。

したがって、平均処置効果(1.23)式は、仮定2の下では、(1.30)式より、

$$y_{VA,1990}(1) - y_{VA,1990}(0) = 8.81 - 7.75 = 1.06 \tag{1.31}$$

となる。(1.31)式の平均処置効果は、ヴァージニア州の銃の携帯が許可される前の殺人率（$y_{VA,1988}$）と許可された後の殺人率（$y_{VA,1990}$）の差である。

【仮定3】差の差推定の仮定

$$y_{VA,1990}(0) - y_{VA,1988}(0) = y_{MD,1990}(0) - y_{MD,1988}(0) \tag{1.32}$$

仮定3は、「仮にヴァージニア州で1990年に銃の携帯が禁止されていた場合の1988年から1990年までの殺人率の変化が、実際に銃の携帯が禁止されているメリーランド州の殺人率の変化と同じである」ことを意味している。

表1.4より、

$$y_{MD,1988}(0) = y_{MD,1988} = 9.63 \tag{1.33}$$

である。よって、仮定3の下では、(1.25)式、(1.29)式、(1.32)式、(1.33)式より、

$$\begin{aligned} y_{VA,1990}(0) &= y_{MD,1990}(0) - y_{MD,1988}(0) + y_{VA,1988}(0) \\ &= y_{MD,1990} - y_{MD,1988} + y_{VA,1988} \\ &= 11.55 - 9.63 + 7.75 = 9.67 \end{aligned} \tag{1.34}$$

となり、潜在的結果変数 $y_{VA,1990}(0)$ は点識別される。

よって、平均処置効果(1.23)式は、仮定3の下では、(1.34)式より、

$$y_{VA,1990}(1) - y_{VA,1990}(0) = 8.81 - 9.67 = -0.86 \tag{1.35}$$

となる。仮定3は、「差の差(Difference in Differences)推定」と呼ばれる計量手法で課される仮定であり、その下での平均処置効果(1.35)式は、差の差推定法による平均処置効果の推定値である[31]。

* * *

まとめると、銃の携帯を許可することにより、①仮定1の下では殺人率は低下する、②仮定2の下では殺人率は増加する、③仮定3の下では殺人率は低下するが、その効果は非常に小さいと、全く異なる結論になる。このように、計量手法に課されている仮定の違いにより、推定結果は大きく異なる。しかし、仮定1、2、3は、それぞれ仮想的な潜在的結果変数 $y_{VA,1990}(0)$ に課される仮定であるから、正当性を検証することはできない。つまり、これらの仮定は、**反証不可能**(Nonrefutable)である。

弱い仮定の下での部分識別

仮定1、2、3のそれぞれを弱めると、平均処置効果の推定結果はどのように変わるのであろうか。仮定1、2、3を弱めた以下の仮定1A、2A、3Aを考え

---

[31] 差の差推定についての詳しい説明は、Angrist and Pischke (2009)を参照。

よう。

【仮定1A】独立の仮定を、幅を持たせて緩めた仮定
$$|y_{VA,1990}(0) - y_{MD,1990}(0)| \leq \delta_{(VA,MD),1990} \tag{1.36}$$

ただし、$\delta_{(VA,MD),1990}$ は非負の定数である。仮定1Aは、「仮に1990年にヴァージニア州で銃の携帯が禁止されていた場合の殺人率 $y_{VA,1990}(0)$ が、同年に銃の携帯を禁止されていたメリーランド州の殺人率 $y_{MD,1990}(0)$ と、$\pm\delta_{(VA,MD),1990}$ の範囲で近い」ことを意味している。(1.25)式より、(1.36)式は、

$$|y_{VA,1990}(0) - 11.55| \leq \delta_{(VA,MD),1990}$$

となり、潜在的結果変数 $y_{VA,1990}(0)$ は、

$$11.55 - \delta_{(VA,MD),1990} \leq y_{VA,1990}(0) \leq 11.55 + \delta_{(VA,MD),1990} \tag{1.37}$$

と、バウンドで識別される。$\delta_{(VA,MD),1990}$ が0のとき、仮定1Aは仮定1と一致し、$y_{VA,1990}(0)$ のバウンド(1.37)式は、仮定1の下での $y_{VA,1990}(0)$ の点識別値(1.26)式に一致する。仮定1Aは、仮定1より弱い仮定であり、定数 $\delta_{(VA,MD),1990}$ が大きくなるにつれ、仮定1Aはより弱くなる。

仮定1Aの下で、平均処置効果 $(y_{VA,1990}(1) - y_{VA,1990}(0))$ は、(1.23)式の $y_{VA,1990}(0)$ に(1.37)式のバウンドを代入することにより、

$$\begin{aligned}8.81 - 11.55 - \delta_{(VA,MD),1990} &= -2.74 - \delta_{(VA,MD),1990} \\ &\leq y_{VA,1990}(1) - y_{VA,1990}(0) \\ &\leq 8.81 - 11.55 + \delta_{(VA,MD),1990} = -2.74 + \delta_{(VA,MD),1990}\end{aligned} \tag{1.38}$$

となる。$\delta_{(VA,MD),1990}$ が0のとき、平均処置効果のバウンド(1.38)式は、仮定1の下での点識別値(1.27)式の−2.74に一致する。$\delta_{(VA,MD),1990}$ が大きくなるにつれ、平均処置効果のバウンドは大きくなるが、$\delta_{(VA,MD),1990}$ が2.74未満の場合、平均処置効果の上限は負であり、平均処置効果のバウンドがすべて負になるため、銃の携帯を許可することにより、殺人率は**減少**するという結果となる。しかし、$\delta_{(VA,MD),1990}$ が2.74を超えると、バウンドの下限は負、上限は正となり、バウンドに正負の両方の値が入るため、銃の携帯により殺人率が減少するか、増加する

かの結果は言えなくなる。

【仮定2A】事前事後不変の仮定を、幅を持たせて緩めた仮定
$$|y_{VA,1990}(0) - y_{VA,1988}(0)| \leq \delta_{VA,(1990,1988)} \tag{1.39}$$

ただし、$\delta_{VA,(1990,1988)}$ は非負の定数である。仮定2Aは、「仮に1990年にヴァージニア州で銃の携帯が禁止されていた場合の殺人率 $y_{VA,1990}(0)$ は、1988年の殺人率 $y_{VA,1988}(0)$ と、$\pm \delta_{VA,(1990,1988)}$ の範囲で近い」ことを意味している。

(1.29)式より、(1.39)式は、
$$|y_{VA,1990}(0) - 7.75| \leq \delta_{VA,(1990,1988)}$$

となる。よって、潜在的結果変数 $y_{VA,1990}(0)$ は、
$$7.75 - \delta_{VA,(1990,1988)} \leq y_{VA,1990}(0) \leq 7.75 + \delta_{VA,(1990,1988)} \tag{1.40}$$

と、バウンドで識別される。$\delta_{VA,(1990,1988)}$ が 0 のとき、仮定2Aは仮定2と一致し、$y_{VA,1990}(0)$ のバウンド(1.40)式は、仮定2の下での点識別値(1.30)式に一致する。仮定2Aは、仮定2より弱い仮定であり、定数 $\delta_{VA,(1990,1988)}$ が大きくなるにつれ、仮定2Aはより弱くなる。

仮定2Aの下で、平均処置効果は、(1.23)式の $y_{VA,1990}(0)$ に(1.40)式のバウンドを代入することにより、
$$1.06 - \delta_{VA,(1990,1988)} \leq y_{VA,1990}(1) - y_{VA,1990}(0) \leq 1.06 + \delta_{VA,(1990,1988)} \tag{1.41}$$

となる。$\delta_{VA,(1990,1988)}$ が1.06未満では、バウンドがすべて正であるので、銃の携帯を許可することにより、殺人率は**増加**するという結果となる。しかし、$\delta_{(VA,MD),1990}$ が1.06を超えると、バウンドに正負の両方の値が入るため、はっきりした結果は言えなくなる。

【仮定3A】差の差推定の仮定を、幅を持たせて緩めた仮定
$$\begin{aligned}|[y_{VA,1990}(0) - y_{VA,1988}(0)] - [y_{MD,1990}(0) - y_{MD,1988}(0)]| \\ \leq \delta_{(VA,MD),(1990,1988)}\end{aligned} \tag{1.42}$$

補論1　銃の携帯を許すと犯罪は助長されるか抑止されるか？：仮定次第で結果は変わる

ただし、$\delta_{(VA,MD),(1990,1988)}$ は非負の定数である。仮定3Aは、「仮にヴァージニア州で1990年に銃の携帯が禁止されていた場合の1988年から1990年までの殺人率の変化が、メリーランド州の殺人率の変化と全く同じではないにしても、$\pm\delta_{(VA,MD),(1990,1988)}$ の範囲で近い」ことを意味している。(1.42)式は、(1.25)式、(1.29)式、(1.33)式より、

$$\begin{aligned}&|[y_{VA,1990}(0)-y_{VA,1988}(0)]-[y_{MD,1990}(0)-y_{MD,1988}(0)]| \\ &= |[y_{VA,1990}(0)-7.75]-(11.55-9.63)| = |y_{VA,1990}(0)-9.67| \\ &\leq \delta_{(VA,MD),(1990,1988)}\end{aligned} \quad (1.43)$$

となる。よって、潜在的結果変数 $y_{VA,1990}(0)$ は、

$$9.67-\delta_{(VA,MD),(1990,1988)} \leq y_{VA,1990}(0) \leq 9.67+\delta_{(VA,MD),(1990,1988)} \quad (1.44)$$

と、バウンドで識別される。仮定3Aは、仮定3より弱い仮定であり、定数 $\delta_{(VA,MD),(1990,988)}$ が大きくなるにつれ、仮定3Aはより弱くなる。

仮定3Aの下で、平均処置効果は、(1.23)式と(1.44)式より、

$$\begin{aligned}-0.86-\delta_{(VA,MD),(1990,1988)} &\leq y_{VA,1990}(1)-y_{VA,1990}(0) \\ &\leq -0.86+\delta_{(VA,MD),(1990,1988)}\end{aligned} \quad (1.45)$$

となる。$\delta_{(VA,MD),(1990,1988)}$ が0.86未満では、バウンドがすべて負であるので、銃の携帯を許可することにより、殺人率は**減少**するという結果となるが、$\delta_{(VA,MD),(1990,1988)}$ が0.86を超えると、バウンドに正負の両方の値が入るので、はっきりとした結果は言えなくなる。

＊　　　＊　　　＊

以上の分析より、$0 \leq \delta_{(VA,MD),1990} < 2.74$ のときの仮定1Aと $0 \leq \delta_{(VA,MD),(1990,1988)} < 0.86$ のときの仮定3Aの下では、銃の携帯を許すと犯罪が減少するという結果になる一方で、$0 \leq \delta_{VA,(1990,1988)} < 1.06$ のときの仮定2Aの下では、銃の携帯を許すと犯罪が増加するという結果になる。しかし、これらの仮定を弱めると、結論はあいまいになる。よって、どのような仮定を課すかによって、銃の携帯許可は犯罪を助長するという結論が導けるし、逆に、銃の携帯許可は犯罪を抑止するという結論も導けることになる。前提とする仮定が、必ずしも広く支持

を得られないのであれば、銃の携帯許可が犯罪を助長するか抑止するかの議論は、明確に結論付けることはできない[32]。

補論2　条件付き確率、全確率の法則、条件付き期待値、繰り返し期待値の法則

ある事象 B が起こるという条件の下である事象 A が起こる確率を**条件付き確率**と言い、$P(A|B)$ で表す。その定義は、

$$P(A|B) = \frac{P(A \cap B)}{P(B)}, \quad \text{ただし、} P(B) > 0 \tag{1.46}$$

である。

事象 B の補集合（全体集合の要素のうち B に含まれないものの集合）を B^c と表す。(1.46)式より、

$$P(A|B) \times P(B) + P(A|B^c) \times P(B^c) = P(A \cap B) + P(A \cap B^c) = P(A) \tag{1.47}$$

である。(1.47)式を「**全確率の法則**」（Law of Total Probability）と言う。事象 A が結果変数 $\{y_i(t)\}$、事象 B が $\{z_i = t\}$（つまり、事象 B^c は $\{z_i \neq t\}$）のときの(1.47)式は、1.7節の(1.19)式で表される。

例として、確率変数 y は10か20をとり、確率変数 z は 0 か 1 をとるとする。全確率の法則(1.47)式は、

$$P(y=10|z=0) \times P(z=0) + P(y=10|z=1) \times P(z=1) = P(y=10) \tag{1.48}$$

$$P(y=20|z=0) \times P(z=0) + P(y=20|z=1) \times P(z=1) = P(y=20) \tag{1.49}$$

となり、条件付き確率 $P(y=10|z=0)$、$P(y=10|z=1)$、$P(y=20|z=0)$、

---

[32] Manski and Pepper（2013）は、米国において死刑執行が1972年にモラトリアム（一時停止）になり、その後、1976年にモラトリアムが解除されたが、死刑執行が再開された州と、再開されなかった州があった事実に着目し、本補論と同様の分析手法で、死刑制度の存在が犯罪を抑止する効果があるのか、逆に、助長することになるのかを分析している。

$P(y=20|z=1)$ と確率 $P(z=0)$、$P(z=1)$ がわかれば、y の確率分布 $P(y)$ が求まる。

この例を使って、期待値と条件付き期待値の関係を考えよう。まず、y の期待値は、

$$E[y] = 10 \times P(y=10) + 20 \times P(y=20) \tag{1.50}$$

である。一方、$z=0$ が起こるという条件の下での確率変数 y の期待値、つまり、y の**条件付き期待値**は、

$$E[y|z=0] = 10 \times P(y=10|z=0) + 20 \times P(y=20|z=0) \tag{1.51}$$

である。また、$z=1$ が起こるという条件の下での確率変数 y の条件付き期待値は、

$$E[y|z=1] = 10 \times P(y=10|z=1) + 20 \times P(y=20|z=1) \tag{1.52}$$

である。(1.50)式、(1.51)式、(1.52)式より、

$$\begin{aligned}
&E[y|z=0] \times P(z=0) + E[y|z=1] \times P(z=1) \\
&= \{10 \times P(y=10|z=0) \times P(z=0) + 20 \times P(y=20|z=0) \times P(z=0)\} \\
&\quad + \{10 \times P(y=10|z=1) \times P(z=1) + 20 \times P(y=20|z=1) \times P(z=1)\} \\
&= 10 \times \{P(y=10|z=0) \times P(z=0) + P(y=10|z=1) \times P(z=1)\} \\
&\quad + 20 \times \{P(y=20|z=0) \times P(z=0) + P(y=20|z=1) \times P(z=1)\} \\
&= 10 \times P(y=10) + 20 \times P(y=20) = E[y]
\end{aligned} \tag{1.53}$$

となる。(1.53)式の1番目の等号は(1.51)式と(1.52)式を使って、2番目の等号は式を整理して、3番目の等号は(1.48)式と(1.49)式を使って、4番目の等号は(1.50)式を使って導くことができる。(1.53)式、すなわち、

$$E[y] = E[y|z=0] \times P(z=0) + E[y|z=1] \times P(z=1) \tag{1.54}$$

を「**繰り返し期待値の法則**」(Law of Iterated Expectations) と言う。

補論3 条件付き独立の仮定と平均処置効果の識別

各個人が持つ観測される性質(個人属性)などの第三の変数(共変量: Covariates)が同じである人々に対して独立の仮定が成立することを、**条件付き独立の仮定**と言う。この共変量を γ で表す。ただし、共変量 γ は複数の変数(つまり、ベクトル)でもよい。このとき、条件付き独立の仮定は、

$$E[y(1)|\gamma, z=1] = E[y(1)|\gamma, z=0] \tag{1.55}$$
$$E[y(0)|\gamma, z=0] = E[y(0)|\gamma, z=1] \tag{1.56}$$

と表せる。

条件付き独立の仮定(1.55)式と(1.56)式の下では、共変量 γ を条件とする平均処置効果

$$E[y(1)|\gamma] - E[y(0)|\gamma] \tag{1.57}$$

は、

$$\begin{aligned}E[y(1)|\gamma] - E[y(0)|\gamma] &= E[y(1)|\gamma, z=1] - E[y(0)|\gamma, z=0] \\ &= E[y|\gamma, z=1] - E[y|\gamma, z=0]\end{aligned} \tag{1.58}$$

となり、点識別される。

本書では、1.4節の(1.2)式の平均処置効果の識別を対象としていく。しかし、計量経済学の分析においては、共変量 γ を条件とした平均処置効果(1.57)式を識別の対象とする場合がよくある。その場合でも、本書の(部分識別のバウンドを含む)議論の内容は、すべての「期待値」を、「共変量 γ を条件とする条件付き期待値」に置き換えるだけで、同様に成立する。例えば、(1.3)式と(1.4)式の繰り返し期待値の法則は、期待値を、共変量 γ を条件とする条件付き期待値に置き換えて、

$$E[y(1)|\gamma] = E[y(1)|\gamma, z=1]P(z=1|\gamma) + E[y(1)|\gamma, z=0]P(z=0|\gamma) \tag{1.59}$$
$$E[y(0)|\gamma] = E[y(0)|\gamma, z=0]P(z=0|\gamma) + E[y(0)|\gamma, z=1]P(z=1|\gamma) \tag{1.60}$$

補論3　条件付き独立の仮定と平均処置効果の識別

として成立する。

　本書で説明する実証分析では、実際には、観測される共変量γを持つ標本に限定して、条件付き期待値を推定していることが多い。例えば、1.6節と1.7節の大学教育のリターンの推定についていえば、アメリカの個票データNLSY79より、共変量γとして、「人種が白人、年齢が35歳から44歳、職業が非自営業で常勤」の個人属性の条件を満たす標本を使っている（脚注15）。そして、表1.3で、その標本の人々の学歴（z）ごとの平均賃金$E[y|\gamma, z]$を求め、それを使って、表1.2で、大学教育のリターン（共変量γを条件とする平均処置効果）$\{E[y(4)|\gamma] - E[y(2)|\gamma]\}/4$を推定している。

第2章 増加関数の仮定の下での部分識別

2.1 はじめに

　第1章では部分識別の基本的な考え方を説明し、部分識別が識別問題をどのように解決するかを説明した。とくに、何も仮定しないとき、データのみから、結果変数の期待値や分布、平均処置効果といったパラメータがどのように識別されるのかを考察した。部分識別では、これらのパラメータは点識別されるのではなく、入りうるバウンドとして識別される。しかし、教育のリターンの実証例でみたように、何も仮定しないときに識別されるバウンドは広くなる傾向にある。部分識別研究の次のステップは、多くの経済学者が同意するような信頼できる弱い仮定を課して、パラメータの入りうるバウンドを狭めていくことである。その結果、識別力と信頼性をあわせ持つ、実証研究に有益なバウンドを求めることができる。さらに、仮定を課すことによるバウンドの狭まり方をみることにより、その仮定の識別力を明らかにすることができる。

　Manski (1997) は、信頼できる弱い仮定として、単調関数の仮定を考え、その下で結果変数の期待値などのパラメータの入りうるバウンドを識別した。単調関数とは、増加関数（右上がりの曲線）と減少関数（右下がりの曲線）のことであり、経済学で頻繁に扱う仮定である。しかし、単調関数の仮定は、不等式関係で表される定性的な仮定であるため、従来の点識別では識別の条件として使うことができなかった。

2.2 増加関数の仮定の下でのバウンド

　以下、2.2節では、Manski（1997）に基づき、単調関数（ここでは増加関数）の仮定の下で、結果変数の期待値などのパラメータの入りうるバウンドがどのように識別されるのかを説明する。そして、増加関数の仮定が、前章で説明した何も仮定しないときに識別されるバウンドをどのように狭めるのかを、教育のリターンの実証例を使って説明する。2.3節では、2.2節の増加関数の仮定に凹関数の仮定を加えたとき、つまり、凹増加関数の仮定の下でのパラメータのバウンドを説明する（Manski 1997）。2.4節では、2.2節のManski（1997）の方法の応用として、Okumura（2011）が提示した、価格の増加関数である供給関数と減少関数である需要関数の交点のデータのみから、供給関数を動かす供給シフトと、需要関数を動かす需要シフトの入りうるバウンドを識別する方法を説明する。2.5節がまとめとなる。

2.2　増加関数の仮定の下でのバウンド

　基本的な設定は第1章と同じである。母集団 J の各個人 j は、関数 $y_j(\cdot)$ を持ち、それは、処置変数である t を、結果変数 $y_j(t)$ に写す。処置変数の定義域を T とする。結果変数 $y_j(t)$ の値域 Y は、有限な最小値 $\underline{y}$ と有限な最大値 $\overline{y}$ を持つ実数値の閉区間とする（ $Y = [\underline{y}, \overline{y}]$ ）。ここで、個人 j が実際に受けた（または、選んだ）処置変数（実現処置変数）を $z_j \in T$ とする。よって、観測される（実現する）結果変数 y_j は、$y_j \equiv y_j(z_j)$ となる。したがって、各個人の標本 (z_j, y_j) が観測され、データとして得られる。その一方で、個人 j が実際に受けなかった（選ばなかった）処置変数 $t \neq z_j$ の結果変数 $y_j(t)$ は観測されず、潜在的結果変数と呼ばれる。

　われわれの目的は、このデータと（増加関数や凹増加関数などの）仮定を組み合わせて、結果変数の期待値 $E[y(t)]$ と、処置変数が t_1 から t_2 に増加したときの平均処置効果 $E[y(t_2)-y(t_1)] = E[y(t_2)]-E[y(t_1)]$ を識別すること、さらに、結果変数の分布 $P[y(t)]$ を識別することである。まず、結果変数の期待値 $E[y(t)]$ の識別について考えよう。繰り返し期待値の法則より、

第 2 章　増加関数の仮定の下での部分識別

$$\mathrm{E}[y(t)] = \mathrm{E}[y(t)|z=t]\mathrm{P}(z=t) + \mathrm{E}[y(t)|z \neq t]\mathrm{P}(z \neq t) \quad (2.1)$$

と書ける。実現処置変数 z_j と実現結果変数 $y_j = y_j(z_j)$ は観測されるので、$\mathrm{E}[y(t)|z=t]$（$=\mathrm{E}[y|z=t]$）、$\mathrm{P}(z=t)$ と $\mathrm{P}(z \neq t)$ は観測される。しかし、$\mathrm{E}[y(t)|z \neq t]$ は、もし、処置変数 z_j を選んだ人が、z_j 以外の処置変数 t を選んでいたらという仮想的な場合の潜在的結果変数の期待値であるので、観測されない。そのため、(2.1)式より、$\mathrm{E}[y(t)]$ は点識別されない。これが識別問題であった。よって、$\mathrm{E}[y(t)]$ をどのようにして識別するかという問題は、$\mathrm{E}[y(t)|z \neq t]$ をどのようにして識別するのかの問題であると考えることができる。

部分識別では、(2.1)式の $\mathrm{E}[y(t)|z \neq t]$ が入りうる範囲（バウンド）を考えることにより、$\mathrm{E}[y(t)]$ の入りうるバウンドを識別する。第 1 章で説明したように、$y_j(t)$ に何も仮定しないとき、$\mathrm{E}[y(t)|z \neq t]$ がとりうるバウンドは、結果変数 $y_j(t)$ の値域 $[\underline{y}, \overline{y}]$ となり、$\mathrm{E}[y(t)]$ のシャープバウンドは、

$$\mathrm{E}[y(t)|z=t]\mathrm{P}(z=t) + \underline{y}\mathrm{P}(z \neq t) \leq \mathrm{E}[y(t)]$$
$$\leq \mathrm{E}[y(t)|z=t]\mathrm{P}(z=t) + \overline{y}\mathrm{P}(z \neq t) \quad (2.2)$$

となる。さらに、平均処置効果 $\mathrm{E}[y(t_2)] - \mathrm{E}[y(t_1)]$ の入りうるシャープバウンドは、

$$(2.2)\text{式の}\mathrm{E}[y(t_2)]\text{の下限} - (2.2)\text{式の}\mathrm{E}[y(t_1)]\text{の上限}$$
$$\leq \mathrm{E}[y(t_2)] - \mathrm{E}[y(t_1)]$$
$$\leq (2.2)\text{式の}\mathrm{E}[y(t_2)]\text{の上限} - (2.2)\text{式の}\mathrm{E}[y(t_1)]\text{の下限} \quad (2.3)$$

である。

第 1 章と同様、Okumura and Usui（2014）に基づき、大学教育のリターンの実証例を示そう。表2.1は、アメリカの個票データ National Longitudinal Survey of Youth 1979（NLSY79）の2000年版を用いて、処置変数である各教育水準（z）ごとの $y_j = \log$（賃金）の平均値 $\mathrm{E}[y|z]$ と、標本数が全体の標本数に占める比率 $\mathrm{P}(z)$ を示している。表2.2は、それぞれの仮定の下で、大学教育の平均処置効果である大学教育の（年率）リターン（$\{\mathrm{E}[y(4)] - \mathrm{E}[y(2)]\}/4$）が入りう

2.2 増加関数の仮定の下でのバウンド

表2.1 学歴ごとのlog(賃金)の平均値と相対度数

	z	学歴	$E[y|z]$	$P(z)$
①	1	高校中退以下	2.516	0.078
②	2	高校卒業	2.727	0.423
③	3	短大・大学中退	2.980	0.184
④	4	大学卒業	3.251	0.180
⑤	5	大学院以上	3.336	0.134

表2.2 大学教育のリターンの推定値

部分識別

仮定		バウンドの推定値	
		下限	上限
①何も仮定しない (Manski 1990)		−0.863	0.883
②増加関数 (Manski 1997)		0.000	0.777
③凹増加関数 (Manski 1997)		0.000	0.607
④増加関数と単調処置選択 (Manski and Pepper 2000)		0.000	0.138
⑤凹増加関数と単調処置選択 (Okumura and Usui 2014)		0.000	0.115

注)Okumura and Usui (2014) で用いたNLSY79のデータを使って、それぞれの仮定の下でバウンドを推定している。

るバウンドを、表2.1のE[y|z]とP(z)を使って推定した結果を示している。表2.2の①行にある、何も仮定しないときの大学教育のリターンのバウンドの推定値を計算する際、データにおけるy_iの最小値が0.19、最大値が4.79であるので、$\underline{y} = 0$、$\overline{y} = 5$とする。このとき、(2.2)式より、全員が高校卒業であるときの平均賃金E[y(2)]のバウンドの推定値は、

$$1.154 \leq E[y(2)] \leq 4.039$$

であり、全員が大学卒業であるときの平均賃金E[y(4)]のバウンドの推定値は、

$$0.585 \leq E[y(4)] \leq 4.685$$

である。よって、大学教育のリターン（{E[y(4)]−E[y(2)]}/4）のバウンドの推定値は、(2.3)式より、

$$(0.585 - 4.039)/4 = -0.863$$
$$\leq \{E[y(4)] - E[y(2)]\}/4$$
$$\leq (4.685 - 1.154)/4 = 0.883$$

第2章 増加関数の仮定の下での部分識別

図2.1 増加関数の下でのバウンド(1)

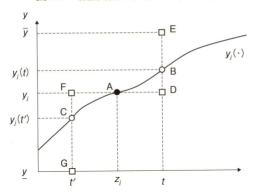

となり、得られたバウンドは非常に広い。

Manski (1997) は、結果変数の期待値 $E[y(t)]$ や平均処置効果 $E[y(t_2)]-E[y(t_1)]$ の入りうるバウンドを狭めるため、信頼できる弱い仮定として、関数 $y_j(\cdot)$ が単調関数であるという仮定を課した。単調関数のうち、減少関数は増加関数の対称として考えられるので、ここでは、増加関数のみ扱う。

関数 $y_j(\cdot)$ が**増加関数**とは、処置変数 $t_1, t_2 \in T$ が $t_1 \leq t_2$ であるとき、

$$y_j(t_1) \leq y_j(t_2) \tag{2.4}$$

であることを言う[1]。まず、関数 $y_j(\cdot)$ が増加関数であるという仮定の下で結果変数の期待値 $E[y(t)]$ の入りうるバウンドを識別しよう。とくに、関数 $y_j(\cdot)$ に増加関数の仮定を課すことにより、観測されない潜在的結果変数の期待値 $E[y(t)|z \neq t]$ のとりうる範囲がどのように狭められるか、そしてその結果、(2.1)式と(2.4)式により、$E[y(t)]$ のバウンドがどう狭められるかを考える。

図2.1は、個人 j の実現値 $(z_j, y_j) = (z_j, y_j(z_j))$ （●A）を通る増加関数 $y_j(\cdot)$ の例を表している[2]。個人 j が実際に受けなかった処置変数 $t \neq z_j$ の結果変数

---

1) $y_j(\cdot) = y_j$、つまり、水平な関数も増加関数である。
2) 図2.1において、● は観測される点を、○ は観測されない点を表している。また、図2.1で描いた増加関数と、○ で印した $y_j(t)$ の位置は単なる一例である。読者は任意の増加関数（ジャンプしてもよい）を描いても、以下の議論が成立することを確認していただきたい。

2.2 増加関数の仮定の下でのバウンド

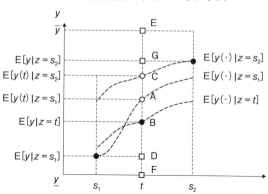

図2.2 増加関数の下でのバウンド(2)

$y_j(t)$ は観測されない潜在的結果変数（○Bと○C）である。潜在的結果変数の期待値 $E[y(t)|z \neq t]$ を識別するために、潜在的結果変数 $y_j(t)$（○Bや○C）を識別したい。関数 $y_j(\cdot)$ は増加関数であるので、図2.1より、処置変数 t が z_j より大きいとき、結果変数 $y_j(t)$（○B）の下限は y_j（□D）であり、その上限は、値域の上限 $\overline{y}$（□E）である。それに対し、処置変数 t が z_j より小さいとき（図2.1では t' と表記）は、結果変数 $y_j(t)$（○C）の上限は y_j（□F）であり、その下限は、値域の下限 $\underline{y}$（□G）である。これは、すべての個人 $j \in J$ について成立するから、

$$z_j < t \text{ の } j \text{ に対しては、} y_j \leq y_j(t) \leq \overline{y}$$
$$z_j = t \text{ の } j \text{ に対しては、} y_j(t) = y_j$$
$$z_j > t \text{ の } j \text{ に対しては、} \underline{y} \leq y_j(t) \leq y_j \quad (2.5)$$

である。(2.5)式は $y_j(t)$ のシャープバウンドである。

次に、(2.5)式より、$E[y(t)|z \neq t]$ を識別する。図2.2は、処置変数 $s_1, t, s_2 \in T$ が $s_1 < t < s_2$ の場合に、それぞれの処置変数を実際に選んだ人の t における結果変数の期待値 $E[y(t)|z = s_1]$（○A）、$E[y(t)|z = t]$（$= E[y|z = t]$、●B）、$E[y(t)|z = s_2]$（○C）を描いている。$z_j = s_1 < t$ の人の $E[y(t)|z = s_1]$（○A）は観測されないが、(2.5)式の1行目の式より、

$$E[y|z = s_1] (\square D) \leq E[y(t)|z = s_1] (\bigcirc A) \leq \overline{y} (\square E)$$

第 2 章 増加関数の仮定の下での部分識別

図2.3 増加関数の下でのバウンド(3)

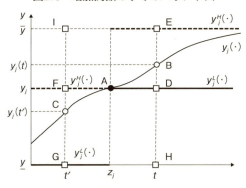

である。一方、$z_j = s_2 > t$ の人々の $\mathrm{E}[y(t)|z=s_2]$（○C）は、(2.5)式の３行目の式より、

$$\underline{y}\,(\square\mathrm{F}) \leq \mathrm{E}[y(t)|z=s_2]\,(\bigcirc\mathrm{C}) \leq \mathrm{E}[y|z=s_2]\,(\square\mathrm{G})$$

である。よって、$\mathrm{E}[y(t)]$ は以下のシャープバウンドで識別される。

$$\sum_{s \leq t}\mathrm{E}[y|z=s]\mathrm{P}(z=s) + \underline{y}\mathrm{P}(z>t) \leq \mathrm{E}[y(t)] \\ \leq \overline{y}\mathrm{P}(z<t) + \sum_{s \geq t}\mathrm{E}[y|z=s]\mathrm{P}(z=s) \tag{2.6}$$

ここで、$\mathrm{E}[y(t)]$ に何も仮定しないときのバウンド(2.2)式と増加関数を仮定したときのバウンド(2.6)式を比較することにより、増加関数の仮定の識別力を求めよう。図2.3は、図2.1に□Hと□Iを描き入れたものである。図2.3において、何も仮定しないときの○Bのバウンドは上限□Eと下限□Hで、○Cのバウンドは上限□Iと下限□Gである。それに対し、増加関数を仮定したときの○Bのバウンドは上限□Eと下限□Dとなり、下限が□D−□Hだけ上昇し、○Cのバウンドは上限□Fと下限□Gとなり、上限が□I−□Fだけ低下する。これが、増加関数の仮定の識別力である。よって、(2.2)式の何も仮定しないバウンドに比べ、(2.6)式の増加関数を仮定したときのバウンドは、下限が $\sum_{s<t}\{\mathrm{E}[y|z=s]-\underline{y}\}\mathrm{P}(z=s)$ だけ上昇し、上限が $\sum_{s>t}\{\overline{y}-\mathrm{E}[y|z=s]\}\mathrm{P}(z=s)$ だけ低下する。

処置変数が t_1 から t_2 に増加したときの平均処置効果 $\mathrm{E}[y(t_2)] - \mathrm{E}[y(t_1)]$ が入

2.2 増加関数の仮定の下でのバウンド

りうるシャープバウンドの上限は、{(2.6)式の$\mathrm{E}[y(t_2)]$の上限$-$(2.6)式の$\mathrm{E}[y(t_1)]$の下限}である。一方、$\mathrm{E}[y(t_2)]-\mathrm{E}[y(t_1)]$のシャープバウンドの下限は、増加関数の仮定より$\mathrm{E}[y(t_2)]-\mathrm{E}[y(t_1)]\geq 0$であるから、0になる[3]。よって、

$$0 \leq \mathrm{E}[y(t_2)] - \mathrm{E}[y(t_1)]$$
$$\leq \sum_{s \geq t_2} \mathrm{E}[y|z=s]\mathrm{P}(z=s) + \overline{y}\mathrm{P}(z<t_2)$$
$$- \sum_{s \leq t_1} \mathrm{E}[y|z=s]\mathrm{P}(z=s) - \underline{y}\mathrm{P}(z>t_1) \qquad (2.7)$$

である。

表2.1の$\mathrm{E}[y|z]$と$\mathrm{P}(z)$の値を使って、賃金関数(人的資本関数)$y_j(\cdot)$が増加関数であると仮定した場合、全員が高校卒業であるときの平均賃金$\mathrm{E}[y(2)]$のバウンドの推定値、全員が大学卒業であるときの平均賃金$\mathrm{E}[y(4)]$のバウンドの推定値、そして、表2.2の②行で示した、大学教育の(年率の)リターン$\{\mathrm{E}[y(4)]-\mathrm{E}[y(2)]\}/4$のバウンドの推定値を計算しよう。全員が高校卒業であるときの平均賃金$\mathrm{E}[y(2)]$のバウンドの推定値は、(2.6)式より、

$$2.516 \times 0.078 + 2.727 \times 0.423 + 0 = 1.350$$
$$\leq \mathrm{E}[y(2)]$$
$$\leq 5 \times 0.078 + 2.727 \times 0.423 + 2.980 \times 0.184 + 3.251 \times 0.180$$
$$+ 3.336 \times 0.134 = 3.124$$

である(ただし、$\underline{y}=0$、$\overline{y}=5$)。処置変数の値が小さいとき($t=2$)、それ以上の処置変数($z=2,3,4,5$)の$\mathrm{E}[y|z]$を、(2.6)式の$\mathrm{E}[y(2)]$のバウンドの上限の第2項として使えるため、何も仮定しないときの$\mathrm{E}[y(2)]$の上限の推定値(4.039)に比べ、大きく低下している。次に、全員が大学卒業であるときの平均賃金$\mathrm{E}[y(4)]$のバウンドの推定値は、(2.6)式より、

---

[3] シャープバウンドの下限が0となる詳細な理由は以下のとおりである。まず、すべてのjの関数が$y_j(\cdot)=y_j$、つまり水平であるとき、それらは増加関数の仮定を満たす。そして、その平均処置効果は$\mathrm{E}[y(t_2)]-\mathrm{E}[y(t_1)]=0$である。よって、0は、増加関数の仮定の下で、平均処置効果がとりうる値(バウンド)に含まれる。一方、$\mathrm{E}[y(t_2)]-\mathrm{E}[y(t_1)]<0$となる増加関数$y_j(\cdot)$の集合は存在しない。よって、0が$\mathrm{E}[y(t_2)]-\mathrm{E}[y(t_1)]$のシャープバウンドの下限である。

$$2.516 \times 0.078 + 2.727 \times 0.423 + 2.980 \times 0.184 + 3.251 \times 0.180 + 0 = 2.483$$
$$\leq \mathrm{E}[y(4)]$$
$$\leq 5 \times (0.078 + 0.423 + 0.184) + 3.251 \times 0.180 + 3.336 \times 0.134 = 4.457$$

である。処置変数が大きいとき ($t=4$)、それ以下の処置変数 ($z=1,2,3,4$) の $\mathrm{E}[y|z]$ を、(2.6)式の $\mathrm{E}[y(4)]$ のバウンドの下限の第1項として使えるため、何も仮定しないときの $\mathrm{E}[y(4)]$ の下限の推定値 (0.585) に比べ、大きく上昇している。最後に、大学教育のリターン $\{\mathrm{E}[y(4)] - \mathrm{E}[y(2)]\}/4$ のバウンドの推定値は、(2.7)式より、

$$0 \leq \{\mathrm{E}[y(4)] - \mathrm{E}[y(2)]\}/4 \leq (4.457 - 1.350)/4 = 0.777$$

である (表2.2の②行)。何も仮定しないときの大学教育のリターンのバウンド推定値に比べ、下限が0になり、上限は10.6%低下している。

分布 $\mathrm{P}[y(t)]$ の識別も(2.5)式から導くことができる。ここで、変数 $y_j^L(t)$ と $y_j^H(t)$ を、以下のように定義する。

$$y_j^L(t) = \begin{cases} \underline{y} & z_j > t \text{ のとき} \\ y_j & z_j \leq t \text{ のとき} \end{cases}, \quad y_j^H(t) = \begin{cases} y_j & z_j \geq t \text{ のとき} \\ \overline{y} & z_j < t \text{ のとき} \end{cases}$$

図2.3に、関数 $y_j^L(t)$ を太い実線で、$y_j^H(t)$ を太い点線で描いているが、関数 $y_j(t)$ が、定義域のすべての t に対して、$y_j^L(t)$ と $y_j^H(t)$ に挟まれるのがわかる。よって、すべての $t \in T$ に対して、

$$y_j^L(t) \leq y_j(t) \leq y_j^H(t) \tag{2.8}$$

が、すべての $j \in J$ について成立する。これは(2.5)式と同値であるので、$y_j(t)$ のシャープバウンドである。(2.8)式より、実数 $\alpha \in (\underline{y}, \overline{y})$ に対し、分布(累積分布関数) $\mathrm{P}[y(t) \leq \alpha]$ のシャープバウンドは、

$$\mathrm{P}[y^H(t) \leq \alpha] \leq \mathrm{P}[y(t) \leq \alpha] \leq \mathrm{P}[y^L(t) \leq \alpha] \tag{2.9}$$

となる[4]。(2.9)式は、$y^H(t)$ は $y(t)$ を確率優越 (stochastic dominance) し、$y(t)$ は $y^L(t)$ を確率優越することを示している。確率優越については、本章の補論

2.2 増加関数の仮定の下でのバウンド

で説明する。またその補論では、期待値や中央値などの「確率優越に関するパラメータ（Dパラメータ）」についても説明する。

本節では、増加関数を仮定したときのバウンドについて説明してきた。それに対し、関数 $y_j(\cdot)$ が減少関数であると仮定したとき、結果変数の期待値 $\mathrm{E}[y(t)]$ と分布 $\mathrm{P}[y(t)]$、平均処置効果 $\mathrm{E}[y(t_2)] - \mathrm{E}[y(t_1)]$ が入りうるバウンドは、減少関数を増加関数の対称として考えることによって、上記と同じ考え方で求められることができる[5]。

以上より、関数に単調関数という定性的な仮定を課すだけで、その関数形を特定化しなくても、結果変数の期待値 $\mathrm{E}[y(t)]$ と分布 $\mathrm{P}[y(t)]$、平均処置効果 $\mathrm{E}[y(t_2)] - \mathrm{E}[y(t_1)]$ を入りうるバウンドとして識別できた。これらのバウンドは、対象となる関数が単調関数であると信じられる、つまり、処置効果 $y_j(t_2) - y_j(t_1)$ の符号がわかっているような経済問題に対して、広く適用可能である。例えば、ある政策が目標とする結果に対して正の効果を持つと信じられる場合や、ある医療が患者の健康状態を改善すると信じられる場合に、その効果を推定することができる。具体的な実証研究としては、González（2005）は英語の流暢さが賃金や雇用状態に与える効果を、Manski（2006）は警察の捜索強化が犯罪率を低下させる効果を、Manski（2010）はワクチン実施が疾病を予防する効果を、Gerfin and Schellhorn（2006）は健康保険料控除が人々の通院回数を増やす効果を、Kreider and Hill（2009）は健康保険の普及が医療サービス受診を増やす効果を、Kreider et al.（2012）は食糧配給が子どもの健康状態を増進する効果を、

---

4) (2.8)式から(2.9)式が導かれる理由を説明する。確率変数 x_j^A と x_j^B に対し、すべての j について $x_j^A \leq x_j^B$ ならば、任意の実数 a に対し $\mathrm{P}[x^A \leq a] \geq \mathrm{P}[x^B \leq a]$ であることを、例を使って示そう。同じクラスの学生が授業Aと授業Bをとり、試験の結果、全員、授業Aの成績（x_j^A）が授業Bの成績（x_j^B）より悪かった（$x_j^A \leq x_j^B$）とする。このとき、ある点数 a 点（例えば50点）を選び、それ以下の点数を取った学生の人数を比較すると、授業Aの人数の方が授業Bの人数より多くなる。つまり、$\mathrm{P}[x^A \leq a] \geq \mathrm{P}[x^B \leq a]$ である。

5) 関数 $y_j(\cdot)$ が減少関数であるとは、すべての個人 $j \in J$ に対し、処置変数 $t_1, t_2 \in T$ が $t_1 \leq t_2$ であるとき、$y_j(t_1) \geq y_j(t_2)$ であることを言う。この仮定の下で、例えば、結果変数の期待値 $\mathrm{E}[y(t)]$ のバウンドは、

$$\sum_{s \geq t} \mathrm{E}[y|z=s]\mathrm{P}(z=s) + \underline{y}\mathrm{P}(z<t) \leq \mathrm{E}[y(t)] \leq \overline{y}\mathrm{P}(z>t) + \sum_{s \leq t} \mathrm{E}[y|z=s]\mathrm{P}(z=s)$$

となる。

それぞれバウンド推定している（Kreider et al. 2012については、第5章5.3節で説明する）。

2.3 凹増加関数の仮定の下でのバウンド

　Manski（1997）は、$y_j(\cdot)$ の増加関数の仮定に、さらに凹関数の仮定を加えて、関数 $y_j(\cdot)$ が**凹増加関数**であるという仮定の下で、結果変数の期待値 $E[y(t)]$ と分布 $P[y(t)]$、および、平均処置効果 $E[y(t_2)]-E[y(t_1)]$ の入りうるバウンドを識別した[6]。凹増加関数は、経済学では限界生産力が逓減する関数を表し、多くの経済学者が同意する、信頼できる仮定と言える。本節では、2.2節の増加関数の仮定に凹関数の仮定を加えることによって、バウンドがどれだけ狭まるかをみる。ここでは、処置変数の定義域 T の下限 $\underline{t}$ を有限とする。さらに、単純化のため、定義域 T の下限 $\underline{t}$ と結果変数の値域 Y の有限な下限 $\underline{y}$ を、両方とも0とする[7]。

　図2.4は、個人 j の実現値 $(z_j, y_j) = (z_j, y_j(z_j))$（●A）を通る凹増加関数 $y_j(\cdot)$ の例を表している。さらに、図2.4には、原点 $O = (0, 0)$ と実現値 (z_j, y_j)（●A）を通る直線 $y = (y_j/z_j)t$（直線OGAE）も描いている。個人 j が実際に受けなかった処置変数 $t \neq z_j$ の結果変数 $y_j(t)$ は観測されない潜在的結果変数（○Bと○C）である。しかし、関数 $y_j(\cdot)$ は凹増加関数であり、かつ、値域 Y の下限が0より $y_j(0) \geq 0$ であるので、図2.4が示すように、直線OGAEは凹増加関数 $y_j(\cdot)$ を、左下から右上にかけて点Aのみで交わるように通る。よって、図2.4

6）関数 $y_j(\cdot)$ が**凹関数**であるとは、任意の $t_1, t_2 \in T$ と、0から1の間の任意の実数 α に対して、$y_j(\alpha t_1 + (1-\alpha) t_2) \geq \alpha y_j(t_1) + (1-\alpha) y_j(t_2)$ であることを言う。よって、線形関数も凹関数である。

7）定義域 T の下限 $\underline{t}$ と値域 Y の下限 $\underline{y}$ の両方が0であるという仮定は、以下の説明で、図2.4の凹関数 $y_j(\cdot)$ と直線 OGAE の位置関係において重要である。この仮定がなければ、凹増加関数の仮定の下でのパラメータのバウンドは、(2.6)式の増加関数の仮定の下でのバウンドになる（凹性の仮定の識別力はなくなる）。ただし、定義域 T の下限 $\underline{t}$ と値域 Y の下限 $\underline{y}$ の両方が0でなくても、下に有限であれば、処置変数を $t_j - \underline{t}$ と $z_j - \underline{t}$ と再定義し、結果変数を $y_j - \underline{y}$ と再定義することにより、結果変数の定義域と値域の下限を0と仮定する以下の分析を、そのまま適用できる。

2.3 凹増加関数の仮定の下でのバウンド

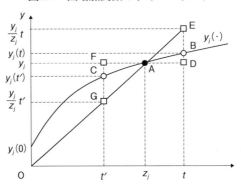

図2.4 凹増加関数の下でのバウンド

より、処置変数 t が z_j より大きいときは、結果変数 $y_j(t)$（○B）の下限は、$y_j(\cdot)$ が増加関数のときと同じ y_j（□D）であるが、その上限は、直線OGAE上の t に対応する点（□E）である $y=(y_j/z_j)t$ となる。それに対し、処置変数 t が z_j より小さいとき（$0 \leq t < z_j$、図2.4では t' と表記）は、結果変数 $y_j(t)$（○C）の上限は、$y_j(\cdot)$ が増加関数のときと同じ y_j（□F）であるが、$y_j(t)$ の下限は、直線上の t に対応する点（□G）である $y=(y_j/z_j)t$ となる。これは、すべての個人 $j \in J$ について成立するから、

$$
\begin{aligned}
&z_j < t \text{ の } j \text{ に対しては、} y_j \leq y_j(t) \leq (y_j/z_j)t \\
&z_j = t \text{ の } j \text{ に対しては、} y_j(t) = y_j \\
&z_j > t \text{ の } j \text{ に対しては、} (y_j/z_j)t \leq y_j(t) \leq y_j
\end{aligned}
\tag{2.10}
$$

である。(2.10)式は $y_j(t)$ のシャープバウンドである。増加関数のみを仮定したときの $y_j(t)$ のシャープバウンドである(2.5)式と比較すると、$z_j<t$ の j の $y_j(t)$ の上限が $\bar{y}-(y_j/z_j)t$（$=\bar{y}-$□E）だけ、$z_j>t$ の j の下限が $(y_j/z_j)t-\underline{y}$（$=$□G$-\underline{y}$）だけ狭まっている。

期待値 $E[y(t)]$ のシャープバウンドは、(2.10)式より、

$$
\sum_{s \leq t} E[y|z=s]P(z=s) + \sum_{s>t} E\left[\left(\frac{y}{s}\right)t \middle| z=s\right] P(z=s) \leq E[y(t)]
$$
$$
\leq \sum_{s<t} E\left[\left(\frac{y}{s}\right)t \middle| z=s\right] P(z=s) + \sum_{s \geq t} E[y|z=s]P(z=s)
\tag{2.11}
$$

図2.5　凹増加関数の下での平均処置効果のバウンド

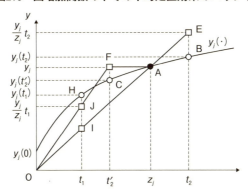

となる。凹増加関数の仮定の下での $E[y(t)]$ のバウンド (2.11) 式と増加関数の仮定の下での $E[y(t)]$ のバウンド (2.6) 式を比較すると、凹関数の仮定を加えることにより、$E[y(t)]$ のバウンドの下限が $\sum_{s>t}\{E[(y/s)t|z=s]-\underline{y}\}P(z=s)$ だけ上昇し、バウンドの上限が $\sum_{s<t}\{\overline{y}-E[(y/s)t|z=s]\}P(z=s)$ だけ低下する。とくに、増加関数の仮定の下での $E[y(t)]$ のバウンドの上限 ((2.6)式) は、値域の上限 $\overline{y}$ に依存するのに対して、凹関数の仮定の下での $E[y(t)]$ のバウンドの上限 ((2.11)式) は、$\overline{y}$ に依存しない。

　処置変数が t_1 から t_2 に増加したときの平均処置効果 $E[y(t_2)]-E[y(t_1)]$ のシャープバウンドを求めよう。図2.5は、図2.4に処置変数 t_1, t_2 と線OFAを描き入れた図である。まず、t_2 が z_j より大きいときの $y_j(t_2)-y_j(t_1)$ （○Bと○Hの差）のバウンドの上限を考えよう。●Aを通り、$y_j(0) \geq 0$ である凹増加関数 $y_j(\cdot)$ のうち、$y_j(t_2)-y_j(t_1)$ が最大（つまり、バウンドの上限）となるのは、$y_j(\cdot)$ が直線OIAEで表されるときであり、そのとき $y_j(t_2)-y_j(t_1) = (y_j/z_j)t_2-(y_j/z_j)t_1 = (y_j/z_j)(t_2-t_1)$ （□Eと□Iの差）となる。次に、t_2 が z_j より小さいとき（図2.5では t_2' と表記）の $y_j(t_2)-y_j(t_1)$ （○Cと○Hの差）のバウンドの上限を考えよう。●Aを通り、$y_j(0) \geq 0$ である凹増加関数 $y_j(\cdot)$ のうち、$y_j(t_2)-y_j(t_1)$ が最大となるのは、$y_j(\cdot)$ が線OJFAで表されるときであり、そのとき $y_j(t_2)-y_j(t_1) = y_j-(y_j/t_2)t_1 = (y_j/t_2)(t_2-t_1)$ （□Fと□Jの差）となる。一方、$y_j(t_2)-y_j(t_1)$ のバウンドの下限は0である[8]。よって、

2.3 凹増加関数の仮定の下でのバウンド

$z_j \leq t_2$ の j に対しては、$0 \leq y_j(t_2) - y_j(t_1) \leq (y_j/z_j)(t_2 - t_1)$
$z_j > t_2$ の j に対しては、$0 \leq y_j(t_2) - y_j(t_1) \leq (y_j/t_2)(t_2 - t_1)$ (2.12)

である。平均処置効果 $E[y(t_2)] - E[y(t_1)]$ のシャープバウンドは、(2.12)式より、

$$0 \leq E[y(t_2)] - E[y(t_1)]$$
$$\leq \sum_{s \leq t_2} E\left[\frac{y}{s}\Big| z=s\right](t_2-t_1)P(z=s) + \sum_{s > t_2} E\left[\frac{y}{t_2}\Big| z=s\right](t_2-t_1)P(z=s) \quad (2.13)$$

となる。

表2.1の $E[y|z]$ と $P(z)$ の値を使って、賃金関数 $y_j(\cdot)$ が凹増加関数であると仮定した場合、$t = 2, 4$ のときの $E[y(t)]$ のバウンド ((2.11)式) と、$t_1 = 2$, $t_2 = 4$ のときの $E[y(t_2)] - E[y(t_1)]$ ((2.13)式) を推定しよう。まず、全員が高校卒業であるときの平均賃金 $E[y(2)]$ のバウンドの推定値は、

$$2.516 \times 0.078 + 2.727 \times 0.423 + (2.980/3) \times 2 \times 0.184$$
$$+ (3.251/4) \times 2 \times 0.180 + (3.336/5) \times 2 \times 0.134 = 2.187$$
$$\leq E[y(2)]$$
$$\leq (2.516/1) \times 2 \times 0.078 + 2.727 \times 0.423 + 2.980 \times 0.184$$
$$+ 3.251 \times 0.180 + 3.336 \times 0.134 = 3.127$$

となり、全員が大学卒業であるときの平均賃金 $E[y(4)]$ のバウンドの推定値は、

$$2.516 \times 0.078 + 2.727 \times 0.423 + 2.980 \times 0.184$$
$$+ 3.251 \times 0.180 + (3.336/5) \times 4 \times 0.134 = 2.841$$
$$\leq E[y(4)]$$
$$\leq (2.516/1) \times 4 \times 0.078 + (2.727/2) \times 4 \times 0.423 + (2.980/3) \times 4 \times 0.184$$
$$+ 3.251 \times 0.180 + 3.336 \times 0.134 = 4.855$$

となる。大学教育の年率のリターン $\{E[y(4)] - E[y(2)]\}/4$ のバウンドの推定値

---

8) j の関数が $y_j(\cdot) = y_j$、つまり、水平であるとき、それは凹増加関数の仮定を満たし、$y_j(t_2) - y_j(t_1) = 0$ となる。

は、

$$0 \leq \{E[y(4)] - E[y(2)]\}/4$$
$$\leq \{(2.516/1) \times (4-2) \times 0.078 + (2.727/2) \times (4-2) \times 0.423$$
$$+ (2.980/3) \times (4-2) \times 0.184 + (3.251/4) \times (4-2) \times 0.180$$
$$+ (3.336/4) \times (4-2) \times 0.134\}/4 = 0.607$$

となる。この推定結果は、表2.2の③行に記されている。

分布 $P[y(t)]$ の識別も (2.10) 式から導かれる。ここで、変数 $y_j^{L凹}(t)$ と $y_j^{H凹}(t)$ を以下のように定義する。

$$y_j^{L凹}(t) = \begin{cases} (y_j/z_j)t & z_j > t \text{ のとき} \\ y_j & z_j \leq t \text{ のとき} \end{cases}, \quad y_j^{H凹}(t) = \begin{cases} y_j & z_j \geq t \text{ のとき} \\ (y_j/z_j)t & z_j < t \text{ のとき} \end{cases}$$

図2.4において、$y_j^{L凹}(t)$ は、線分OGAと半直線ADとなり、$y_j^{H凹}(t)$ は半直線AFと半直線AEとなる。図より、関数 $y_j(t)$ が、すべての $t \in T$ に対して、$y_j^{L凹}(t)$ に下から、$y_j^{H凹}(t)$ に上から挟まれることがわかる。よって、すべての $t \in T$ に対して、

$$y_j^{L凹}(t) \leq y_j(t) \leq y_j^{H凹}(t) \tag{2.14}$$

が、すべての $j \in J$ に対して成立する。これは、(2.10)式と同値であるので、$y_j(t)$ のシャープバウンドである。(2.14)式より、実数 $\alpha \in (0, \overline{y}]$ に対し、確率 $P[y(t) \leq \alpha]$ のシャープバウンドは、

$$P[y^{H凹}(t) \leq \alpha] \leq P[y(t) \leq \alpha] \leq P[y^{L凹}(t) \leq \alpha] \tag{2.15}$$

となる。

2.4 需要・供給曲線のシフトの部分識別

2.4.1 需要・供給曲線のシフトの識別問題

最後に、Manski (1997) の方法を、需要・供給曲線のシフトパラメータの推

2.4 需要・供給曲線のシフトの部分識別

図2.6 需要・供給曲線の識別問題

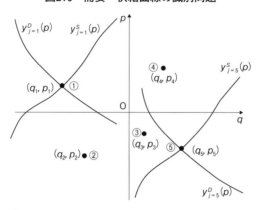

定に発展させた筆者の論文（Okumura 2011）を説明する。需要・供給のフレームワークで、市場均衡を変動させる供給曲線のシフト（供給シフトパラメータ）と需要曲線のシフト（需要シフトパラメータ）を推定することは、経済学の基本的な課題である。例えば、労働経済学において、賃金と労働量の変動が、企業の労働需要側から引き起こされているのか、労働者の労働供給側から引き起こされているのかを推定することは、重要な課題である。

しかし、需要・供給関数の交点である価格と取引量のデータしか利用できない場合、識別問題が生じ、供給シフトパラメータと需要シフトパラメータは点識別することができない。具体的に、これまで学んだ識別問題を応用して説明する。

ある財が市場（$j = 1, 2, ..., J$）で取引され、それぞれの市場における価格 p_j と取引量 q_j がデータとして観測されるとする。図2.6は、横軸に取引量 q を、縦軸に価格 p をとり、各市場の観測点を (q_j, p_j) で表している[9]。観測点 (q_j, p_j) は、それぞれの市場の供給曲線（$y_j^S(p)$）と需要曲線（$y_j^D(p)$）の交点（市場均衡点）であり、$q_j = y_j^S(p_j) = y_j^D(p_j)$ である（図2.6には、簡略化のため、$j = 1$ と $j = 5$ の $y_j^S(p)$ と $y_j^D(p)$ のみ描かれている）。よって、データの観測点 (q_j, p_j)

---

9) 図2.6の横軸と縦軸が、図2.1から図2.5の横軸・縦軸と逆になっていることに注意してほしい。図2.6では経済学の慣習に従い、処置変数である価格を縦軸に、結果変数である取引量を横軸にとる。

($j = 1, 2, ..., J$) のみからは、各市場の供給関数 $y_j^s(p)$ と需要関数 $y_j^p(p)$ のいずれも識別できない。

第1章の識別問題の説明を使えば、例えば、供給関数 $y_j^s(p)$ の識別を考えた場合、p が処置変数、$y_j^s(p)$ が結果変数であり、私たち計量経済学者に観測されるのは、実際に需要曲線 $y_j^p(p)$ と交わって実現した実現処置変数である均衡価格 p_j と実現結果変数である均衡取引量 q_j だけである。よって、供給曲線上のそれ以外の点 $p \neq p_j$ の結果変数は未実現の潜在的結果変数 $y_j^s(p)$ であり、観測されない。需要曲線 $y_j^p(p)$ についても同様の問題がある。ゆえに、データ、つまり、**需要・供給曲線の交点のみからは、供給曲線と需要曲線は識別できない**。よって、供給曲線のシフトと需要曲線のシフトも識別できない。

労働供給関数と労働需要関数では、その交点である賃金と労働量のデータしか利用できないため、需要シフトパラメータと供給シフトパラメータを識別できない。この問題に対し、Katz and Murphy（1992）やMurphy and Welch（1992）は、労働需要曲線と労働供給曲線のいずれかが安定的であると仮定して、供給シフトパラメータと需要シフトパラメータを推定している。例えば、もし、労働需要関数が安定的であれば、賃金と労働量の変動はすべて、労働供給関数のシフトに帰することができるので、（さらに関数形を特定化すれば）供給シフトパラメータを推定できる。しかし、現実には、労働供給関数と労働需要関数は同時に動いている可能性があるので、このKatz and Murphy（1992）らが課した仮定は、根拠の乏しい強い仮定と言える[10]。

2.4.2 右上がりの供給曲線と右下がりの需要曲線の仮定の下での需要・供給シフトの部分識別

この需要・供給曲線のシフトの識別問題に対し、Okumura（2011）は、需要・

[10) 需要曲線と供給曲線のシフトの識別問題は、需要者の需要行動と供給者の供給行動が互いに影響を及ぼしあうことから生じている。第6章で説明する「ゲーム理論の複数均衡から生じる識別問題」でも同様に、企業同士が互いに影響を及ぼしあうことによって識別問題が生じている。このように、社会の構成員（agent）が、その行動を通じて、お互いに影響しあう場合、識別問題は深刻になる。これを、「**社会的相互作用（Social Interactions）の識別問題**」と呼び、Manski（1993）により定式化された（Manski 2000, Blume et al. 2011, Kline and Tamer 2017も参照）。

2.4 需要・供給曲線のシフトの部分識別

供給曲線の交点である賃金と労働量のデータのみを用い、供給曲線と需要曲線が同時にシフトすることを許した上で、供給シフトパラメータと需要シフトパラメータの入りうるバウンドを識別し、推定した。ここでは、供給関数が価格の増加関数であり、需要関数が価格の減少関数であることのみ仮定している。この仮定は、経済学者の誰もが同意する基本的な仮定と言えよう。

各グループ（個票）$j = 1, 2, ..., J$ の時間 $\tau = 1, 2, ..., T$ における供給関数と需要関数の同時方程式モデルとして以下を考える。

$$\begin{cases} q_{j\tau} = f_{j\tau}(p_{j\tau}) + \mu_\tau + \varepsilon_{j\tau} & (2.16) \\ q_{j\tau} = g_{j\tau}(p_{j\tau}) + \nu_\tau + \xi_{j\tau} & (2.17) \end{cases}$$

$q_{j\tau}$ はグループ j の τ 期の労働量、$p_{j\tau}$ はグループ j の τ 期の賃金である。μ_τ は供給シフトパラメータ、ν_τ は需要シフトパラメータで、グループ j 間で一定である。(2.16)式が供給関数、(2.17)式が需要関数であり、関数 $f_{j\tau}(\cdot)$ は増加関数、関数 $g_{j\tau}(\cdot)$ は減少関数である。$f_{j\tau}(\cdot)$ と $g_{j\tau}(\cdot)$ の関数形は特定化しないし、各 j と τ ごとに異なりうる。$\varepsilon_{j\tau}$ と $\xi_{j\tau}$ は、中央値が 0 の各 j の個別ショック（idiosyncratic shock）である。$p_{j\tau}$ と $\varepsilon_{j\tau}$、および、$p_{j\tau}$ と $\xi_{j\tau}$ は相関してもよい。本節の目的は、時系列の個票データ（repeated cross-sectional data）$(q_{j\tau}, p_{j\tau})$ から、供給シフトパラメータ μ_τ と需要シフトパラメータ ν_τ を（τ 期ごとに）識別し、推定することである。

簡略化のため、(2.16)式と(2.17)式を、時間 τ の表記を省略し、$u_j \equiv \mu + \varepsilon_j$, $v_j \equiv \nu + \xi_j$ として、以下のように表す。

$$\begin{cases} q_j = f_j(p_j) + u_j & (2.18) \\ q_j = g_j(p_j) + v_j & (2.19) \end{cases}$$

$u_j = \mu + \varepsilon_j$, $v_j = \nu + \xi_j$ であり、$\varepsilon_{j\tau}$ と $\xi_{j\tau}$ の中央値が 0 であるから、求めたい供給シフトパラメータ μ は、u_j の中央値 u^M となり、需要シフトパラメータ ν は、v_j の中央値 v^M となる。なお、p_j と u_j、および、p_j と v_j は相関してもよい。

以下では、関数 $f_j(\cdot)$ が増加関数であるという仮定の下で、u_j の分布（累積分布関数）$P(u \leq \alpha) = F_u(\alpha)$ のバウンドを識別し、それから、中央値 u^M のバウンドを識別する。同様にして、関数 $g_j(\cdot)$ が減少関数であるという仮定の下で、

図 2.7 供給曲線

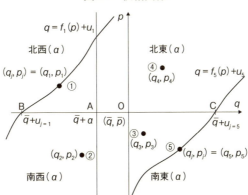

v_j の分布 $P(v \leq \alpha) = F_v(\alpha)$ のバウンドを識別し、それから、中央値 v^M のバウンドを識別する。

図2.7は、データ (q_j, p_j) $(j = 1, 2, ..., 5)$ と実現均衡点①と⑤それぞれを通る供給曲線 (2.18) 式の関係を表している。横軸は q、縦軸は p であり、原点Oは、$\bar{q} = f_j(\bar{p}) = g_j(\bar{p})$ を満たす $(\bar{q}, \bar{p})$ を表している[11]。ある実数値 α に対し、原点Oから α だけ横に移動した点A：$(\bar{q}+\alpha, \bar{p})$ をとり、その点を中心に、北東の領域を **北東**(α)、南東の領域を **南東**(α)、南西の領域を **南西**(α)、北西の領域を **北西**(α) とする。図2.7の点①のように、グループ j の実現値 (q_j, p_j) が **北西**(α) にあるとき、グループ j の供給曲線 $q = f_j(p) + u_j$ は右上がりだから、供給曲線と q 軸が交わる点Bの $\bar{q}+u_j$ は、点Aの $\bar{q}+\alpha$ より小さくなり、$u_j \leq \alpha$ である。一方、グループ j の実現値 (q_j, p_j) が点⑤（点③も含む）のように **南東**(α) にあ

---

11) $(\bar{q}, \bar{p})$ は、u_j と v_j を q 軸上で測る際の基準値である。任意の定数 γ に対し、$\tilde{f}_j(p) \equiv f_j(p) - \gamma$、$\tilde{u}_j \equiv u_j + \gamma$ とすると、供給関数(2.18)式は、$q = f_j(p) + u_j = \tilde{f}_j(p) + \tilde{u}_j$ と書ける。$f_j(\cdot)$ の関数形を特定化していないため、u_j と $\tilde{u}_j$ は観測上同値である。そのため、ある $p = \bar{p}$ に対して $f_j(\bar{p})$ の値を一つ決めなければ、u_j は（一意に）識別できない。本文で仮定したように、$f_j(\bar{p}) = \bar{q}$ を基準値として決めることにより、u_j はこの基準値からの乖離として識別される（identified up to scale/ normalization）。つまり、図2.7において、u_j は、$q = f_j(p) + u_j$ と q 軸が交わる点と原点Oとの距離として一意に測ることができる。需要曲線(2.19)式の v_j も同様である。本節最後の実証分析では、この $(\bar{q}, \bar{p})$ として、$q_{j\tau}$ と $p_{j\tau}$ のグループ j ごとの時間 τ に関する平均、$\bar{q}_j = (1/T)\sum_{\tau=1}^{T} q_{j\tau}$ と $\bar{p}_j = (1/T)\sum_{\tau=1}^{T} p_{j\tau}$ をとっている。

るとき、供給曲線は右上がりだから、供給曲線と q 軸が交わる点Cの $\overline{q}+u_j$ は点Aの $\overline{q}+\alpha$ より大きくなり、$u_j > \alpha$ である。よって、以下の論理式が成立する。

$$\begin{cases} (q_j, p_j) \in \textbf{北西}(\boldsymbol{\alpha}) & \Rightarrow \quad u_j \leq \alpha \quad & (2.20) \\ (q_j, p_j) \in \textbf{南東}(\boldsymbol{\alpha}) & \Rightarrow \quad u_j > \alpha \quad & (2.21) \end{cases}$$

十分条件が起こる確率は必要条件が起こる確率より小さいか等しい[12]。よって、(2.20)式と(2.21)式より、

$$\begin{cases} \mathrm{P}[(q_j, p_j) \in \textbf{北西}(\boldsymbol{\alpha})] \leq \mathrm{P}(u_j \leq \alpha) & (2.22) \\ \mathrm{P}[(q_j, p_j) \in \textbf{南東}(\boldsymbol{\alpha})] \leq \mathrm{P}(u_j > \alpha) & (2.23) \end{cases}$$

である。u_j の分布 $F_u(\alpha)$ は、$F_u(\alpha) = \mathrm{P}(u_j \leq \alpha) = 1 - \mathrm{P}(u_j > \alpha)$ であるから、(2.22)式と(2.23)式より、$F_u(\alpha)$ のシャープバウンド

$$\mathrm{P}[(q_j, p_j) \in \textbf{北西}(\boldsymbol{\alpha})] \leq F_u(\alpha) \leq 1 - \mathrm{P}[(q_j, p_j) \in \textbf{南東}(\boldsymbol{\alpha})] \quad (2.24)$$

が得られる。

図2.7のデータ (q_j, p_j) と実数値 α の例から、(2.24)式の $F_u(\alpha)$ のバウンド推定値を計算する。**北西**$(\boldsymbol{\alpha})$ にあるデータは①の1つであり、**南東**$(\boldsymbol{\alpha})$ にあるデータは③と⑤の2つであるので、

$$\mathrm{P}[(q_j, p_j) \in \textbf{北西}(\boldsymbol{\alpha})] = 1/5 = 0.2 \leq F_u(\alpha)$$
$$\leq 1 - \mathrm{P}[(q_j, p_j) \in \textbf{南東}(\boldsymbol{\alpha})] = 1 - 2/5 = 0.6$$

となる[13]。

(2.24)式は、任意の実数 α に対して成立するので、(2.24)式は、任意の実数 α に対する u の分布関数（累積分布関数）$F_u(\alpha)$ のシャープバウンドとなる。具体的に、図2.7のデータ (q_j, p_j) より、分布関数 $F_u(\alpha)$ のバウンドを推定しよう。実数 α を $-\infty$ から $+\infty$ まで動かし、それぞれの α に対して、(2.24)式の

---

[12] 十分条件の集合は必要条件の集合に含まれることから、十分条件が起こる確率は必要条件が起こる確率より小さいか等しいと言える。

$F_u(\alpha)$ のバウンドをデータ (q_j, p_j) から計算すると、

(1) $\bar{q}+\alpha < q_1$ のとき

（点Aを通る境界線がデータ①より左側にあるとき）、
$$\mathrm{P}[(q_j, p_j) \in \textbf{北西}(\boldsymbol{\alpha})] = 0 \leq F_u(\alpha)$$
$$\leq 1-\mathrm{P}[(q_j, p_j) \in \textbf{南東}(\boldsymbol{\alpha})] = 1-3/5 = 0.4$$

(2) $q_1 \leq \bar{q}+\alpha < q_2$ のとき

（点Aを通る境界線がデータ①とデータ②の間にあるとき）
$$\mathrm{P}[(q_j, p_j) \in \textbf{北西}(\boldsymbol{\alpha})] = 1/5 = 0.2 \leq F_u(\alpha)$$
$$\leq 1-\mathrm{P}[(q_j, p_j) \in \textbf{南東}(\boldsymbol{\alpha})] = 1-3/5 = 0.4$$

(3) $q_2 \leq \bar{q}+\alpha < q_3$ のとき

（点Aを通る境界線がデータ②とデータ③の間にあるとき）
$$\mathrm{P}[(q_j, p_j) \in \textbf{北西}(\boldsymbol{\alpha})] = 1/5 = 0.2 \leq F_u(\alpha)$$
$$\leq 1-\mathrm{P}[(q_j, p_j) \in \textbf{南東}(\boldsymbol{\alpha})] = 1-2/5 = 0.6$$

(4) $q_3 \leq \bar{q}+\alpha < q_4$ のとき

（点Aを通る境界線がデータ③とデータ④の間にあるとき）
$$\mathrm{P}[(q_j, p_j) \in \textbf{北西}(\boldsymbol{\alpha})] = 1/5 = 0.2 \leq F_u(\alpha)$$
$$\leq 1-\mathrm{P}[(q_j, p_j) \in \textbf{南東}(\boldsymbol{\alpha})] = 1-1/5 = 0.8$$

(5) $q_4 \leq \bar{q}+\alpha < q_5$ のとき

（点Aを通る境界線がデータ④とデータ⑤の間にあるとき）
$$\mathrm{P}[(q_j, p_j) \in \textbf{北西}(\boldsymbol{\alpha})] = 2/5 = 0.4 \leq F_u(\alpha)$$
$$\leq 1-\mathrm{P}[(q_j, p_j) \in \textbf{南東}(\boldsymbol{\alpha})] = 1-1/5 = 0.8$$

(6) $q_5 \leq \bar{q}+\alpha$ のとき

（点Aを通る境界線がデータ⑤より右側にあるとき）

---

13) 図2.7の点②のように、実現値 (q_j, p_j) が**南西**$(\boldsymbol{\alpha})$ にあるとき、その供給曲線が q 軸と交わる点 $\bar{q}+u_j$ は、$\bar{q}+\alpha$ より小さいかもしれないし、大きいかもしれない（供給曲線は右上がりであるとしか仮定していないため、どちらの場合もありうる）。そのため、点②の (q_2, p_2) は、この実数値 α に対する分布 $F_u(\alpha)$ の識別に情報量を持たない。同様に、**北東**$(\boldsymbol{\alpha})$ にある点④の (q_4, p_4) も、この α に対する分布 $F_u(\alpha)$ の識別に情報量を持たない。これが、分布 $F_u(\alpha)$ が点識別されず、(2.24) 式のバウンドで識別される理由である。ただし、以下の説明で示されるように、①から⑤のすべての実現値は、任意の実数 α に対する累積分布関数 $F_u(\alpha)$ の識別に利用される。

2.4 需要・供給曲線のシフトの部分識別

図2.8 分布 $F_u(\alpha)$ のバウンド推定値

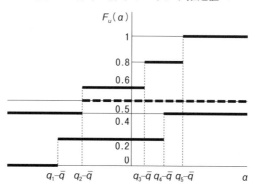

$$P[(q_j, p_j) \in 北西(\alpha)] = 2/5 = 0.4 \leq F_u(\alpha)$$
$$\leq 1 - P[(q_j, p_j) \in 南東(\alpha)] = 1$$

と求まる。これは、任意の実数 α に対する u の分布関数 $F_u(\alpha)$ が入りうるバウンドの推定値であり、図2.8の太い実線として表される[14]。

目的の供給シフトパラメータである u_j の中央値 $u^M \equiv \inf\{\alpha | F_u(\alpha) \geq 0.5\}$ のバウンドの推定値は、図2.8の太い点線が示すように、

$$u^M \geq q_2 - \bar{q} \tag{2.25}$$

となる（上限は $+\infty$）。

需要シフトパラメータ v^M のバウンドも同様に求められる。図2.9は、図2.7と同じデータ (q_j, p_j) に対する需要曲線 (2.19) 式の関係を表している。図2.9の点②のように、グループ j の実現値 (q_j, p_j) が **南西**(α) にあるとき、グループ j の需要曲線は右下がりだから、需要曲線と q 軸が交わる点Dの $\bar{q} + v_j$ は、点Aの $\bar{q} + \alpha$ より小さくなり、その結果 $v_j \leq \alpha$ となる。一方、グループ j の実現値 (q_j, p_j) が点④のように **北東**(α) にあるとき、需要曲線と横軸が交わる点Eの

---

14) 図2.8は、u の分布関数 $F_u(\alpha)$ のバウンドの推定値であるから、横軸は α である。(1) $\bar{q} + \alpha < q_1$ のときは、$\alpha < q_1 - \bar{q}$ のときであり、(2) $q_1 \leq \bar{q} + \alpha < q_2$ のときは、$q_1 - \bar{q} \leq \alpha < q_2 - \bar{q}$ のときである。同様に、(3)は $q_2 - \bar{q} \leq \alpha < q_3 - \bar{q}$ のとき、(4)は $q_3 - \bar{q} \leq \alpha < q_4 - \bar{q}$ のとき、(5)は $q_4 - \bar{q} \leq \alpha < q_5 - \bar{q}$ のとき、(6)は $q_5 - \bar{q} \leq \alpha$ のときである。

図2.9 需要曲線

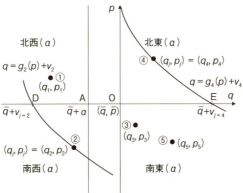

図2.10 分布 $F_v(\alpha)$ のバウンド推定値

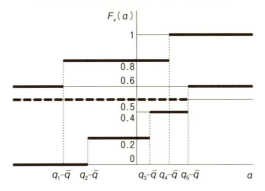

$\bar{q}+v_j$ は点 A の $\bar{q}+\alpha$ より大きくなり、$v_j > \alpha$ となる。よって、

$$\begin{cases} (q_j, p_j) \in \text{南西}(\alpha) & \Rightarrow \quad v_j \leq \alpha \quad (2.26) \\ (q_j, p_j) \in \text{北東}(\alpha) & \Rightarrow \quad v_j > \alpha \quad (2.27) \end{cases}$$

となる。よって、v_j の分布関数 $F_v(\alpha)$ のバウンドは、

$$\text{P}[(q_j, p_j) \in \text{南西}(\alpha)] \leq F_v(\alpha) \leq 1 - \text{P}[(q_j, p_j) \in \text{北東}(\alpha)] \quad (2.28)$$

となる。

図2.9のデータ (q_j, p_j) から、(2.28)式の分布関数 $F_v(\alpha)$ の入りうるバウンド

の推定値を求めたのが、図2.10の太い実線である。需要シフトパラメータである v_j の中央値 $v^M \equiv \inf\{\alpha | F_v(\alpha) \geq 0.5\}$ のバウンドの推定値は、図2.10の太い点線が示すように、

$$v^M \leq q_5 - \bar{q} \tag{2.29}$$

となる（下限は $-\infty$）[15]。

Okumura (2011) では、さらに、中央値 u^M と v^M の入りうるバウンドを狭めるため、u の分布関数 $F_u(\cdot)$ と v の分布関数 $F_v(\cdot)$ の形状として、計量経済学でよく使われる以下の2つの仮定をそれぞれ課して、u^M と v^M のバウンドを識別している。

【仮定1】 u の確率密度関数 $(\mathrm{d}F_u(\alpha)/\mathrm{d}\alpha)$ が u^M を軸に左右対称であり、v の確率密度関数 $(\mathrm{d}F_v(\alpha)/\mathrm{d}\alpha)$ が v^M を軸に左右対称である。

仮定1の下では、u と v それぞれの分位数のバウンドを使って、中央値 u^M と v^M のバウンドを求めることができる。図2.10を使って、仮定1の下での v^M のバウンドを求めよう。v の γ 分位数を v^γ とする。つまり、$v^\gamma \equiv \inf\{\alpha | F_v(\alpha) \geq \gamma\}$ である。図2.10より、

(i) $\gamma = 0.4$ のとき、$v^{0.4} \leq q_3 - \bar{q}$
(ii) $\gamma = 0.6$ のとき、$v^{0.6} \leq q_5 - \bar{q}$

である。中央値と分位数の関係より、$v^M = (v^{0.4} + v^{0.6})/2$ であるから、

$$v^M \leq \{(q_3 - \bar{q}) + (q_5 - \bar{q})\}/2 = (q_3 + q_5)/2 - \bar{q} \tag{2.30}$$

となる。また、(2.29)式と同様に、

(iii) $\gamma = 0.5$ のとき、$v^{0.5} = v^M \leq q_5 - \bar{q}$ (2.31)

---

15) ここでは、図2.7のデータを具体例にとった場合の、中央値 u^M と v^M のバウンドを示しているが、一般的な場合の中央値 u^M と v^M バウンドについては、Okumura (2011) の Lemma 1を参照してほしい。以下で説明する、仮定1の下での u^M と v^M のバウンドの一般的な場合については Lemma 2を、仮定2の下での u^M と v^M のバウンドの一般的な場合については Lemma 3を参照してほしい。

図2.11 仮定(2)の下での u^M のバウンドの推定値

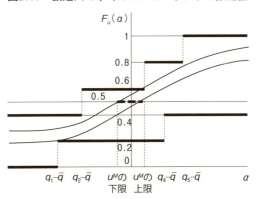

である。

よって、中央値 v^M の上限は、(2.30)式と(2.31)式より、

$$v^M \leq \min[q_5 - \overline{q}, (q_3 + q_5)/2 - \overline{q}] = (q_3 + q_5)/2 - \overline{q} \qquad (2.32)$$

となる。(2.29)式と(2.32)式を比較すると、仮定1を追加することにより、v^M のバウンドの上限は、$(q_5 - q_3)/2$ だけ狭まることがわかる。

一方、図2.8の場合、仮定1の下での u^M のバウンドは、$u^M \geq q_2 - \overline{q}$ となり、仮定1を追加しても変わらない。

【仮定2】 分析する私たち計量経済学者が、$F_u(\alpha)$ と $F_v(\alpha)$ の中央値 u^M と v^M は知らないが、$F_u(\alpha)$ と $F_v(\alpha)$ の関数の形状を知っている。

仮定2の例として、$F_u(\alpha)$ と $F_v(\alpha)$ が、それぞれ、未知の u^M と v^M を中央値(＝平均値)とする正規分布であることをわれわれは知っているとする。図2.11は、図2.8の $F_u(\alpha)$ のバウンド推定値の間を通ることができる正規分布を描いている。この正規分布の中央値 u^M のバウンドは、図の太い点線となる。同様にして、図2.10の $F_v(\alpha)$ のバウンド推定値の間を通ることができる正規分布を考えることにより、その正規分布の中央値 v^M のバウンドを求めることができる。

＊　　＊　　＊

Okumura (2011) は、Katz and Murphy (1992) が使ったデータと同じ、ア

2.4 需要・供給曲線のシフトの部分識別

図2.12 男性・女性別の労働供給・労働需要シフトパラメータのバウンド推定値

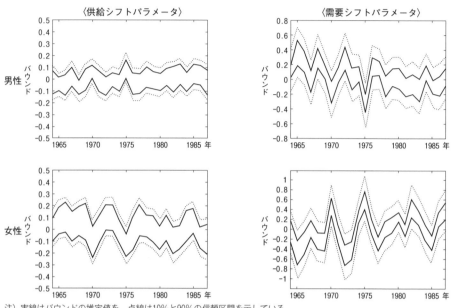

注）実線はバウンドの推定値を、点線は10％と90％の信頼区間を示している。

メリカの賃金と労働量の年ごとのグループ・データを用いて、労働供給シフトパラメータ（$u^M = \mu_\tau$）と労働需要シフトパラメータ（$v^M = \nu_\tau$）のバウンドを年（τ）ごとに推定した。図2.12は、$F_u(\cdot)$ と $F_v(\cdot)$ がそれぞれ u^M と v^M を平均とする正規分布であるという仮定2の下、男性（上段）、女性（下段）別に労働供給シフトパラメータ（左列）と労働需要シフトパラメータ（右列）のバウンド推定値を時系列で表している（Okumura 2011のFigure 3, 4を再掲）[16]。

Katz and Murphy（1992）は、賃金変動に対して、1970年代は労働供給曲線のシフトが重要であり、1980年代は労働需要曲線のシフトが重要であったと述べている。それに対し、図2.12の推定結果から、1970年代においても、賃金変動に対して、労働需要曲線のシフトが大きな影響を与えていることがわかる。さ

---

[16] 前述したように、$\bar{q}_j = f_j(\bar{p}_j) = g_j(\bar{p}_j)$ を満たす基準値 $(\bar{q}_j, \bar{p}_j)$ として、$q_{j\tau}$ と $p_{j\tau}$ のグループ j ごとの時間 τ に関する平均をとっている。しかし、異なるいくつかの $(\bar{q}_j, \bar{p}_j)$ を基準値にとっても、バウンド推定値の解釈は変わらなかった。

らに、労働需要曲線のシフトを男女間で比較すると、男性の労働需要に比べ、女性の労働需要が、とくに1978年以降増加していることがわかる。よって、この時期に男女間の賃金格差が急速に縮小したのは、男女間の労働需要の変化の差異が主因であったと言える。

2.5 おわりに

　本章は、まず、増加関数の仮定のみを課したとき、関数がどう識別されるのかを説明した。さらに、増加関数に凹関数の仮定を加えることにより、識別力がどう強まるかを説明した。最後に、これらの応用として、供給曲線と需要曲線を動かすシフトパラメータの推定について説明した。

　増加関数の仮定は、経済学では、供給関数、生産関数、効用関数などの多くの関数で想定されている最も基本的な仮定の一つである。しかし、不等式である増加関数の仮定の下では、パラメータを点識別することができない。そのため、点識別の計量経済学では、「関数の形状は既知」や「誤差項の分布は既知」などの「強い仮定」を課す必要があった[17]。

　部分識別の方法によって、増加関数の仮定の下で、パラメータをバウンド識別することが可能になり、このバウンドを活用した実証研究が活発に行われている。本章では、例として、古典的な識別問題である供給曲線と需要曲線のシフトも、この方法によりバウンドで識別できることを説明した。

補論　確率優越とDパラメータ

　本補論では、第一次確率優越について説明する。そして、Manski（1997）が定義した「確率優越に関するパラメータ」（the parameters that respect stochastic dominance）であるDパラメータについて説明する。

---

17) Matzkin（1994）と Chetverikov, Santos and Shaikh（2018）を参照。

補論　確率優越とDパラメータ

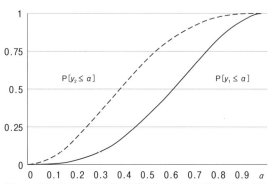

図2.13　確率優越（累積分布関数）

注）y_1の平均値は0.6、中央値は0.615であり、y_2の平均値は0.4、中央値は0.385である。

（第一次）確率優越

確率変数y_1が確率変数y_2を（一次）確率優越するとは、任意の実数aに対して、

$$P[y_1 \leq a] \leq P[y_2 \leq a] \tag{2.33}$$

が成立することである。図2.13は(2.33)式を満たす確率変数y_1と確率変数y_2の累積分布関数（$P[y_1 \leq a]$と$P[y_2 \leq a]$）の例を示している[18]。図2.14はそのy_1とy_2の確率密度関数（$P[y_1]$と$P[y_2]$）を示している。

Dパラメータ

Manski（1997）は、期待値、中央値、分位数などの確率優越に関するパラメータをDパラメータと定義した。確率変数y_1が確率変数y_2を確率優越する（(2.33)式を満たす）とき、Dパラメータは、

$$D[y_2] \leq D[y_1] \tag{2.34}$$

が成立する。

---

18) $P[y_1 \leq a]$は母数$a = 3$, $b = 2$のベータ分布であり、$P[y_2 \leq a]$は母数$a = 2$, $b = 3$のベータ分布である。

図2.14 確率優越（確率密度関数）

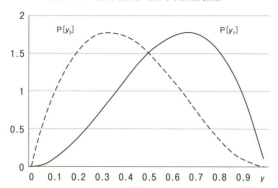

例えば、図2.13と図2.14の y_1 と y_2 の例では、それぞれの平均値（E[·]）と中央値（Med[·]）は、

$$E[y_2] = 0.4 \leq E[y_1] = 0.6 \tag{2.35}$$
$$\text{Med}[y_2] = 0.385 \leq \text{Med}[y_1] = 0.615 \tag{2.36}$$

であり、(2.34)式が成立する。

Manski（1997）は、本章2.2節の(2.9)式より、

$$D[y^L(t)] \leq D[y(t)] \leq D[y^H(t)] \tag{2.37}$$

が成立することを示した。

期待値 $E[y(t)]$ もDパラメータ $D[y(t)]$ の一種であるから、(2.37)式より、(2.6)式の $E[y(t)]$ のバウンドは、(2.9)式の $P[y(t)]$ のバウンドからも導ける。

第3章 操作変数の仮定と単調操作変数の仮定の下での部分識別

3.1 はじめに

　第1章では、結果変数の期待値や分布、平均処置効果といったパラメータが、何も仮定せずに、データのみからでも、入りうるバウンドとして識別されることを説明した。第2章では、①関数 $y_t(\cdot)$ を増加関数であると仮定したとき、②凹増加関数であると仮定したときに、パラメータのバウンドがどう狭まるのかを説明した。例として示した教育のリターンの実証結果によると、何も仮定しないときのバウンド推定値がかなり広いのに対し、増加関数の仮定を課すことにより、バウンド推定値は狭まり、凹増加関数の仮定を課すと、さらに狭くなっていくことがわかった。

　第3章では、操作変数法で用いられる仮定を課した場合、結果変数の期待値などのパラメータのバウンドがどう識別されるのかを考察する（Manski 1990, 1994）。第1章で説明したように、識別問題は、実現処置変数と結果変数の独立の仮定が、多くの事象において成立しないために生じる。伝統的な計量経済学では、その対処法の一つとして、操作変数法が用いられている。よって、本章では、部分識別において、関数 $y_t(\cdot)$ に操作変数法で用いられる仮定を課したとき、バウンドがどう識別されるかをみる。さらに、操作変数の仮定に増加関数の仮定を加えたとき、バウンドがどう狭まるかをみる。

　操作変数法による実証研究において、操作変数として使われた変数が、操作

変数の仮定を満たしていないのではないかと批判されることがしばしばみられる。よって、操作変数の仮定よりも弱くて、操作変数の候補となる変数が満たしやすいような仮定を考え、その仮定の下で、パラメータを推定することができれば、操作変数の仮定の下での推定結果よりも信頼のおける推定結果を得られる可能性がある。

Manski and Pepper (2000) は、操作変数の仮定の等式関係を不等式関係に弱めた単調操作変数 (Monotone Instrumental Variables) の仮定を考え、その仮定の下で、結果変数の期待値などのパラメータのバウンドを識別した。この研究により、これまで実証研究で操作変数の仮定を満たすことが疑わしかった操作変数でも、単調操作変数の仮定を満たすとして、パラメータをバウンド推定できるようになった。

以下3.2節では、①関数 $y_j(\cdot)$ に操作変数の仮定のみを課したとき、②関数 $y_j(\cdot)$ に増加関数の仮定と操作変数の仮定を課したときに、結果変数の期待値と分布、そして、平均処置効果のバウンドを識別する。3.3節では、①関数 $y_j(\cdot)$ に単調操作変数の仮定のみを課したとき、②関数 $y_j(\cdot)$ に増加関数の仮定と単調操作変数の仮定を課したときに、パラメータのバウンドを識別する。3.4節では、伝統的計量経済学でよく使われる線形関数において、操作変数の仮定と単調操作変数の仮定を課したとき、パラメータがどう識別されるのかを説明する。3.5節がまとめとなる。

3.2 操作変数の仮定の下でのバウンド

3.2.1 関数 $y_j(\cdot)$ に操作変数の仮定のみを課したときのパラメータのバウンド

基本的設定はこれまでと同様であるが、それに、操作変数 (v_j) を加える。各個人 $j \in J$ の関数 $y_j(\cdot)$ は、処置変数である $t \in T$ を、結果変数 $y_j(t)$ に写す。結果変数 $y_j(t)$ の値域 Y は、有限な最小値 $\underline{y}$ と有限な最大値 $\bar{y}$ を持つ実数値の閉区間とする。ここで、個人 j が実際に受けた(または選んだ)処置変数(実現処置変数)を $z_j \in T$ とする。よって、観測される(実現する)結果変数 y_j は、$y_j \equiv y_j(z_j)$ である。さらに、各個人は観測される変数(共変量)v_j を持つとする。

変数 v_j の定義域を V とする。よって、各個人の標本 (v_j, z_j, y_j) が観測され、データとして得られる。その一方で、個人 j が実際に受けなかった（選ばなかった）処置変数 $t \neq z_j$ の結果変数 $y_j(t)$ は、観測されない潜在的結果変数である。

本節のわれわれの目的は、このデータと、以下で定義する操作変数の仮定から、結果変数の期待値 $\mathrm{E}[y(t)]$ と、処置変数が t_1 から t_2 に増加したときの平均処置効果 $\mathrm{E}[y(t_2)-y(t_1)] = \mathrm{E}[y(t_2)] - \mathrm{E}[y(t_1)]$ を識別すること、さらに、結果変数の分布 $\mathrm{P}[y(t)]$ を識別することである。

まず、結果変数の期待値 $\mathrm{E}[y(t)]$ を識別しよう。そのために、まず、変数 v_j がある値 $u \in V$ である人々の結果変数の期待値 $\mathrm{E}[y(t)|v=u]$ を識別しよう。$\mathrm{E}[y(t)|v=u]$ は、繰り返し期待値の法則より、

$$\mathrm{E}[y(t)|v=u] = \mathrm{E}[y|z=t, v=u]\mathrm{P}(z=t|v=u)$$
$$+ \mathrm{E}[y(t)|z \neq t, v=u]\mathrm{P}(z \neq t|v=u) \tag{3.1}$$

である。(3.1)式で観測されるのは、①変数 $v_j = u$ を持ち、処置変数 $z_j = t$ を選んだ人々の結果変数の期待値 $\mathrm{E}[y|z=t, v=u]$ $(= \mathrm{E}[y(t)|z=t, v=u])$、②変数 $v_j = u$ を持つ人々の中で、処置変数 $z_j = t$ を選んだ人の割合 $\mathrm{P}(z=t|v=u)$、③変数 $v_j = u$ を持つ人々の中で、処置変数 t を選ばなかった人の割合 $\mathrm{P}(z \neq t|v=u)$ である。一方、(3.1)式で観測されないのは、変数 $v_j = u$ を持つ人々の中で、処置変数 t を選ばなかった人 $(z_j \neq t)$ が、もし、処置変数 t を選んでいたらという仮想的な潜在的結果変数の期待値 $\mathrm{E}[y(t)|z \neq t, v=u]$ である。そのため、これまでの第1章、第2章と同様に、(3.1)式の $\mathrm{E}[y(t)|v=u]$ は点識別されないという識別問題が生じる。

第1章で説明したように、結果変数 $y_j(t)$ に何も仮定しないとき、観測されない $\mathrm{E}[y(t)|z \neq t, v=u]$ が取りうるバウンドは、結果変数 $y_j(t)$ の値域 $Y = [\underline{y}, \overline{y}]$ となるから、$\mathrm{E}[y(t)|v=u]$ のシャープバウンドは、(3.1)式より、

$$\mathrm{E}[y|z=t, v=u]\mathrm{P}(z=t|v=u) + \underline{y}\mathrm{P}(z \neq t|v=u) \leq \mathrm{E}[y(t)|v=u]$$
$$\leq \mathrm{E}[y|z=t, v=u]\mathrm{P}(z=t|v=u) + \overline{y}\mathrm{P}(z \neq t|v=u) \tag{3.2}$$

となる。

ここで、以下の「**操作変数の仮定**」を課す。操作変数の仮定とは、処置変数

3.2 操作変数の仮定の下でのバウンド

図3.1 操作変数の仮定の下での E[y(t)] のバウンド

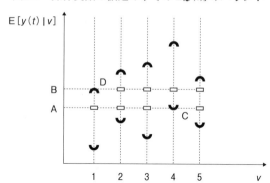

$t \in T$ と値 $u_1 \in V$, $u_2 \in V$ に対して、

$$E[y(t)|v = u_1] = E[y(t)|v = u_2] = E[y(t)] \tag{3.3}$$

であることを言う。そして、変数 v_j が操作変数の仮定(3.3)式を満たすとき、変数 v_j を操作変数と言う。一般的に、操作変数法では、①操作変数 v_j は実現処置変数 z_j を通じて、結果変数 y_j に影響を及ぼすが、②それ以外のルートでは(つまり、処置変数 t を固定した場合には)、操作変数 v_j は結果変数に平均的に影響(相関)を及ぼさないことを仮定する。②の仮定は、操作変数と結果変数の独立の仮定(Mean Independence of Outcomes and Instruments)や、操作変数の除外制約(Exclusion Restriction)と呼ばれる仮定であり、本書の設定では、操作変数の仮定(3.3)式で表される[1]。

操作変数の仮定(3.3)式の下での $E[y(t)]$ のシャープバウンドは、操作変数 v_j のすべての値 u に対する $E[y(t)|v = u]$ のバウンド(3.2)式の共通集合(交わり)である。このことを、図3.1の例を使って説明する。図3.1の横軸に、操作変数 v の値 $u = 1, 2, 3, 4, 5$ をとる。まず、それぞれの v の値 $u = 1, 2, 3, 4, 5$ に対して描かれた丸カッコ ⌒ と ⌣ は、データ (v_j, z_j, y_j) と(3.2)式を使って計算し

---

[1] 操作変数法が、線形関数 $y_j(t) = a + bt + \epsilon_j$ に対して用いられる場合、$E[y(t)|v = u] = E[a + bt + \epsilon|v = u] = a + bt + E[\epsilon|v = u]$ であるから、操作変数の仮定(3.3)式は、$E[\epsilon|v = u_1] = E[\epsilon|v = u_2]$ となる(ϵ_j と v_j の平均独立の仮定)。線形関数の仮定の下でのパラメータ b の識別については、3.4節で説明する。

た $E[y(t)|v=u]$ のバウンドを表しているとする。次に、それぞれの丸カッコの範囲の共通集合をとると、□Aと□Bの間の範囲となる。□Aは、$u = 1, ..., 5$ のバウンド(3.2)式の下限（⌣）の中で、最大値である $E[y(t)|v=4]$ の下限（⌣C）であり、□Bは、(3.2)式の上限（⌢）の中で、最小値である $E[y(t)|v=1]$ の上限（⌢D）である。(3.2)式を満たす $E[y(t)|v=u]$ が、(3.3)式も同時に満たすためには、$E[y(t)|v=u] = E[y(t)]$ が、□Aと□Bの間の範囲に属さなければならない。したがって、操作変数の仮定の下での $E[y(t)]$ のシャープバウンドは、すべての v の値 $u \in V$ に対するバウンド(3.2)式の共通集合であり、それは、

$$\max_{u \in V} \{E[y|z=t, v=u]P(z=t|v=u) + \underline{y}P(z \neq t|v=u)\} \leq E[y(t)]$$
$$\leq \min_{u \in V} \{E[y|z=t, v=u]P(z=t|v=u) + \overline{y}P(z \neq t|v=u)\} \quad (3.4)$$

と書ける。

操作変数の仮定(3.3)式の下での平均処置効果 $E[y(t_2)] - E[y(t_1)]$ のシャープバウンドは、

(3.4) 式の $E[y(t_2)]$ の下限 − (3.4) 式の $E[y(t_1)]$ の上限
$\leq E[y(t_2)] - E[y(t_1)]$
$\leq$ (3.4) 式の $E[y(t_2)]$ の上限 − (3.4) 式の $E[y(t_1)]$ の下限 $\quad (3.5)$

となる。

第1章と第2章で使った大学教育のリターンの実証例を使って、操作変数の仮定の下での、結果変数の期待値と平均処置効果（大学教育のリターン）のバウンドを推定しよう。第1章で説明したように、教育のリターンの例では、個人の能力は、その人が選択する学歴 z_j と将来得る賃金 $y_j(t)$ の両方に影響すると考えられる。よって、高卒の人々と大卒の人々は平均的能力が異なるため、高卒の人と大卒の人が得られる平均賃金は、たとえ同じ学歴 t であったとしても異なると考えられる。つまり、実現処置変数 z_j と結果変数 $y_j(t)$ の独立の仮定 $E[y(t)|z=t] = E[y(t)|z \neq t]$ が成立しない可能性が高い。その結果、全員がある学歴 t であるときの平均賃金 $E[y(t)]$ と、学歴 t_1 から t_2 の変化に対する教育のリターン $E[y(t_2)] - E[y(t_1)]$ は、点識別することができない。その代わり、

3.2 操作変数の仮定の下でのバウンド

表3.1 学歴ごと、操作変数ごとのlog(賃金)の平均値と相対度数

	z	学歴	(1) $E[y\|z]$	(2) $P(z)$	(3) $E[y\|z, v=0]$	(4) $P(z\|v=0)$	(5) $E[y\|z, v=1]$	(6) $P(z\|v=1)$
①	1	高校中退以下	2.520	0.072	2.528	0.130	2.513	0.051
②	2	高校卒業	2.724	0.421	2.731	0.417	2.722	0.423
③	3	短大・大学中退	2.973	0.188	2.913	0.208	2.998	0.180
④	4	大学卒業	3.249	0.184	3.165	0.121	3.267	0.207
⑤	5	大学院以上	3.343	0.135	3.343	0.124	3.344	0.139
⑥			$P(v=0)$	$P(v=1)$	$E(z\|v=0)$	$E(z\|v=1)$	$E(y\|v=0)$	$E(y\|v=1)$
			0.268	0.732	2.692	2.961	2.871	2.960

注)$E[y|z]$ は、各学歴(z)ごとの $y_j =$ log(賃金)の平均値、$P(z)$ は、学歴が z である人々の全サンプルに占める割合である。$E[y|z,v=u]$ ($u=0,1$)は、学歴が z で、操作変数が $v_j=u$ である人々の y_j の平均値、$P(z|v=u)$ は、操作変数が $v_j=u$ である人々の中で学歴が z である人々の割合である。$P(v=u)$ は、操作変数が $v_j=u$ である人々の全サンプルに占める割合、$E[z|v=u]$ は、操作変数が $v_j=u$ である人々の学歴 z_j の平均値、$E[y|v=u]$ は、操作変数が $v_j=u$ である人々の y_j の平均値である。

第1章で説明した何も仮定しないときのバウンドで識別することができる。さらに、上記で説明したように、操作変数の仮定(3.3)式を満たす操作変数 v_j が存在すれば、$E[y(t)]$ や $E[y(t_2)] - E[y(t_1)]$ は、(3.4)式と(3.5)式のバウンドで識別される。

操作変数の仮定の下、大学教育のリターンのバウンドを推定しよう。操作変数として、Ginther (2000) が用いた、個人 j が18歳まで両親と同居していたか($v_j=1$)、そうでなかったか($v_j=0$)の情報を使う。両親と同居していなかった子どもに比べ、同居していた子どもは、(家計の低所得に起因する)所得制約に直面する可能性が低く、大学進学を選択しやすい傾向にある。しかし、両親と同居したか否かは、実際に受けた教育水準 z_j のルート以外では、賃金に影響を与えないと仮定すると、「18歳まで両親と同居」の v_j を、仮定(3.3)式を満たす操作変数とすることができる。

表3.1は、アメリカの個票データ National Longitudinal Survey of Youth 1979 (NLSY79) の2000年版を用いて、操作変数 v と教育水準 z ごとの $y_j = $ log(賃金)の平均値と、v ごとの z の人口比率を示している。NLSY79のデータにおける y_j の個票の最小値が0.19、最大値が4.79であるので、$\underline{y}=0$、$\overline{y}=5$ とする。

表3.2は、操作変数の仮定、増加関数の仮定、単調操作変数の仮定(3.3節で

表3.2　大学教育のリターンの推定値

仮定	(1) E[y(2)] 全員が高卒のときの平均賃金 下限	(2) 上限	(3) E[y(4)] 全員が大卒のときの平均賃金 下限	(4) 上限	(5) {E[y(4)]−E[y(2)]}/4 大学教育のリターン 下限	(6) 上限
① 何も仮定しない	1.147	4.042	0.597	4.678	−0.861	0.883
② 操作変数の仮定	1.150	4.037	0.676	4.641	−0.840	0.873
③ 増加関数	1.329	3.115	2.484	4.454	0.000	0.781
④ 増加関数と操作変数の仮定	1.467	3.087	2.494	4.411	0.000	0.736
⑤ 単調操作変数の仮定	1.147	4.037	0.597	4.641	−0.860	0.874
⑥ 増加関数と単調操作変数の仮定	1.467	3.087	2.484	4.411	0.000	0.736

説明）を課したときに、大学教育のリターンの入りうるバウンドを、表3.1の値を用いて計算した結果である。何も仮定しないときのバウンドの推定値（表3.2①行）と、増加関数の仮定の下でのバウンドの推定値（表3.2③行）の計算方法は、第1章と第2章ですでに説明した[2]。

表3.2②行は、操作変数の仮定のみの下で、全員が高校卒業であるときの平均賃金 $E[y(2)]$（(1)、(2)列）、全員が大学卒業であるときの平均賃金 $E[y(4)]$（(3)、(4)列）、大学教育の（年率の）リターン（$\{E[y(4)]-E[y(2)]\}/4$）（(5)、(6)列）のバウンドの推定値である。

まず、$E[y(2)]$ のバウンドの推定値を計算しよう。(3.2)式の何も仮定しないときの $E[y(2)|v=0]$ のバウンドの推定値は、表3.1の値より、

$$E[y|z=2, v=0]P(z=2|v=0) + 0 \times P(z \neq 2|v=0)$$
$$= 2.731 \times 0.417 = 1.139$$
$$\leq E[y(2)|v=0]$$
$$\leq E[y|z=2, v=0]P(z=2|v=0) + 5 \times P(z \neq 2|v=0)$$
$$= 2.731 \times 0.417 + 5 \times (1-0.417) = 4.054 \quad (3.6)$$

である。同様に、(3.2)式の $E[y(2)|v=1]$ のバウンドの推定値は、表3.1の値より、

2）表3.1は、18歳まで両親と同居していたか否かの質問に回答した人にサンプルを限定しているため、それに基づく表3.2①行と③行のバウンド推定値は、第1章表1.1と第2章表2.2の推定結果と若干異なる。

3.2 操作変数の仮定の下でのバウンド

$$
\begin{aligned}
& \mathrm{E}[y|z=2, v=1]\mathrm{P}(z=2|v=1)+0\times \mathrm{P}(z\neq 2|v=1) \\
& = 2.722\times 0.423 = 1.150 \\
& \leq \mathrm{E}[y(2)|v=1] \\
& \leq \mathrm{E}[y|z=2, v=1]\mathrm{P}(z=2|v=1)+5\times \mathrm{P}(z\neq 2|v=1) \\
& = 2.722\times 0.423 + 5\times (1-0.423) = 4.037
\end{aligned}
\tag{3.7}
$$

である。よって、操作変数の仮定の下での(3.4)式の $\mathrm{E}[y(2)]$ のバウンドの推定値は、(3.6)式と(3.7)式より、

$$
\begin{aligned}
& \max_{u=0,1} \{\mathrm{E}[y|z=2, v=u]\mathrm{P}(z=2|v=u)+0\times \mathrm{P}(z\neq 2|v=u)\} \\
& = \max\{1.139, 1.150\} = 1.150 \leq \mathrm{E}[y(2)] \\
& \leq \min_{u=0,1} \{\mathrm{E}[y|z=2, v=u]\mathrm{P}(z=2|v=u)+5\times \mathrm{P}(z\neq 2|v=u)\} \\
& = \min\{4.054, 4.037\} = 4.037
\end{aligned}
\tag{3.8}
$$

である[3]。

操作変数の仮定を課すことにより、$\mathrm{E}[y(2)]$ のバウンドの推定値（表3.2②行(1)、(2)列）は、何も仮定しないときのバウンドの推定値（表3.2①行(1)、(2)列）に比べ、狭まっている。図3.2の◡Aと◠Bは、(3.6)式の $\mathrm{E}[y(2)|v=0]$ のバウンド推定値を、◡Cと◠Dは、(3.7)式の $\mathrm{E}[y(2)|v=1]$ のバウンド推定値を示している。(3.8)式の操作変数の仮定の下での $\mathrm{E}[y(2)]$ のバウンド推定値は、◡Aと◠Bのバウンドと、◡Cと◡Dのバウンドの共通集合である1.150（□＝◡C）≤ $\mathrm{E}[y(2)]$ ≤ 4.037（□＝◠D）である。それに対し、何も仮定しないときのバウンドの推定値は、{◡Aと◡Cを $\mathrm{P}(v=0)$ と $\mathrm{P}(v=1)$ のウェイトで加重平均した $1.139\times 0.268 + 1.150\times 0.732 = 1.147$（■E）≤ $\mathrm{E}[y(2)]$ ≤ ◠Bと◠Dの加重平均 $4.054\times 0.268 + 4.037\times 0.732 = 4.042$（■F）} となる。

$\mathrm{E}[y(4)]$ のバウンドの推定値は、$\mathrm{E}[y(2)]$ のバウンドの推定値と同様にして以

---

[3] (3.4)式のバウンドには、max や min がつく。このような場合、(3.4)式に $\mathrm{E}[y|z=t, v=u]$ と $\mathrm{P}(z|v=u)$ の標本平均（表3.1の値）を代入して求めた(3.8)式の推定値（表3.2②行）はバイアスを持ち、一致推定量にならない。以下で説明する表3.2 ④、⑤、⑥行のバウンド推定値も同様に max や min がつくため、バイアスを持つ。バイアスを持つ理由とその補正の方法については、第7章7.4節7.4.4項で説明する。

図3.2 操作変数の仮定の下での E[*y*(2)] のバウンド推定値

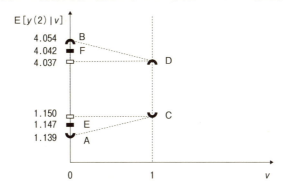

下のように求められる。何も仮定しないときの $E[y(4)|v=0]$ と $E[y(4)|v=1]$ のバウンドの推定値は、それぞれ、

$$3.165 \times 0.121 = 0.382 \leq E[y(4)|v=0]$$
$$\leq 3.165 \times 0.121 + 5 \times (1-0.121) = 4.778 \quad (3.9)$$
$$3.267 \times 0.207 = 0.676 \leq E[y(4)|v=1]$$
$$\leq 3.267 \times 0.207 + 5 \times (1-0.207) = 4.641 \quad (3.10)$$

である。よって、操作変数の仮定の下での(3.4)式の $E[y(4)]$ のバウンド推定値は、(3.9)式と(3.10)式より、

$$\max\{0.382, 0.676\} = 0.676 \leq E[y(4)] \leq \min\{4.778, 4.641\} = 4.641 \quad (3.11)$$

である（表3.2②行(3)、(4)列）。

大学教育の（年率の）リターン（$\{E[y(4)]-E[y(2)]\}/4$）のバウンドの推定値は、(3.5)、(3.8)、(3.11)式より、

$$(0.676-4.037)/4 = -0.840 \leq \{E[y(4)]-E[y(2)]\}/4$$
$$\leq (4.641-1.150)/4 = 0.873$$

である（表3.2②行(5)、(6)列）。操作変数の仮定を課すことにより、$E[y(4)]$ と $\{E[y(4)]-E[y(2)]\}/4$ のそれぞれのバウンドの推定値は、何も仮定しないときのバウンドの推定値に比べ、狭まっている。

3.2 操作変数の仮定の下でのバウンド

最後に、結果変数の分布 $P[y(t)]$ のバウンドを識別する。操作変数（と結果変数の平均独立）の仮定 (3.3) 式の代わりに、**操作変数と結果変数の統計的独立の仮定**、つまり、処置変数 $t \in T$ と値 $u_1 \in V$, $u_2 \in V$ に対して、

$$P[y(t)|v = u_1] = P[y(t)|v = u_2] = P[y(t)] \tag{3.12}$$

を仮定し、この下で、分布 $P[y(t)]$ のバウンドを求める。導出の手順は、前述した結果変数の期待値 $E[y(t)]$ のバウンドの導出の手順と基本的に同じである。

操作変数 $v_j = u$ の条件付き分布 $P[y(t)|v = u]$ は、**全確率の法則**より、

$$\begin{aligned} P[y(t)|v = u] &= P[y|z = t, v = u]P(z = t|v = u) \\ &\quad + P[y(t)|z \neq t, v = u]P(z \neq t|v = u) \end{aligned} \tag{3.13}$$

である。$P[y|z = t, v = u]$、$P(z = t|v = u)$ と、$P(z \neq t|v = u)$ は観測されるが、$P[y(t)|z \neq t, v = u]$ は観測されない。第 1 章 1.7 節で説明したように、$0 \leq P[y(t)|z \neq t, v = u] \leq 1$ であるから、(3.13) 式より、$y_j(t)$ に何も仮定しないときの $P[y(t)|v = u]$ のシャープバウンドは、

$$\begin{aligned} P[y|z = t, v = u]&P(z = t|v = u) \leq P[y(t)|v = u] \\ &\leq P[y|z = t, v = u]P(z = t|v = u) + P(z \neq t|v = u) \end{aligned} \tag{3.14}$$

となる。

操作変数と結果変数の統計的独立の仮定 (3.12) 式の下での $P[y(t)]$ のシャープバウンドは、すべての v の値 u に対するバウンド (3.14) 式の共通集合であり、

$$\begin{aligned} \max_{u \in V} \{P[y|z = t, v = u]&P(z = t|v = u)\} \leq P[y(t)] \\ &\leq \min_{u \in V} \{P[y|z = t, v = u]P(z = t|v = u) + P(z \neq t|v = u)\} \end{aligned} \tag{3.15}$$

となる。

3.2.2 関数 $y_j(\cdot)$ が増加関数であり、かつ、操作変数の仮定を満たすときのパラメータのバウンド

操作変数の仮定 (3.3) 式と、関数 $y_j(\cdot)$ が増加関数であるという仮定を組み合わせた場合に、$E[y(t)]$ と $E[y(t_2)] - E[y(t_1)]$ の入りうるバウンドを考えよう[4]。

第 2 章 2.2 節で、増加関数の仮定の下、$E[y(t)]$ のシャープバウンドは (2.6) 式となることを示した。その導出方法を、増加関数の仮定の下での $E[y(t)|v=u]$ のシャープバウンドに適用することができる。その結果、増加関数の仮定の下、$E[y(t)|v=u]$ のシャープバウンドは、

$$\sum_{s\leq t}E[y|z=s,v=u]P(z=s|v=u)+\underline{y}P(z>t|v=u)\leq E[y(t)|v=u]$$
$$\leq \overline{y}P(z<t|v=u)+\sum_{s\geq t}E[y|z=s,v=u]P(z=s|v=u) \qquad (3.16)$$

となる。

3.2.1 項で説明した操作変数の仮定の下での $E[y(t)]$ のバウンドと同様の手順で、増加関数の仮定と操作変数の仮定 (3.3) 式の下での、$E[y(t)]$ のシャープバウンドを求めることができる。そのバウンドは、操作変数 v_j のすべての値 u に対するバウンド (3.16) 式の共通集合であり、よって、

$$\max_{u\in V}\left\{\sum_{s\leq t}E[y|z=s,v=u]P(z=s|v=u)+\underline{y}P(z>t|v=u)\right\}\leq E[y(t)]$$
$$\leq \min_{u\in V}\left\{\overline{y}P(z<t|v=u)+\sum_{s\geq t}E[y|z=s,v=u]P(z=s|v=u)\right\} \qquad (3.17)$$

である。

増加関数の仮定と操作変数の仮定の下での平均処置効果 $E[y(t_2)]-E[y(t_1)]$ のバウンドは、

$$\max\{0, (3.17) 式の E[y(t_2)] の下限-(3.17) 式の E[y(t_1)] の上限\}$$
$$\leq E[y(t_2)]-E[y(t_1)]$$
$$\leq (3.17) 式の E[y(t_2)] の上限-(3.17) 式の E[y(t_1)] の下限$$

となる。下限が 0 以上となるのは、増加関数の仮定のためである。

表 3.2 ④行は、関数 $y_i(\cdot)$ が増加関数であると仮定し、かつ、18 歳までの両親との同居を操作変数とする操作変数の仮定を仮定したとき、全員が高校卒業であるときの平均賃金 $E[y(2)]$ (表 3.2 ④行(1)、(2)列)、全員が大学卒業であるときの

---

4) 第 2 章 2.2 節 (2.4) 式で説明したように、関数 $y_i(\cdot)$ が増加関数とは、処置変数 $t_1, t_2 \in T$ が $t_1 \leq t_2$ であるとき、$y_i(t_1) \leq y_i(t_2)$ であることを言う。

3.2 操作変数の仮定の下でのバウンド

平均賃金 $E[y(4)]$（④行(3)、(4)列）、大学教育の（年率の）リターン（$\{E[y(4)]-E[y(2)]\}/4$、④行(5)、(6)列）のバウンドの推定値を表している[5]。表3.2③行の増加関数の仮定のみの下でのパラメータのバウンド推定値と比較すると、④行の各パラメータのバウンド推定値は、操作変数の仮定を課すことにより、狭まっている。

---

[5] 具体的な計算手順は以下のとおりである。まず、$E[y(2)]$ のバウンドの推定値（表3.2 ④行(1)、(2)列）を計算しよう。(3.16)式と表3.1の(3)、(4)列より、増加関数の仮定の下での $E[y(2)|v=0]$ のバウンド推定値は、

$$\sum_{s \leq 2} E[y|z=s, v=0]P(z=s|v=0) + 0 \times P(z>2|v=0)$$
$$= 2.528 \times 0.130 + 2.731 \times 0.417 = 1.467 \leq E[y(2)|v=0]$$
$$\leq 5 \times P(z<2|v=0) + \sum_{s \geq 2} E[y|z=s,v=0]P(z=s|v=0)$$
$$= 5 \times 0.130 + 2.731 \times 0.417 + 2.913 \times 0.208 + 3.165 \times 0.121$$
$$+ 3.343 \times 0.124 = 3.192$$

である。一方、(3.16)式と表3.1の(5)、(6)列より、増加関数の仮定の下での $E[y(2)|v=1]$ のバウンド推定値は、

$$\sum_{s \leq 2} E[y|z=s, v=1]P(z=s|v=1) + 0 \times P(z>2|v=1)$$
$$= 2.513 \times 0.051 + 2.722 \times 0.423 = 1.278 \leq E[y(2)|v=1]$$
$$\leq 5 \times P(z<2|v=1) + \sum_{s \geq 2} E[y|z=s,v=1]P(z=s|v=1)$$
$$= 5 \times 0.051 + 2.722 \times 0.423 + 2.998 \times 0.180 + 3.267 \times 0.207$$
$$+ 3.344 \times 0.139 = 3.087$$

である。よって、(3.17)式より、$E[y(2)]$ のバウンドの推定値は、$\max\{1.467, 1.278\} = 1.467 \leq E[y(2)] \leq \min\{3.192, 3.087\} = 3.087$ である。次に、$E[y(4)]$ のバウンドの推定値（表3.2④行(3)、(4)列）は、(3.17)式と表3.1の(3)、(4)、(5)、(6)列より、

$$\max\{2.528 \times 0.130 + 2.731 \times 0.417 + 2.913 \times 0.208 + 3.165 \times 0.121,$$
$$2.513 \times 0.051 + 2.722 \times 0.423 + 2.998 \times 0.180 + 3.267 \times 0.207\}$$
$$= \max\{2.457, 2.494\} = 2.494 \leq E[y(4)]$$
$$\leq \min\{5 \times (0.130 + 0.417 + 0.208) + 3.165 \times 0.121 + 3.343 \times 0.124,$$
$$5 \times (0.051 + 0.423 + 0.180) + 3.267 \times 0.207 + 3.344 \times 0.139\}$$
$$= \min\{4.573, 4.411\} = 4.411$$

最後に、大学教育の（年率の）リターン（$\{E[y(4)]-E[y(2)]\}/4$）のバウンドの推定値（表3.2④行(5)、(6)列）は、$\max\{0, (2.494-3.087)/4\} = 0 \leq \{E[y(4)]-E[y(2)]\}/4 \leq (4.411-1.467)/4 = 0.736$ である。

3.3 単調操作変数の仮定の下でのバウンド

3.3.1 関数 $y_j(\cdot)$ に単調操作変数の仮定のみを課したときのパラメータのバウンド

実証研究において、操作変数の仮定(3.3)式を満たす操作変数を探すことは容易ではない。また、たとえ操作変数の仮定(3.3)式を満たすと思われる変数 v_j が見つかったとしても、操作変数の仮定は反証不可能であるため、その変数 v_j が操作変数の仮定を満たしていないのではないかと批判されることがしばしばみられる。よって、操作変数の仮定(3.3)式よりも、弱くて、変数 v_j が当てはまりやすい仮定を考え、その仮定の下で推定することにより、操作変数の仮定の下での推定結果よりも、信頼のおける推定結果を得ることができる。

Manski and Pepper（2000）は、操作変数の仮定(3.3)式の等式関係を不等式関係に弱めた、**単調操作変数の仮定**を考えた。単調操作変数の仮定とは、処置変数 $t \in T$ に対し、変数 v_j の値 $u_1 \in V$, $u_2 \in V$ が $u_1 \leq u_2$ であるとき、

$$\mathrm{E}[y(t)|v = u_1] \leq \mathrm{E}[y(t)|v = u_2] \tag{3.18}$$

であることを言い、このとき変数 v_j を単調操作変数と呼ぶ[6]。変数 v_j が操作変数の仮定(3.3)式を満たしていないと思われる場合でも、それよりも弱い単調操作変数の仮定(3.18)式を満たすと考えられる場合は多い。

前節では、個人 j が18歳まで両親と同居していた場合を $v_j = 1$、それ以外を $v_j = 0$ として、変数 v_j が操作変数の仮定(3.3)式を満たすと仮定した。つまり、両親と同居しているか否かは、その人の持つ学歴以外の賃金獲得能力には影響を及ぼさないと仮定した。しかし、両親との同居（とそれに伴う家計の高所得）により、学歴では測れない能力等が向上し、賃金獲得能力も向上する可能性がある。その場合、両親と同居していたか否かの変数 v_j は、操作変数の仮定(3.3)

---

[6] 処置変数 $t \in T$ に対し、変数 v_j の値 $u_1 \in V$, $u_2 \in V$ が $u_1 \leq u_2$ であるとき、$\mathrm{E}[y(t)|v = u_1] \geq \mathrm{E}[y(t)|v = u_2]$ である場合には、(3.18)式の場合の対称と考えることによって、本節の説明と同じ考え方で、結果変数の期待値や平均処置効果のバウンドを求めることができる。

3.3 単調操作変数の仮定の下でのバウンド

式を満たさない。むしろ、学歴 t が同じ場合でも、両親と同居していた人のほう（$v_j = 1$）が、そうでない人（$v_j = 0$）より、平均的に高い賃金を得る傾向にある（平均的に高い賃金関数を持つ傾向にある）と仮定することが適当である。つまり、単調操作変数の仮定(3.18)式である

$$E[y(t)|v=0] \leq E[y(t)|v=1]$$

の仮定のほうが、より信頼性が高い仮定と言える。

教育のリターンの推定における、単調操作変数の他の例としては、Manski and Pepper（1998）と Chernozhukov, Lee and Rosen（2009）が使った、Armed Forces Qualification Test（AFQT）の点数が挙げられる。AFQTとは、アメリカで軍隊入隊者に対し提供される認知能力を測るテストである[7]。同じ学歴でも、AFQTの点数が高い人ほど、平均的に賃金獲得能力も高い（賃金関数も高い）と考えることができるので、AFQTの点数は、単調操作変数 v_j として、単調操作変数の仮定(3.18)式を満たすと仮定できる[8]。

それでは、単調操作変数の仮定(3.18)式の下での $E[y(t)]$ のバウンドを求めよう。そのため、単調操作変数 $v_j = u$ である人々の結果変数の期待値 $E[y(t)|v = u]$ のバウンドを求めよう。仮定(3.18)式より、単調操作変数 $v_j = u$ 以下の単調操作変数 $v_j = u_1 \leq u$ を持つ人々の結果変数の期待値は、

$$E[y(t)|v = u_1] \leq E[y(t)|v = u] \quad (3.19)$$

である。ここで、何も仮定しないときの $E[y(t)|v=u_1]$ のバウンドの下限は、(3.2)式より、

$$E[y|z=t, v=u_1]P(z=t|v=u_1) + \underline{y}P(z \neq t|v=u_1) \leq E[y(t)|v=u_1] \quad (3.20)$$

---

[7] NLSY79の調査では、回答者のほぼ全員に AFQT を受験してもらっている。Manski and Pepper（1998）と Chernozhukov, Lee and Rosen（2009）は、本書の教育のリターンの実証例と同様に、NLSY79の学歴を z_j、log（賃金）を y_j とし、さらに、AFQTの点数を v_j として、単調操作変数の仮定の下、教育のリターンをバウンド推定している。

[8] AFQTの点数を変数 v_j とした場合、変数 v_j は操作変数の仮定(3.3)式を満たさないと考えるのが妥当であろう。

第3章 操作変数の仮定と単調操作変数の仮定の下での部分識別

である。よって、(3.19)式と(3.20)式より、u 以下のすべての単調操作変数の値 $u_1 \leq u$ に対して、

$$\mathrm{E}[y|z=t, v=u_1]\mathrm{P}(z=t|v=u_1) + \underline{y}\mathrm{P}(z \neq t|v=u_1) \leq \mathrm{E}[y(t)|v=u] \quad (3.21)$$

が成立する。したがって、(3.21)式より、$\mathrm{E}[y(t)|v=u]$ のシャープバウンドの下限は、

$$\max_{u_1 \leq u} \{\mathrm{E}[y|z=t, v=u_1]\mathrm{P}(z=t|v=u_1) + \underline{y}\mathrm{P}(z \neq t|v=u_1)\} \leq \mathrm{E}[y(t)|v=u] \quad (3.22)$$

である。一方、単調操作変数 $v_j = u$ 以上の単調操作変数 $v_j = u_2 \geq u$ を持つ人々の結果変数の期待値は、(3.18)式より、

$$\mathrm{E}[y(t)|v=u] \leq \mathrm{E}[y(t)|v=u_2] \quad (3.23)$$

である。(3.2)式より、何も仮定しないときの $\mathrm{E}[y(t)|v=u_2]$ のバウンドの上限は、

$$\mathrm{E}[y(t)|v=u_2] \leq \mathrm{E}[y|z=t, v=u_2]\mathrm{P}(z=t|v=u_2) + \overline{y}\mathrm{P}(z \neq t|v=u_2) \quad (3.24)$$

である。よって、(3.23)式と(3.24)式より、u 以上のすべての単調操作変数の値 $u_2 \geq u$ に対して、

$$\mathrm{E}[y(t)|v=u] \leq \mathrm{E}[y|z=t, v=u_2]\mathrm{P}(z=t|v=u_2) + \overline{y}\mathrm{P}(z \neq t|v=u_2) \quad (3.25)$$

が成立する。したがって、(3.25)式より、$\mathrm{E}[y(t)|v=u]$ のシャープバウンドの上限は、

$$\mathrm{E}[y(t)|v=u] \leq \min_{u_2 \geq u} \{\mathrm{E}[y|z=t, v=u_2]\mathrm{P}(z=t|v=u_2) + \overline{y}\mathrm{P}(z \neq t|v=u_2)\} \quad (3.26)$$

である。(3.22)式と(3.26)式より、$\mathrm{E}[y(t)|v=u]$ のシャープバウンドは、

3.3 単調操作変数の仮定の下でのバウンド

図3.3 単調操作変数の仮定の下での $E[y(t)|v=u]$ のバウンド(1)

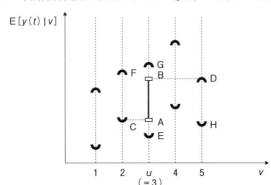

$$\max_{u_1 \leq u} \{E[y|z=t, v=u_1]P(z=t|v=u_1) + \underline{y}P(z \neq t|v=u_1)\}$$
$$\leq E[y(t)|v=u]$$
$$\leq \min_{u_2 \geq u} \{E[y|z=t, v=u_2]P(z=t|v=u_2) + \overline{y}P(z \neq t|v=u_2)\} \quad (3.27)$$

である。

(3.27)式を図3.3で説明しよう。図3.3の横軸と縦軸、そして、丸カッコ（⌣と⌢）は、図3.1と同じである。つまり、⌣と⌢で囲まれる範囲は、変数 $v_j = k (k=1,...,5)$ を持つ人々の結果変数の期待値 $E[y(t)|v=k]$ が入りうる、何も仮定しないときのバウンド(3.2)式である。単調操作変数の仮定の下、単調操作変数 $v_j = u (=3)$ を持つ人々の結果変数の期待値 $E[y(t)|v=u]$ のバウンド(3.27)式は、□Aと□Bの間の範囲（実線分）である。□Aは、$u(=3)$ 以下である $u_1 = 1, 2, 3$ の $E[y(t)|v=u_1]$ のバウンドの下限の中で、最大値である $E[y(t)|v=2]$ のバウンドの下限（⌣C）であり、□Bは、u 以上である $u_2 = 3, 4, 5$ の $E[y(t)|v=u_2]$ のバウンドの上限の中で、最小値である $E[y(t)|v=5]$ のバウンドの上限（⌢D）である。

ここで、□Aと□Bの間の実線分が、単調操作変数の仮定の下での $E[y(t)|v=u]$ のバウンドとなる理由を図解する。まず、□Aと⌣Eの間の $E[y(t)|v=u]$ は、⌣Cと⌢Fの間の $E[y(t)|v=2]$ のどの点よりも小さくなるので、単調操作変数の仮定(3.18)式（つまり、(3.19)式）を満たさない。その一方、□Bと⌢Gの間の $E[y(t)|v=u]$ は、⌣Hと⌢Dの間の $E[y(t)|v=5]$ のど

図3.4 単調操作変数の仮定の下での $\mathrm{E}[y(t)|v=u]$ のバウンド(2)

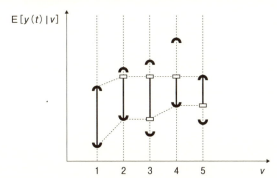

の点よりも大きくなるので、単調操作変数の仮定(3.18)式（つまり、(3.23)式）を満たさない。よって、単調操作変数の仮定(3.18)式を満たす $\mathrm{E}[y(t)|v=u]$ は、□Aと□Bの間の $\mathrm{E}[y(t)|v=u]$ だけである。

図3.4は、$u=1,2,...,5$ それぞれに対して、(3.27)式の $\mathrm{E}[y(t)|v=u]$ のバウンドを表している。図3.4の丸カッコ（♥と⌒）と $\mathrm{E}[y(t)|v=3]$ の□と□の間の実線分は、図3.3と同じである。さらに、$\mathrm{E}[y(t)|v=u]$ $(u=1,2,4,5)$ のバウンド(3.27)式を、図3.3で $\mathrm{E}[y(t)|v=3]$ のバウンドを求めたのと同じ手順を使って求め、実線分で示している。図3.4より、実線分で示された(3.27)式のバウンドが、$v=u$ に対して、単調増加していることがわかる。すなわち、この実線分内の $\mathrm{E}[y(t)|v=u]$ は、単調操作変数の仮定(3.18)式を満たしている。

最後に、目的の $\mathrm{E}[y(t)]$ のシャープバウンドは、(3.27)式のバウンドに、繰り返し期待値の法則 $\mathrm{E}[y(t)] = \sum_{u \in V} \mathrm{E}[y(t)|v=u]\mathrm{P}(v=u)$ を適用することにより、

$$\sum_{u \in V} \mathrm{P}(v=u) \max_{u_1 \le u} \{\mathrm{E}[y|z=t,v=u_1]\mathrm{P}(z=t|v=u_1) + \underline{y}\mathrm{P}(z \ne t|v=u_1)\}$$
$$\le \mathrm{E}[y(t)]$$
$$\le \sum_{u \in V} \mathrm{P}(v=u) \min_{u_2 \ge u} \{\mathrm{E}[y|z=t,v=u_2]\mathrm{P}(z=t|v=u_2) + \overline{y}\mathrm{P}(z \ne t|v=u_2)\}$$

(3.28)

となる。図3.4では、実線分で描かれた $\mathrm{E}[y(t)|v=u]$ のバウンドに、人口比率 $\mathrm{P}(v=u)$ を掛けて、$u=1,...,5$ について足し合わせたものが、$\mathrm{E}[y(t)]$ のシャー

3.3 単調操作変数の仮定の下でのバウンド

プバウンドになる。

単調操作変数の仮定の下での平均処置効果 $E[y(t_2)] - E[y(t_1)]$ のシャープバウンドは、

$$(3.28) \text{式の } E[y(t_2)] \text{ の下限} - (3.28) \text{式の } E[y(t_1)] \text{ の上限}$$
$$\leq E[y(t_2)] - E[y(t_1)]$$
$$\leq (3.28) \text{式の } E[y(t_2)] \text{ の上限} - (3.28) \text{式の } E[y(t_1)] \text{ の下限}$$

である。

表3.2⑤行は、18歳までの両親との同居を単調操作変数として、単調操作変数の仮定の下で、$E[y(2)]$、$E[y(4)]$ と $\{E[y(4)] - E[y(2)]\}/4$ のバウンドの推定値を示している。まず、$E[y(2)]$ のバウンドの推定値（表3.2⑤行(1)、(2)列）を計算しよう。何も仮定しないときの $E[y(2)|v=0]$ のバウンドの推定値は(3.6)式であり、何も仮定しないときの $E[y(2)|v=1]$ のバウンドの推定値は(3.7)式である。よって、単調操作変数の仮定の下での(3.27)式の $E[y(2)|v=0]$ のバウンドの推定値は、

$$\max_{u_1 \leq 0} \{E[y|z=2, v=u_1]P(z=2|v=u_1) + 0 \times P(z \neq 2|v=u_1)\}$$
$$= (3.6) \text{式の下限} = 1.139$$
$$\leq E[y(2)|v=0]$$
$$\leq \min_{u_2 \geq 0} \{E[y|z=2, v=u_2]P(z=2|v=u_2) + 5 \times P(z \neq 2|v=u_2)\}$$
$$= \min\{(3.6)\text{式の上限}, (3.7)\text{式の上限}\} = \min\{4.054, 4.037\} = 4.037$$

である。一方、(3.27)式の $E[y(2)|v=1]$ のバウンドの推定値は、

$$\max_{u_1 \leq 1} \{E[y|z=2, v=u_1]P(z=2|v=u_1) + 0 \times P(z \neq 2|v=u_1)\}$$
$$= \max\{(3.6)\text{式の下限}, (3.7)\text{式の下限}\} = \max\{1.139, 1.150\} = 1.150$$
$$\leq E[y(2)|v=1]$$
$$\leq \min_{u_2 \geq 1} \{E[y|z=2, v=u_2]P(z=2|v=u_2) + 5 \times P(z \neq 2|v=u_2)\}$$
$$= (3.7) \text{式の上限} = 4.037$$

である。よって、(3.28)式の $E[y(2)]$ のバウンドの推定値は、表3.1⑥行の $P(v=0) = 0.268$ と $P(v=1) = 0.732$ を使って、

$$1.139 \times 0.268 + 1.150 \times 0.732 = 1.147 \leq \mathrm{E}[y(2)]$$
$$\leq 4.037 \times 0.268 + 4.037 \times 0.732 = 4.037 \qquad (3.29)$$

となる。

操作変数の仮定と単調操作変数の仮定の識別力の関係性を、図3.2のE$[y(2)]$のバウンド推定値を使って説明する。(3.29)式と表3.2⑤行(1)列が示す単調操作変数の仮定の下でのE$[y(2)]$のバウンドの下限の推定値（図3.2の■E $= 1.147$）は、表3.2①行(1)列の何も仮定しないときのE$[y(2)]$のバウンドの下限の推定値に等しい。これは、(3.6)式の何も仮定しないときのE$[y(2)|v=0]$のバウンドの下限の推定値（♥A $= 1.139$）より、(3.7)式の何も仮定しないときのE$[y(2)|v=1]$のバウンドの下限の推定値（♥C $= 1.150$）のほうが大きいため、単調操作変数の仮定を満たしており、E$[y(2)]$のバウンドの下限の推定値に対して、単調操作変数の仮定が識別力を持たなかったためである。このように、何も仮定しないときのE$[y(t)|v=u]$のバウンドの下限または上限がuとともに増加するとき、単調操作変数の仮定は、その下限または上限に対し、識別力を持たない。

一方、(3.29)式と表3.2⑤行(2)列が示す単調操作変数の仮定の下でのE$[y(2)]$のバウンドの上限の推定値（図3.2の⌢D $= 4.037$）は、表3.2②行(2)列の操作変数の仮定の下でのE$[y(2)]$のバウンドの上限の推定値に等しい。これは、(3.6)式の何も仮定しないときのE$[y(2)|v=0]$のバウンドの上限の推定値（⌢B $= 4.054$）より、(3.7)式の何も仮定しないときのE$[y(2)|v=1]$のバウンドの上限の推定値（⌢D $= 4.037$）のほうが小さいため、単調操作変数の仮定に反する4.037（□）と4.054（⌢B）の間のE$[y(2)|v=0]$が排除されるためである。このように、何も仮定しないときのE$[y(t)|v=u]$のバウンドの下限または上限がuとともに減少するとき、単調操作変数の仮定と操作変数の仮定は、その下限または上限に対し、同じ識別力を持つ。

表3.2⑤行(3)列と(4)列に示した(3.28)式のE$[y(4)]$のバウンドの推定値は、E$[y(2)]$のバウンドの推定値と同様にして、以下のように求められる。何も仮定しないときのE$[y(4)|v=0]$とE$[y(4)|v=1]$のバウンドの推定値は、それぞれ、(3.9)式と(3.10)式である。よって、単調操作変数の仮定の下での(3.27)式の

3.3 単調操作変数の仮定の下でのバウンド

バウンドの推定値は、

$$0.382 \leq \mathrm{E}[y(4)|v=0] \leq \min\{4.778, 4.641\} = 4.641$$
$$\max\{0.382, 0.676\} = 0.676 \leq \mathrm{E}[y(4)|v=1] \leq 4.641$$

である。よって、(3.28)式より、

$$0.382 \times 0.268 + 0.676 \times 0.732 = 0.597 \leq \mathrm{E}[y(4)]$$
$$\leq 4.641 \times 0.268 + 4.641 \times 0.732 = 4.641$$

である。

大学教育の（年率の）リターン（$\{\mathrm{E}[y(4)] - \mathrm{E}[y(2)]\}/4$）のバウンドの推定値（表3.2⑤行(5)列と(6)列）は、$(0.597-4.037)/4 = -0.860 \leq \{\mathrm{E}[y(4)] - \mathrm{E}[y(2)]\}/4 \leq (4.641-1.147)/4 = 0.874$ である。

最後に、単調操作変数の仮定の下、結果変数の分布 $\mathrm{P}[y(t)]$ のバウンドを識別する。「単調操作変数の仮定(3.18)式」の代わりに、「**単調操作変数の分布バージョンの仮定**」として、Blundell et al.（2007）が導入した、「大きい単調操作変数 $v_j = u_2$ を持つ人々の結果変数 $y_j(t)$ が、小さい単調操作変数 $v_j = u_1$ を持つ人々の結果変数 $y_j(t)$ を確率優越する」ことを仮定する。つまり、任意の実数 $\alpha \in Y$ と処置変数 $t \in T$ に対し、単調操作変数 v_j の値 $u_1 \in V$, $u_2 \in V$ が、$u_1 \leq u_2$ であるとき、

$$\mathrm{P}[y(t) \leq \alpha | v = u_1] \geq \mathrm{P}[y(t) \leq \alpha | v = u_2] \qquad (3.30)$$

を仮定する[9]。まず、仮定(3.30)式の下、$\mathrm{P}[y(t) \leq \alpha | v = u]$ のバウンドを求める。導出方法は、結果変数の期待値 $\mathrm{E}[y(t)|v=u]$ のバウンド(3.27)式の導出方法と基本的に同じである。何も仮定しないときの $\mathrm{P}[y(t) \leq \alpha | v = u]$ のバウンドは、(3.14)式であるので、仮定(3.30)式の下、$\mathrm{P}[y(t) \leq \alpha | v = u]$ のバウンドは、

9）確率優越については、第2章補論を参照。

$$\max_{u_2 \geq u} \{P[y \leq \alpha | z = t, v = u_2]P(z = t|v = u_2)\} \leq P[y(t) \leq \alpha | v = u]$$
$$\leq \min_{u_1 \leq u} \{P[y \leq \alpha | z = t, v = u_1]P(z = t|v = u_1) + P(z \neq t|v = u_1)\}$$
(3.31)

と書ける。よって、$P[y(t) \leq \alpha]$ のバウンドは、全確率の法則より、

$$\sum_{u \in V} P(v = u) \max_{u_2 \geq u} \{P[y \leq \alpha | z = t, v = u_2]P(z = t|v = u_2)\} \leq P[y(t) \leq \alpha]$$
$$\leq \sum_{u \in V} P(v = u) \min_{u_1 \leq u} \{P[y \leq \alpha | z = t, v = u_1]P(z = t|v = u_1) + P(z \neq t|v = u_1)\}$$
(3.32)

である。

3.3.2 関数 $y_j(\cdot)$ が増加関数であり、かつ、単調操作変数の仮定を満たすときのパラメータのバウンド

単調操作変数の仮定 (3.18) 式と、関数 $y_j(\cdot)$ が増加関数であるという仮定を組み合わせた場合に、$E[y(t)]$ と $E[y(t_2)] - E[y(t_1)]$ の入りうるバウンドを考えよう。3.3.1 項において、単調操作変数の仮定の下での $E[y(t)|v = u]$ のバウンド (3.27) 式は、(3.2) 式に対し (3.19) 式から (3.26) 式までの手順を適用して導出した。一方、増加関数の仮定の下での $E[y(t)|v = u]$ のシャープバウンドは、(3.16) 式である。よって、この項の目的である、増加関数の仮定と単調操作変数の仮定の下での $E[y(t)|v = u]$ のシャープバウンドは、(3.16) 式に対し (3.19) 式から (3.26) 式の手順を適用することにより求めることができる。それは、

$$\max_{u_1 \leq u} \left\{ \sum_{s \leq t} E[y|z = s, v = u_1]P(z = s|v = u_1) + \underline{y}P(z > t|v = u_1) \right\}$$
$$\leq E[y(t)|v = u]$$
$$\leq \min_{u_2 \geq u} \left\{ \overline{y}P(z < t|v = u_2) + \sum_{s \geq t} E[y|z = s, v = u_2]P(z = s|v = u_2) \right\}$$
(3.33)

となる。したがって、$E[y(t)]$ のシャープバウンドは、繰り返し期待値の法則より、

$$\sum_{u \in V} \mathrm{P}(v=u) \max_{u_1 \leq u} \left\{ \sum_{s \leq t} \mathrm{E}[y|z=s, v=u_1] \mathrm{P}(z=s|v=u_1) + \underline{y}\mathrm{P}(z>t|v=u_1) \right\}$$
$$\leq \mathrm{E}[y(t)]$$
$$\leq \sum_{u \in V} \mathrm{P}(v=u) \min_{u_2 \geq u} \left\{ \overline{y}\mathrm{P}(z<t|v=u_2) + \sum_{s \geq t} \mathrm{E}[y|z=s, v=u_2]\mathrm{P}(z=s|v=u_2) \right\}$$
(3.34)

である。

増加関数の仮定と単調操作変数の仮定の下での平均処置効果 $\mathrm{E}[y(t_2)] - \mathrm{E}[y(t_1)]$ のバウンドは、

$\max\{0, (3.34)$ 式の $\mathrm{E}[y(t_2)]$ の下限 $-(3.34)$ 式の $\mathrm{E}[y(t_1)]$ の上限 $\}$
$\leq \mathrm{E}[y(t_2)] - \mathrm{E}[y(t_1)]$
$\leq (3.34)$ 式の $\mathrm{E}[y(t_2)]$ の上限 $-(3.34)$ 式の $\mathrm{E}[y(t_1)]$ の下限

となる。

表3.2⑥行は、18歳までの両親との同居を単調操作変数とした単調操作変数の仮定と、増加関数の仮定を組み合わせたときに、$\mathrm{E}[y(2)]$、$\mathrm{E}[y(4)]$ と $\{\mathrm{E}[y(4)] - \mathrm{E}[y(2)]\}/4$ が入りうるバウンドの推定値を表している[10]。表3.2④行の増加関数と操作変数の仮定の下でのパラメータのバウンド推定値と比較すると、⑥行のバウンド推定値は、$\mathrm{E}[y(4)]$ の下限が小さい以外は、ほとんど変わっていない。よって、この教育のリターンの実証例においては、増加関数を仮定した上で、単調操作変数の仮定(3.18)式から操作変数の仮定(3.3)式に仮定を強めたとしても、パラメータに対する識別力はあまり上昇しないことがわかる。

3.4 線形関数における操作変数の仮定と単調操作変数の仮定の識別力

伝統的計量経済学では、関数 $y_j(t)$ が、以下のような線形関数

$$y_j(t) = a + bt + \epsilon_j \tag{3.35}$$

であると仮定して、操作変数の手法が用いられることが多い。(3.35)式は、①処置変数の項 bt と誤差項 ϵ_j が加法分離している、②処置変数の結果変数への

処置効果 b は、すべての処置変数 $t \in T$ について同一である、③処置効果 b は、すべての個人 $j \in J$ について同一であると仮定している。ここで、④誤差項 ϵ_j と実現処置変数 z_j が相関しうる（つまり、実現処置変数と結果変数の独立の仮定が成立しない）と考えられる場合に、操作変数法が適用される。

本節では、線形関数(3.35)式に、操作変数の仮定(3.3)式が課されたとき、処置効果 b がどう識別されるかを考える（Manski and Pepper 2009参照）。(3.35)式より、操作変数 v_j の値 $u \in V$ に対して、

$$\mathrm{E}[y(t)|v=u] = \mathrm{E}[a+bt+\epsilon|v=u] = a+bt+\mathrm{E}[\epsilon|v=u] \qquad (3.36)$$

10) 具体的な計算を示す。(3.16)式の $\mathrm{E}[y(2)|v=0]$、$\mathrm{E}[y(2)|v=1]$、$\mathrm{E}[y(4)|v=0]$、$\mathrm{E}[y(4)|v=1]$ のバウンド推定値は、脚注5で計算しているので、それを使う。(3.33)式の $\mathrm{E}[y(2)|v=0]$ のバウンド推定値は、

$$1.467 \leq \mathrm{E}[y(2)|v=0] \leq \min\{3.192, 3.087\} = 3.087$$

である。(3.33)式の $\mathrm{E}[y(2)|v=1]$ のバウンド推定値は、

$$\max\{1.467, 1.278\} = 1.467 \leq \mathrm{E}[y(2)|v=1] \leq 3.087$$

である。よって、(3.34)式の $\mathrm{E}[y(2)]$ のバウンドの推定値は、$P(v=0)=0.268$ と $P(v=1)=0.732$（表3.1⑥行）を使って、

$$1.467 \times 0.268 + 1.467 \times 0.732 = 1.467 \leq \mathrm{E}[y(2)]$$
$$\leq 3.087 \times 0.268 + 3.087 \times 0.732 = 3.087$$

となる。次に、(3.33)式の $\mathrm{E}[y(4)|v=0]$ のバウンド推定値は、

$$2.457 \leq \mathrm{E}[y(4)|v=0] \leq \min\{4.573, 4.411\} = 4.411$$

である。(3.33)式の $\mathrm{E}[y(4)|v=1]$ のバウンド推定値は、

$$\max\{2.457, 2.494\} = 2.494 \leq \mathrm{E}[y(4)|v=1] \leq 4.411$$

である。よって、(3.34)式の $\mathrm{E}[y(4)]$ のバウンドの推定値は、

$$2.457 \times 0.268 + 2.494 \times 0.732 = 2.484 \leq \mathrm{E}[y(4)]$$
$$\leq 4.411 \times 0.268 + 4.411 \times 0.732 = 4.411$$

である。最後に、大学教育の（年率の）リターン（$\{\mathrm{E}[y(4)]-\mathrm{E}[y(2)]\}/4$）のバウンドの推定値は、

$$\max\{0, (2.484-3.087)/4\} = 0 \leq \{\mathrm{E}[y(4)]-\mathrm{E}[y(2)]\}/4$$
$$\leq (4.411-1.467)/4 = 0.736$$

である。

3.4 線形関数における操作変数の仮定と単調操作変数の仮定の識別力

である。よって、線形関数(3.35)式において、操作変数の仮定(3.3)式は、操作変数 v_j の値 $u_1 \in V$, $u_2 \in V$ に対して、

$$\mathrm{E}[\epsilon|v=u_1] = \mathrm{E}[\epsilon|v=u_2] = \mathrm{E}[\epsilon] \tag{3.37}$$

となる。一方、(3.35)式と $y_j = y_j(z_j)$ より、$\epsilon_j = y_j - a - bz_j$ であるから、(3.37)式は、

$$\mathrm{E}[y-a-bz|v=u_1] = \mathrm{E}[y-a-bz|v=u_2] \tag{3.38}$$

となる。(3.38)式を、b について解くと、

$$b = \frac{\mathrm{E}[y|v=u_2] - \mathrm{E}[y|v=u_1]}{\mathrm{E}[z|v=u_2] - \mathrm{E}[z|v=u_1]} \tag{3.39}$$

となる。(3.39)式より、

$$\mathrm{E}[z|v=u_2] \neq \mathrm{E}[z|v=u_1] \tag{3.40}$$

であるならば、b は(3.39)式の右辺で点識別される。(3.39)式の右辺は、操作変数法の b の推定量である（局所的平均処置効果とも呼ばれる。第5章5.2節を参照）。(3.40)式は、階数条件と呼ばれる。

以上より、線形関数の仮定(3.35)式、操作変数の仮定(3.3)式、階数条件(3.40)式を組み合わせたとき、処置効果 b が、(3.39)式により点識別される。3.2.1項で示したように、線形関数(3.35)式を仮定せずに、操作変数の仮定(3.3)式のみを仮定したとき、平均処置効果は(3.5)式のバウンドで識別される。よって、線形関数(3.35)式の仮定は、識別力が強いと言える。

18歳まで両親と同居していたか ($v_j = 1$)、そうでないか ($v_j = 0$) を操作変数としたときの大学教育のリターンの実証例において、線形関数の仮定(3.35)式と操作変数の仮定(3.3)式を組み合わせたときの、処置効果 b の推定値を求めよう。表3.1⑥行に、操作変数 v_j を持つ人々の平均教育水準 $\mathrm{E}[z|v=u]$ と平均賃金 $\mathrm{E}[y|v=u]$ が表されている。それより、

$$\mathrm{E}[z|v=0] = 2.692 < \mathrm{E}[z|v=1] = 2.961 \tag{3.41}$$

であるので、階数条件(3.40)式を満たす。よって、(3.39)式より、b の推定値は、

$$b = \frac{2.960 - 2.871}{2.961 - 2.692} = 0.333 \tag{3.42}$$

である[11]。

　線形関数(3.35)式を仮定せずに、操作変数の仮定(3.3)式のみを仮定したとき、処置変数1単位当たりの平均処置効果である $\{E[y(4)] - E[y(2)]\}/(4-2)$ のバウンド推定値は、表3.2②行(5)、(6)列を使って、下限が $-0.840 \times 2 = -1.680$、上限が $0.873 \times 2 = 1.746$ である。線形関数の仮定と操作変数の仮定の両方を課して得られた(3.42)式の b の点推定値0.333は、このバウンド推定値に含まれている。しかし、その一方で、この点推定値とバウンド推定値の比較より、線形関数の仮定(3.35)式の仮定がいかに強い仮定であるかがわかる。

　次に、操作変数の仮定(3.3)式の代わりに、単調操作変数の仮定(3.18)式を線形関数の仮定(3.35)式に課したとき、b がどう識別されるかを考えよう。(3.35)式において、単調操作変数の仮定(3.18)式は、単調操作変数 v_j の値 $u_1 \in V, u_2 \in V$ が、$u_1 \leq u_2$ であるとき、

$$E[\epsilon | v = u_1] \leq E[\epsilon | v = u_2] \tag{3.43}$$

となる((3.36)式を用いる)。$\epsilon_j = y_j - a - bz_j$ であるから、(3.43)式は、

$$E[y - a - bz | v = u_1] \leq E[y - a - bz | v = u_2] \tag{3.44}$$

である。(3.44)式を、b について解くと、

$$E[z|v=u_1] < E[z|v=u_2] \text{ならば、} \quad b \leq \frac{E[y|v=u_2] - E[y|v=u_1]}{E[z|v=u_2] - E[z|v=u_1]} \tag{3.45}$$

$$E[z|v=u_1] > E[z|v=u_2] \text{ならば、} \quad b \geq \frac{E[y|v=u_2] - E[y|v=u_1]}{E[z|v=u_2] - E[z|v=u_1]} \tag{3.46}$$

となる。

---

[11] (3.35)式を、NLSY79のデータを使って直接、操作変数法で推定すると、b の推定値0.333(標準誤差0.115)が得られる。

両親との同居を単調操作変数とした場合、線形関数の仮定(3.35)式と単調操作変数の仮定(3.18)式の下では、(3.41)式、(3.42)式、(3.45)式より、操作変数法の推定値0.333がbのバウンドの上限の推定値となる。

以上より、操作変数の仮定(3.3)式と単調操作変数の仮定(3.18)式のどちらを設定するかによって、線形関数(3.35)式における操作変数法の推定値の解釈が大きく異なる。

「操作変数法による局所的平均処置効果の点識別」と「操作変数の仮定の下での平均処置効果のバウンド識別」の関係については、第5章5.2節で、ランダム化比較実験の実証例を使って再論する。

3.5 おわりに

本章では、まず、「操作変数の仮定」（除外制約）の下、結果変数の期待値と分布、および、平均処置効果のバウンドを識別した。

次に、「等式関係」で表される操作変数の仮定を「不等式関係」に弱めた「単調操作変数の仮定」の下で、結果変数の期待値と分布、および、平均処置効果のバウンドを識別した。単調操作変数の仮定は、適用範囲が広いと考えられる。

さらに、「操作変数の仮定」に「増加関数の仮定」を組み合わせたときの結果変数の期待値と平均処置効果のバウンドを識別した。また、「単調操作変数の仮定」に「増加関数の仮定」を組み合わせたときの結果変数の期待値と平均処置効果のバウンドを識別した。そして、仮定が加えられるのに従い、バウンドがどの程度狭くなるのかを観察することで、操作変数、単調操作変数、増加関数のそれぞれの仮定が持つ識別力を明らかにした。

最後に、線形関数に対して、「操作変数の仮定」を課したときの平均処置効果と、「単調操作変数の仮定」を課したときの平均処置効果を識別した。そして、その識別結果を、「操作変数の仮定」のみの下での平均処置効果のバウンド、および、「単調操作変数の仮定」のみの下での平均処置効果のバウンドと比較することにより、「線形関数の仮定」が強い識別力を持つことを示した。

第4章 単調処置選択の仮定の下での部分識別

4.1 はじめに

　第3章では、操作変数の仮定の等式関係を不等式関係に弱めた単調操作変数の仮定を提示し、その仮定を関数 $y_t(\cdot)$ に課したときに、結果変数の期待値や分布、平均処置効果といったパラメータがどう識別されるかを考察した。本章では、実現処置変数と結果変数の独立の仮定の等式関係を不等式関係に弱めた単調処置選択の仮定を提示し、その仮定の下で結果変数の期待値などのパラメータがどう識別されるかを説明する。

　第1章で説明したように、点識別の計量経済学では、実際に選択された処置変数（実現処置変数）と結果変数の間に独立の仮定を課すことにより、識別問題に対処している[1]。しかし、人間の経済行動では、この独立の仮定が成立しないことが多い。とくに、人々は自身の能力や選好に応じて処置変数を選択することが多いが、この能力や選好は、結果変数 $y_t(t)$ にも影響を及ぼすため、この場合、実現処置変数と結果変数は、独立の仮定を満たさなくなる。これは、**自己選択バイアス（セレクションバイアス）** と呼ばれる問題である[2]。しかし、こ

---

[1] 独立の仮定が成立しない場合は、実現処置変数と結果変数の相関を生み出す第三の変数（共変量）を観測し、その変数が同じ値をとるグループにおいて独立の仮定が成立すると仮定し（つまり、条件付き独立の仮定を課して）、識別問題に対処している（第1章補論3参照）。

4.1 はじめに

のようなケースの中には、高い処置変数を選択した人のほうが、低い処置変数を選択した人より、関数 $y_i(\cdot)$ の期待値が高くなる（または、低くなる）傾向があると想定できる場合がよくある。例えば、①高い能力を持つ人々は、平均的に高い賃金関数（賃金関数 $y_i(\cdot)$ の高い期待値）を持つのと同時に、高い学歴（高い処置変数）を選択する傾向にある場合（能力バイアス問題）、②就業が困難である（就業関数 $y_i(\cdot)$ の期待値が低い）人々ほど、就業訓練プログラムに申し込む（処置変数が高い）傾向にある場合（政策評価における自己選択問題）、などである。

Manski and Pepper（2000）は、上記の想定を単調処置選択の仮定として定式化し、その下で、結果変数 $y_i(t)$ の期待値などのパラメータを識別した。さらに、結果変数 $y_i(t)$ が、増加関数の仮定と単調処置選択の仮定を同時に満たすときに、パラメータの入りうるバウンドを識別した。このバウンドは、第1章から第3章で示してきたこれまでのバウンドに比べ大幅に狭いバウンドであったため、実証研究に広く使われ、その後、部分識別の研究が大きく発展した。実際、このバウンドで教育のリターンを推定すると、バウンド推定値の上限は、既存の点推定値の最大値より、少し大きい程度まで狭まる。しかし、それでも、このバウンド推定値は、既存の点推定値すべてを含むほどの広さを持つため、バウンド推定値からは、既存の点推定値は間違っていないという結論しか得られない。

Okumura and Usui（2014）は、単調処置選択と増加関数の仮定に凹関数の仮定を加えて、結果変数の期待値などのパラメータのバウンドを識別した。凹増加関数は、経済学では限界生産力が逓減する関数を表し、信頼できる弱い仮定と言える。このバウンドで教育のリターンを推定すると、既存の点推定値の一部を含まないほど狭いバウンド推定値が得られた。よって、このバウンド推定値の上限を超える既存の点推定値は、過大推定されている可能性があると言える。

2）実現処置変数と結果変数の両方に影響を与える能力や選好を、計量経済学者が観測できれば、これらを共変量として、条件付き独立の仮定の下、識別問題に対処できる。しかし多くの場合、この能力や選好を観測できないため、自己選択バイアス問題が生じる。

以下4.2節では、まず、関数 $y_j(\cdot)$ が単調処置選択の仮定を満たすとき、結果変数の期待値や分布、平均処置効果のバウンドを識別する。そして、関数 $y_j(\cdot)$ が単調処置選択と増加関数の仮定を満たすとき、結果変数の期待値などのパラメータのバウンドを識別する（Manski and Pepper 2000）。4.3節では、関数 $y_j(\cdot)$ が凹増加関数と単調処置選択の仮定を満たすとき、結果変数の期待値などのパラメータのバウンドを識別する（Okumura and Usui 2014）。4.4節がまとめとなる。

4.2 単調処置選択の仮定の下でのバウンド

4.2.1 単調処置選択の仮定のみの下でのバウンド

基本的設定はこれまでと同様である。各個人 $j \in J$ の関数 $y_j(\cdot)$ は、処置変数である $t \in T$ を、結果変数 $y_j(t)$ に写す。結果変数 $y_j(t)$ の値域 Y は、有限な最小値 $\underline{y}$ と有限な最大値 $\bar{y}$ を持つ実数値の閉区間とする。ここで、個人 j が実際に受けた（または、選んだ）処置変数（実現処置変数）を $z_j \in T$ とする。よって、観測される（実現する）結果変数 y_j は、$y_j \equiv y_j(z_j)$ である。各個人の標本 (z_j, y_j) が観測され、データとして得られる。その一方で、個人 j が実際に受けなかった（選ばなかった）処置変数 $t \neq z_j$ の結果変数 $y_j(t)$ は、観測されない潜在的結果変数である。

本節のわれわれの目的は、このデータと以下の単調処置選択の仮定から、結果変数の期待値 $\mathrm{E}[y(t)]$ と、処置変数が t_1 から t_2 に増加したときの平均処置効果 $\mathrm{E}[y(t_2) - y(t_1)] = \mathrm{E}[y(t_2)] - \mathrm{E}[y(t_1)]$ を識別すること、さらに、結果変数の分布 $\mathrm{P}[y(t)]$ を識別することである。

単調処置選択の仮定とは、処置変数 $t \in T$ に対し、処置変数 $t_1 \in T$, $t_2 \in T$ が $t_1 \leq t_2$ であるとき、

$$\mathrm{E}[y(t)|z = t_1] \leq \mathrm{E}[y(t)|z = t_2] \tag{4.1}$$

であることを言う。よって、この単調処置選択の仮定は、実現処置変数と結果変数の平均独立の仮定

4.2 単調処置選択の仮定の下でのバウンド

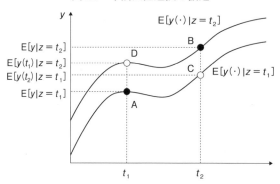

図4.1 単調処置選択の仮定

$$E[y(t)|z = t_1] = E[y(t)|z = t_2] = E[y(t)] \tag{4.2}$$

の等式関係を不等式関係に弱めた仮定である。

第3章では、単調操作変数の仮定、つまり、処置変数 $t \in T$ に対し、変数 v_j の値 u_1, u_2 が $u_1 \leq u_2$ であるとき、

$$E[y(t)|v = u_1] \leq E[y(t)|v = u_2] \tag{4.3}$$

であるという仮定を説明した。単調処置選択の仮定(4.1)式とは、単調操作変数の仮定(4.3)式において、単調操作変数 v_j が実現処置変数 z_j であるときの仮定であると言える。

図4.1は、単調処置選択の仮定の例を図示している。●Aと●Bはそれぞれ、処置変数 t_1 と t_2 を選んだ人の結果変数の期待値 $E[y|z = t_1]$ と $E[y|z = t_2]$ を表しており観測されるが、〇Cは処置変数 t_1 を選んだ人がもし t_2 を選んだときの結果変数の期待値 $E[y(t_2)|z = t_1]$ を、〇Dは t_2 を選んだ人がもし t_1 を選んだときの結果変数の期待値 $E[y(t_1)|z = t_2]$ を表しており観測されない。単調処置選択の仮定は、大きい処置変数 t_2 を実際に選んだ人々の関数 $y_j(\cdot)$ の期待値 $E[y(\cdot)|z = t_2]$ は、小さい処置変数 t_1 を実際に選んだ人々の関数 $y_j(\cdot)$ の期待値 $E[y(\cdot)|z = t_1]$ より、大きくなるか等しくなること (●A $\leq$ 〇Dと〇C $\leq$ ●B) を意味している。教育のリターンの例では、この仮定は、高い教育水準 (t_2) を選んだ人々は、低い教育水準 (t_1) を選んだ人々より、平均的に高い賃金関数を

図4.2 単調処置選択の仮定の下でのバウンド

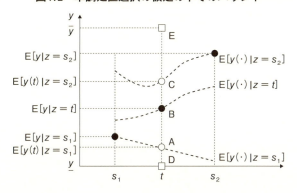

持つことを意味している。これは、労働経済学で一般的に想定している、能力の高い人ほど高い学歴を選択し、同時に、高い賃金関数を持つ傾向があるという、自己選択の状況を表している。このように、どの処置変数 ($t = t_1, t_2$) においても、自己選択によるセレクションバイアス (t_1 における○Dと●Aの差と、t_2 における●Bと○Cの差)が正であると想定される場合に(または、その対称として、負であると想定される場合に)、単調処置選択の仮定を課すことが妥当である[3]。

単調処置選択の仮定の下での $\mathrm{E}[y(t)]$ のバウンドを識別しよう[4]。まず、処置変数 s を実際に選んだ人々の結果変数の期待値 $\mathrm{E}[y(t)|z=s]$ のバウンドを求め、繰り返し期待値の法則 $\mathrm{E}[y(t)] = \sum_{s \in T} \mathrm{E}[y(t)|z=s] \mathrm{P}(z=s)$ を使って、$\mathrm{E}[y(t)]$ のバウンドを求める。

図4.2は、処置変数 $s_1, t, s_2 \in T$ が $s_1 < t < s_2$ の場合に、それぞれの処置変数を実際に選んだ人が t を選んだときの結果変数の期待値 $\mathrm{E}[y(t)|z=s_1]$ (○A)、

---

3) セレクションバイアスの元来の定義は、処置変数が二値 ($T = \{0, 1\}$) のとき、処置を受ける前の状態における、処置を受けた人と受けない人の結果変数の差、つまり、$\mathrm{E}[y(0)|z=1] - \mathrm{E}[y|z=0]$ ($t_1 = 0, t_2 = 1$ のときの○Dと●Aの差)である。

4) 単調処置選択の仮定(4.1)式は、単調操作変数 v_j が実現処置変数 z_j であるときの単調操作変数の仮定(4.3)式であるから、前章で導出した、単調操作変数の仮定の下での結果変数の期待値のバウンド(3.28)式を使って、単調処置選択の仮定の下での結果変数の期待値のバウンドを導出することができる。しかし、ここでは直観的に理解しやすいように、単調処置選択の仮定から直接、結果変数の期待値のバウンドを求める。

4.2 単調処置選択の仮定の下でのバウンド

$\mathrm{E}[y(t)|z=t]$ ($=\mathrm{E}[y|z=t]$、●B)、$\mathrm{E}[y(t)|z=s_2]$ (○C) を描いている。まず、t より小さい処置変数 $z_j=s_1$ を実際に選んだ人がもし t を選んだときの結果変数の期待値 $\mathrm{E}[y(t)|z=s_1]$ (○A) は観測されないので、そのバウンドを識別したい。$\mathrm{E}[y(t)|z=s_1]$ (○A) のバウンドの上限は、単調処置選択の仮定(4.1)式より、

$$\mathrm{E}[y(t)|z=s_1]\,(\bigcirc\mathrm{A}) \leq \mathrm{E}[y|z=t]\,(\bullet\mathrm{B})$$

である。さらに、$\mathrm{E}[y(t)|z=s_1]$ (○A) のバウンドの下限は、結果変数の値域の下限 $\underline{y}$ (□D) となる。よって、$\mathrm{E}[y(t)|z=s_1]$ (○A) のバウンドは、

$$\underline{y}\,(\square\mathrm{D}) \leq \mathrm{E}[y(t)|z=s_1]\,(\bigcirc\mathrm{A}) \leq \mathrm{E}[y|z=t]\,(\bullet\mathrm{B})$$

である。次に、t より大きい処置変数 $z_j=s_2$ を実際に選んだ人がもし t を選んだときの結果変数の期待値 $\mathrm{E}[y(t)|z=s_2]$ (○C) は観測されないので、そのバウンドを識別する。単調処置選択の仮定(4.1)式より、$\mathrm{E}[y(t)|z=s_2]$ (○C) のバウンドの下限は、

$$\mathrm{E}[y|z=t]\,(\bullet\mathrm{B}) \leq \mathrm{E}[y(t)|z=s_2]\,(\bigcirc\mathrm{C})$$

である。さらに、$\mathrm{E}[y(t)|z=s_2]$ (○C) のバウンドの上限は、結果変数の値域の上限 $\overline{y}$ (□E) となる。よって、$\mathrm{E}[y(t)|z=s_2]$ (○C) のバウンドは、

$$\mathrm{E}[y|z=t]\,(\bullet\mathrm{B}) \leq \mathrm{E}[y(t)|z=s_2]\,(\bigcirc\mathrm{C}) \leq \overline{y}\,(\square\mathrm{E})$$

である。以上より、$\mathrm{E}[y(t)]$ のシャープバウンドは、繰り返し期待値の法則を使って、

$$\begin{aligned}
\underline{y}\mathrm{P}(z<t)+\sum_{s\geq t}\mathrm{E}[y|z=t]\mathrm{P}(z=s) &= \underline{y}\mathrm{P}(z<t)+\mathrm{E}[y|z=t]\mathrm{P}(z\geq t) \\
&\leq \mathrm{E}[y(t)] \\
&\leq \sum_{s\leq t}\mathrm{E}[y|z=t]\mathrm{P}(z=s)+\overline{y}\mathrm{P}(z>t) = \mathrm{E}[y|z=t]\mathrm{P}(z\leq t)+\overline{y}\mathrm{P}(z>t)
\end{aligned} \tag{4.4}$$

である。

第1章で説明した何も仮定しないときの $\mathrm{E}[y(t)]$ のバウンドは、

$$\underline{y}P(z \neq t) + E[y|z=t]P(z=t) \leq E[y(t)]$$
$$\leq \overline{y}P(z \neq t) + E[y|z=t]P(z=t) \tag{4.5}$$

である。(4.5)式は、図4.2において、$\underline{y}$(□D) $\leq$ E[$y(t)|z=s_1$] (○A) $\leq \overline{y}$(□E) と、$\underline{y}$(□D) $\leq$ E[$y(t)|z=s_2$] (○C) $\leq \overline{y}$(□E) と、E[$y(t)|z=t$] = E[$y|z=t$] (●B) を、繰り返しの期待値の法則を使って足し合わせたものである。図4.2より、単調処置選択の仮定を課すことにより、○Aの上限が $\overline{y} - E[y|z=t] =$ □E−●B だけ低下し、○Cの下限が E[$y|z=t$] − $\underline{y} =$ ●B−□D だけ上昇する。よって、(4.5)式に単調処置選択の仮定を課すことにより、E[$y(t)$] のバウンドは、上限が $\{\overline{y} - E[y|z=t]\}P(z<t)$ だけ低下し、下限は $\{E[y|z=t] - \underline{y}\}P(z>t)$ だけ上昇する。これが、単調処置選択の仮定の識別力である。

単調処置選択の仮定の下での平均処置効果 E[$y(t_2)$]−E[$y(t_1)$] のシャープバウンドは、

$$(4.4) \text{式の E}[y(t_2)] \text{の下限} - (4.4) \text{式の E}[y(t_1)] \text{の上限}$$
$$\leq E[y(t_2)] - E[y(t_1)]$$
$$\leq (4.4) \text{式の E}[y(t_2)] \text{の上限} - (4.4) \text{式の E}[y(t_1)] \text{の下限} \tag{4.6}$$

となる。

　大学教育のリターンの実証例を使って、単調処置選択の仮定の下での、結果変数の期待値と平均処置効果のバウンドを推定しよう。表4.1は、アメリカの個票データ National Longitudinal Survey of Youth 1979（NLSY79）の2000年版を用いて、処置変数である各教育水準（z）ごとの $y_i = \log$（賃金）の平均値 E[$y|z$] と標本数が全体の標本数に占める比率 P(z) を示している[5]。データにおける y_i の最小値が0.19、最大値が4.79であるので、$\underline{y}=0$、$\overline{y}=5$ とする。表4.2は、(1)列と(2)列に全員が高校卒業であるときの平均賃金 E[$y(2)$] のバウンドの推定値を、(3)列と(4)列に全員が大学卒業であるときの平均賃金 E[$y(4)$] のバウンドの推定値を、そして、(5)列と(6)列に大学教育の平均処置効果である大学教育の年率のリターン（{E[$y(4)$]−E[$y(2)$]}/4）のバウンドの推定値を、表4.1

---

[5] 第1章と第2章で示した表と同じである。

4.2 単調処置選択の仮定の下でのバウンド

表4.1 学歴ごとのlog(賃金)の平均値と相対度数

	z	学歴	$E[y|z]$	$P(z)$
①	1	高校中退以下	2.516	0.078
②	2	高校卒業	2.727	0.423
③	3	短大・大学中退	2.980	0.184
④	4	大学卒業	3.251	0.180
⑤	5	大学院以上	3.336	0.134

の $E[y|z]$ と $P(z)$ を使って求めた結果を示している。表4.2の①行の何も仮定しないときのバウンドの推定値と、③行の増加関数の仮定の下でのバウンドの推定値と、⑥行の凹増加関数の仮定の下でのバウンド推定値は、第1章と第2章ですでに計算している。

②行の単調処置選択の仮定の下でのバウンドの推定値を計算しよう。まず、全員が高校卒業であるときの平均賃金 $E[y(2)]$ のバウンドの推定値は、(4.4)式に表4.1の $E[y|z]$ と $P(z)$ を代入して、

$$0 \times 0.078 + 2.727 \times (0.423 + 0.184 + 0.180 + 0.134) = 2.512$$
$$\leq E[y(2)]$$
$$\leq 2.727 \times (0.078 + 0.423) + 5 \times (0.184 + 0.180 + 0.134) = 3.856 \quad (4.7)$$

である (表4.2の②行(1)、(2)列)。$E[y(2)]$ のバウンドの下限の推定値 (2.512) は、何も仮定しないときの下限の推定値 (1.154、①行(1)列) に比べ、大きく上昇している。これは、処置変数が小さいとき ($t=2$)、それより大きい処置変数 ($z=3,4,5$) を選んだ人々の潜在的平均賃金 $E[y(2)|z>2]$ (図4.2の○C) の下限が、何も仮定しないときは $\underline{y}$ (□D) であるのに対し、単調処置選択の仮定の下では、$z_j = 2$ の人々の実際の平均賃金 $E[y|z=2]$ (●B) になるからである。

一方、全員が大学卒業であるときの平均賃金 $E[y(4)]$ のバウンドの推定値は、

$$0 \times (0.078 + 0.423 + 0.184) + 3.251 \times (0.180 + 0.134) = 1.021$$
$$\leq E[y(4)]$$
$$\leq 3.251 \times (0.078 + 0.423 + 0.184 + 0.180) + 5 \times 0.134 = 3.482 \quad (4.8)$$

である (表4.2の②行(3)、(4)列)。$E[y(4)]$ のバウンドの上限の推定値 (3.482) は、

表4.2 大学教育のリターンの推定値

仮定	(1) E[y(2)] 全員が高卒のときの平均賃金 下限	(2) E[y(2)] 全員が高卒のときの平均賃金 上限	(3) E[y(4)] 全員が大卒のときの平均賃金 下限	(4) E[y(4)] 全員が大卒のときの平均賃金 上限	(5) {E[y(4)]−E[y(2)]}/4 大学教育のリターン 下限	(6) {E[y(4)]−E[y(2)]}/4 大学教育のリターン 上限
① 何も仮定しない	1.154	4.039	0.585	4.685	−0.863	0.883
② 単調処置選択の仮定	2.512	3.856	1.021	3.482	−0.709	0.243
③ 増加関数の仮定	1.350	3.124	2.483	4.457	0.000	0.777
④ 増加関数と単調処置選択の仮定	2.708	2.947	2.919	3.259	0.000	0.138
⑤ 凹増加関数と単調処置選択の仮定	2.725	2.950	2.922	3.205	0.000	0.115
⑥ 凹増加関数の仮定	2.187	3.127	2.841	4.855	0.000	0.607

何も仮定しないときの上限の推定値（4.685、①行(4)列）に比べ、大きく低下している。これは、処置変数が大きいとき（$t=4$）、それより小さい処置変数（$z=1,2,3$）を選んだ人々の潜在的平均賃金 $E[y(4)|z<4]$（図4.2の○A）の上限が、何も仮定しないときは $\bar{y}$（□E）であるのに対し、単調処置選択の仮定の下では、$z_j = 4$ の人々の実際の平均賃金 $E[y|z=4]$（●B）になるからである。

大学教育の平均処置効果である大学教育の（年率の）リターン（$\{E[y(4)]-E[y(2)]\}/4$）のバウンドの推定値は、(4.6)式、(4.7)式、(4.8)式より、

$$(1.021 - 3.856)/4 = -0.709 \leq \{E[y(4)] - E[y(2)]\}/4$$
$$\leq (3.482 - 2.512)/4 = 0.243 \quad (4.9)$$

である（表4.2の②行(5)、(6)列）。大学教育のリターンのバウンド推定値の上限は、何も仮定しないときの88.3%（①行(6)列）から、単調処置選択の仮定を課すことにより、24.3%に大きく低下している。また、バウンド推定値の下限は、−86.3%から、単調処置選択の仮定を課すことにより、−70.9%に上昇している。

本項の最後に、単調処置選択の仮定の下、結果変数の分布 $P[y(t)]$ のバウンドを識別しよう。Blundell et al. (2007) は、処置変数を t として、非就業（$t=0$）と就業（$t=1$）をとり、非就業者の賃金は観測されないという識別問題の下で、就業者と非就業者を合わせた母集団の賃金分布、すなわち、もし非就業者（$z_j = 0$）も就業した場合（$t=1$）の全員の賃金分布 $P[y(1)]$ を、入りうるバウンドとして推定した。第1章1.7節で考察したように、実現処置変数である就

4.2 単調処置選択の仮定の下でのバウンド

業・非就業 z_j と結果変数である賃金 $y_j(t)$ の間に**統計的独立の仮定**、つまり、処置変数 $t = 0, 1$ に対し、

$$P[y(t)|z=0] = P[y(t)|z=1] = P[y(t)] \tag{4.10}$$

が成立すれば、母集団の賃金分布 $P[y(1)]$ は、観測される就業者の賃金分布 $P[y(1)|z=1] = P[y|z=1]$ と同一になる[6]。しかし、実際には、人々は、就業・非就業を自己選択して決めるため、統計的独立の仮定が成立しない可能性が高い。それに対し、Blundell et al. (2007) は、非就業者 ($z_j = 0$) がもし就業者 ($t = 1$) になったとしても、実際の就業者 ($z_j = 1$) の賃金より低い賃金を得る確率が高いと想定し、**単調処置選択の仮定** (4.1) 式の**分布バージョン**として、任意の実数 $\alpha \in Y$ と処置変数 $t = 0, 1$ に対し、

$$P[y(1) \leq \alpha | z = 1] \, (= P[y \leq \alpha | z = 1]) \leq P[y(1) \leq \alpha | z = 0] \tag{4.11}$$

を仮定した[7]。

全確率の法則より、結果変数の分布 $P[y(1) \leq \alpha]$ は、

$$\begin{aligned} P[y(1) \leq \alpha] &= P[y \leq \alpha | z = 1] P(z = 1) \\ &\quad + P[y(1) \leq \alpha | z = 0][1 - P(z = 1)] \end{aligned} \tag{4.12}$$

と書ける。(4.12) 式のもし非就業者が就業した場合の賃金分布 $P[y(1) \leq \alpha | z = 0]$ は観測されない。しかし、(4.11) 式から、$P[y(1) \leq \alpha | z = 0]$ の下限は $P[y \leq \alpha | z = 1]$ となる。さらに、$P[y(1) \leq \alpha | z = 0]$ は確率であるから、その値域の上限は 1 である。よって、$P[y(1) \leq \alpha | z = 0]$ のバウンドは、

$$P[y \leq \alpha | z = 1] \leq P[y(1) \leq \alpha | z = 0] \leq 1 \tag{4.13}$$

となる。これを (4.12) 式に代入することにより、$P[y(1) \leq \alpha]$ のバウンド、

---

[6] 実現処置変数と結果変数の統計的独立の仮定は、操作変数が実現処置変数であるときの操作変数と結果変数の統計的独立の仮定 (第 3 章 3.2.1 項参照) と言える。

[7] (4.11) 式は、実際の就業者 ($z_j = 1$) の賃金分布 $P[y \leq \alpha | z = 1]$ が、非就業者 ($z_j = 0$) がもし就業者 ($t = 1$) になった場合の仮想的な賃金分布 $P[y(1) \leq \alpha | z = 0]$ を、(一次) 確率優越することを意味している。確率優越については第 2 章補論を参照。

第 4 章　単調処置選択の仮定の下での部分識別

図4.3　増加関数と単調処置選択の仮定の下でのバウンド

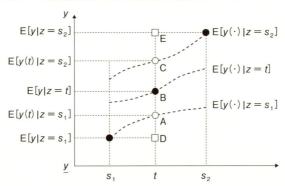

$$P[y \leq \alpha|z=1] \leq P[y(1) \leq \alpha]$$
$$\leq P[y \leq \alpha|z=1]P(z=1)+[1-P(z=1)] \quad (4.14)$$

が得られる。第1章1.7節で説明した、何も仮定しないときの $P[y(1) \leq \alpha]$ のバウンド、

$$P[y \leq \alpha|z=1]P(z=1) \leq P[y(1) \leq \alpha]$$
$$\leq P[y \leq \alpha|z=1]P(z=1)+[1-P(z=1)] \quad (4.15)$$

と比較すると、(4.14)式のバウンドは、上限は同じだが、下限は高くなっている。Blundell et al.(2007)による(4.14)式のバウンドを使った賃金分布の実証研究については、第5章5.4節で説明する。

4.2.2　増加関数と単調処置選択の仮定の下でのバウンド

　Manski and Pepper (2000) は、増加関数の仮定と単調処置選択の仮定を組み合わせたときに、結果変数の期待値 $E[y(t)]$ と平均処置効果 $E[y(t_2)]-E[y(t_1)]$ の入りうるシャープバウンドを導出した。そして、そのバウンドを使って、教育のリターンのバウンドを推定した。

　増加関数の仮定と単調処置選択の仮定の下での $E[y(t)]$ のバウンドを求めよう。図4.3は、処置変数 $s_1, t, s_2 \in T$ が $s_1 < t < s_2$ の場合に、それぞれの処置変数を実際に選んだ人が t を選んだときの結果変数の期待値 $E[y(t)|z=s_1]$（○A）、

4.2 単調処置選択の仮定の下でのバウンド

$E[y(t)|z=t]$ $(=E[y|z=t]$、●B)、$E[y(t)|z=s_2]$ (〇C) を描いている。図4.2との違いは、図4.3では、関数 $E[y(\cdot)|z=s_1]$、$E[y(\cdot)|z=t]$、$E[y(\cdot)|z=s_2]$ が増加関数であることである。t より小さい処置変数 $z_j=s_1$ を実際に選んだ人がもし t を選んだときの結果変数の期待値 $E[y(t)|z=s_1]$ (〇A) は観測されないが、増加関数の仮定より、$E[y|z=s_1]$ (□D) $\leq E[y(t)|z=s_1]$ (〇A) であり、単調処置選択の仮定(4.1)式より、$E[y(t)|z=s_1]$ (〇A) $\leq E[y|z=t]$ (●B) である。よって、$E[y(t)|z=s_1]$ (〇A) のバウンドは、

$$E[y|z=s_1]\,(\square D) \leq E[y(t)|z=s_1]\,(\bigcirc A) \leq E[y|z=t]\,(\bullet B) \tag{4.16}$$

である。一方、t より大きい処置変数 $z_j=s_2$ を選んだ人がもし t を選んだときの結果変数の期待値 $E[y(t)|z=s_2]$ (〇C) は観測されないが、増加関数の仮定より、$E[y(t)|z=s_2]$ (〇C) $\leq E[y|z=s_2]$ (□E) であり、単調処置選択の仮定(4.1)式より、$E[y|z=t]$ (●B) $\leq E[y(t)|z=s_2]$ (〇C) である。よって、$E[y(t)|z=s_2]$ (〇C) のバウンドは、

$$E[y|z=t]\,(\bullet B) \leq E[y(t)|z=s_2]\,(\bigcirc C) \leq E[y|z=s_2]\,(\square E) \tag{4.17}$$

である。

(4.16)式と(4.17)式より、増加関数の仮定と単調処置選択の仮定の下での $E[y(t)]$ のシャープバウンドは、

$$\begin{aligned}&\sum_{s<t}E[y|z=s]P(z=s)+E[y|z=t]P(z \geq t) \leq E[y(t)]\\&\leq E[y|z=t]P(z \leq t)+\sum_{s>t}E[y|z=s]P(z=s)\end{aligned} \tag{4.18}$$

である。

単調処置選択の仮定のみの下でのバウンド(4.4)式、増加関数の仮定のみの下でのバウンド（下記(4.19)式）と、両仮定の下でのバウンド(4.18)式を比較しよう。まず、(4.18)式は、単調処置選択の仮定のみの下でのバウンド(4.4)式に、増加関数の仮定を加えることにより、$z_j=s<t$ の人の $E[y(t)|z=s]$（図4.3の〇A）のバウンドの下限が $\underline{y}$（図4.2の□D）から、$E[y|z=s]$（図4.3の□D）に上昇している。さらに、$z_j=s>t$ の人の $E[y(t)|z=s]$（図4.3の〇C）

のバウンドの上限が $\bar{y}$（図4.2の□E）から、$E[y|z=s]$（図4.3の□E）に低下している。

次に、増加関数の仮定のみの下でのバウンドは、第2章2.2節の(2.6)式より、

$$\sum_{s \leq t} E[y|z=s]P(z=s) + \underline{y}P(z>t) \leq E[y(t)]$$
$$\leq \bar{y}P(z<t) + \sum_{s \geq t} E[y|z=s]P(z=s) \qquad (4.19)$$

である。(4.18)式は、(4.19)式に単調処置選択の仮定を加えることにより、$z_j = s > t$ の人の $E[y(t)|z=s]$（図4.3の○C）のバウンドの下限が $\underline{y}$ から、$E[y|z=t]$（図4.3の●B）に上昇している。さらに、$z_j = s < t$ の人の $E[y(t)|z=s]$（○A）のバウンドの上限が $\bar{y}$ から、$E[y|z=t]$（図4.3の●B）に低下している。以上より、単調処置選択と増加関数の仮定の下での $E[y(t)]$ のバウンド(4.18)式は狭くなり、かつ、結果変数の値域の下限 $\underline{y}$ と上限 $\bar{y}$ に依存しなくなる。

増加関数の仮定と単調処置選択の仮定の下での平均処置効果 $E[y(t_2)] - E[y(t_1)]$ のシャープバウンドは、

$$0 \leq E[y(t_2)] - E[y(t_1)]$$
$$\leq (4.18) 式の E[y(t_2)] の上限 - (4.18) 式の E[y(t_1)] の下限 \qquad (4.20)$$

となる[8]。

表4.2の④行は、賃金関数 $y_j(t)$ が増加関数と単調処置選択の仮定を満たすとき、全員が高校卒業であるときの平均賃金 $E[y(2)]$（表4.2の④行(1)、(2)列）、全員が大学卒業であるときの平均賃金 $E[y(4)]$（(3)、(4)列）、大学教育の（年率の）リターン $\{E[y(4)] - E[y(2)]\}/4$（(5)、(6)列）のバウンドの推定値を表している。$E[y(2)]$ のバウンドの推定値は、表4.1の $E[y|z]$ と $P(z)$ の値を(4.18)式に代入して、

---

[8] (4.20)式のシャープバウンドの下限が0となるのは、すべての個人 j に対し、関数 $y_j(t) = y_j$ であるとき、この関数は増加関数と単調処置選択の仮定を満たし、$E[y(t_2)] - E[y(t_1)] = 0$ となるからである。

4.2 単調処置選択の仮定の下でのバウンド

$$\begin{aligned}
&2.516 \times 0.078 + 2.727 \times (0.423 + 0.184 + 0.180 + 0.134) = 2.708 \\
&\quad \leq \mathrm{E}[y(2)] \\
&\quad \leq 2.727 \times (0.078 + 0.423) + 2.980 \times 0.184 + 3.251 \times 0.180 \\
&\quad\quad + 3.336 \times 0.134 = 2.947
\end{aligned} \quad (4.21)$$

となる。この $\mathrm{E}[y(2)]$ のバウンド推定値の幅 $(2.947 - 2.708 = 0.289)$ は、何も仮定しないときのバウンド推定値の幅(①行の(2)列−(1)列)の8.3%、単調処置選択の仮定のみのバウンド推定値の幅(②行の(2)列−(1)列)の17.8%、増加関数の仮定のみのバウンド推定値の幅(③行の(2)列−(1)列)の13.5%である。

全員が大学卒業であるときの平均賃金 $\mathrm{E}[y(4)]$ のバウンドの推定値は、

$$\begin{aligned}
&2.516 \times 0.078 + 2.727 \times 0.423 + 2.980 \times 0.184 \\
&\quad + 3.251 \times (0.180 + 0.134) = 2.919 \\
&\quad \leq \mathrm{E}[y(4)] \\
&\quad \leq 3.251 \times (0.078 + 0.423 + 0.184 + 0.180) + 3.336 \times 0.134 = 3.259
\end{aligned} \quad (4.22)$$

となる。$\mathrm{E}[y(4)]$ のバウンド推定値の幅 $(3.259 - 2.919 = 0.340)$ は、何も仮定しないときのバウンド推定値の幅(①行の(4)列−(3)列)の8.3%、単調処置選択の仮定のみのバウンド推定値の幅(②行の(4)列−(3)列)の13.8%、増加関数の仮定のみのバウンド推定値の幅(③行の(4)列−(3)列)の17.2%である。

最後に、大学教育のリターン $\{\mathrm{E}[y(4)] - \mathrm{E}[y(2)]\}/4$ のバウンドの推定値は、(4.20)式、(4.21)式、(4.22)式より、

$$0 \leq \frac{\mathrm{E}[y(4)] - \mathrm{E}[y(2)]}{4} \leq \frac{3.259 - 2.708}{4} = 0.138 \quad (4.23)$$

である(④行(5)、(6)列)。大学教育のリターンのバウンドの上限の推定値13.8%は、何も仮定しないときのバウンドの上限の推定値88.3%(①行(6)列)や、単調処置選択の仮定のみのバウンドの上限の推定値24.3%(②行(6)列)や、増加関数の仮定のみのバウンドの上限の推定値77.7%(③行(6)列)に比べ、大幅に低下している。以上より、増加関数の仮定と単調処置選択の仮定を組み合わせ

たときの識別力は、非常に強いことがわかる。

　教育の人的資本形成に果たす役割の重要性から、これまで、教育のリターンの推定が数多く行われてきた。そのほとんどすべての研究において、賃金のlog値が教育水準等の線形関数となる賃金関数（人的資本関数）を仮定して、最小二乗法や操作変数法で推定している。アメリカのデータを使った既存研究では、最小二乗法による教育のリターンの点推定値が5.2%から8.5%程度、操作変数法による点推定値は7.8%から13.2%程度と報告されている（Card 1999, 2001参照）。表4.2の④行(5)、(6)列の増加関数と単調処置選択の仮定の下での大学教育のリターンのバウンドの推定値（0%から13.8%）は、①最小二乗法と操作変数法を使った既存の点推定値をすべて含んでおり、②バウンド推定値の上限（13.8%）は、これらの点推定値の最大値より少し大きい程度である。よって②より、増加関数と単調処置選択の仮定の下での教育のリターンのバウンド推定値は、点推定値と比較しても、十分な識別力を持つと言える。その一方で①より、バウンド推定値からは、既存の点推定値は間違っていないという結論しか得られない。

4.3　凹増加関数と単調処置選択の仮定の下でのバウンド

　Okumura and Usui (2014) は、関数 $y_j(\cdot)$ の増加関数と単調処置選択の仮定に、凹関数の仮定を加えて、関数 $y_j(\cdot)$ が**凹増加関数**と単調処置選択の仮定を満たすときに、結果変数の期待値 $E[y(t)]$ と平均処置効果 $E[y(t_2)]-E[y(t_1)]$、および、結果変数の分布 $P[y(t)]$ の入りうるシャープバウンドを識別した[9]。凹増加関数は、経済学では**限界生産力が逓減する関数**を表し、多くの経済学者が同意する、信頼できる仮定と言える。識別したバウンドと、それを用いて推定した教育のリターンの結果より、以下の2点が明らかになった。①増加関数と単調処置選択の仮定の下で識別されたバウンドに比べ、凹増加関数と単調処置選択の仮定

9）関数 $y_j(\cdot)$ が凹関数であるとは、任意の $t_1, t_2 \in T$ と、0から1の間の任意の実数 α に対して、$y_j(\alpha t_1+(1-\alpha)t_2) \geq \alpha y_j(t_1)+(1-\alpha)y_j(t_2)$ であることを言う。よって、凹関数は線形関数を含む。

4.3 凹増加関数と単調処置選択の仮定の下でのバウンド

図4.4　凹増加関数と単調処置選択の仮定の下でのバウンド(1)

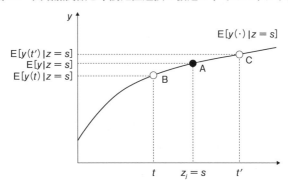

の下で識別されたバウンドは、大幅に狭くなった。②識別されたバウンドを使って得られた大学教育のリターンのバウンド推定値は、下限が0％、上限が11.5％であった。それに対し、点識別の計量経済学を用いた実証研究がこれまで示してきた大学教育のリターンの点推定値は、5.2％から13.2％の範囲にあった。よって、われわれのバウンドの上限推定値を超える既存研究の点推定値（11.5％～13.2％）については、過大推定されている可能性がある。

　凹増加関数と単調処置選択の仮定の下で、$E[y(t)]$ のバウンドを求めよう。まず、処置変数 s を実際に選んだ人々の結果変数の期待値 $E[y(t)|z=s]$ のバウンドを求める。図4.4は、処置変数 s を実際に選んだ人々の関数 $y_i(\cdot)$ の期待値 $E[y(\cdot)|z=s]$ の例を表している。この関数 $E[y(\cdot)|z=s]$ は、処置変数 s を選んだ人々の実現結果変数の期待値 $E[y|z=s]$（●A）を通り、かつ、単調処置選択の仮定(4.1)式を満たす。さらに、関数 $y_i(\cdot)$ が凹増加関数であるから、関数 $E[y(\cdot)|z=s]$ も凹増加関数である。求めたい結果変数の期待値 $E[y(t)|z=s]$ は、$t<z_j=s$ のとき○B、$t \geq z_j=s$（図では t と区別するため、t' と表記）のとき○Cである。

　まず、$t<z_j=s$ のときの $E[y(t)|z=s]$（○B）の識別を考えよう。図4.5は、t より小さい処置変数 η を選んだ人々の実現結果変数の期待値 $E[y|z=\eta]$（●D）がとれるとして、それを図4.4に描き入れた図である。関数 $E[y(\cdot)|z=s]$ は、単調処置選択の仮定(4.1)式を満たし、$\eta \leq t < s$ であるから、$E[y|z=\eta]$（●D）$= E[y(\eta)|z=\eta] \leq E[y(\eta)|z=s]$（○E）である。

図4.5 凹増加関数と単調処置選択の仮定の下でのバウンド(2)

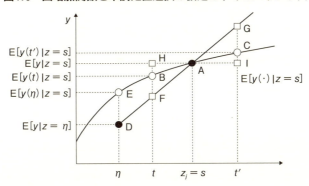

よって、① ●Dは、関数E[y(·)|z = s]上の○Eの下に位置し、②関数E[y(·)|z = s]は、凹増加関数であるから、●Aと●Dを通る直線は、関数E[y(·)|z = s]を、左下から右上にかけて、●Aのみで交わるように通る。その結果、この直線上のtに対応する点□Fは、E[y(t)|z = s]（○B）の下限となる。一方、E[y(t)|z = s]（○B）の上限は、関数E[y(·)|z = s]が増加関数であるから、E[y|z = s]（□H）である。よって、$\eta \leq t < s$のtに対するE[y(t)|z = s]（○B）のバウンドは、

$$\frac{s-t}{s-\eta}E[y|z=\eta]+\frac{t-\eta}{s-\eta}E[y|z=s] \leq E[y(t)|z=s] \leq E[y|z=s] \quad (4.24)$$

である。(4.24)式の左辺は、E[y|z = η]（●D）とE[y|z = s]（●A）を結ぶ線分のtにおける内分点（□F）を表している。

一方、$t \geq z_j = s$（図4.5でt'と表記）のとき、●Aと●Dを通る直線上のt'に対応する点□Gは、E[y(t')|z = s]（○C）の上限になる。また、E[y(t')|z = s]（○C）の下限は、関数E[y(·)|z = s]が増加関数であるから、E[y|z = s]（□I）である。よって、$t' \geq s$のt'に対するE[y(t')|z = s]（○C）のバウンドは、

$$E[y|z=s] \leq E[y(t')|z=s] \leq \frac{s-t'}{s-\eta}E[y|z=\eta]+\frac{t'-\eta}{s-\eta}E[y|z=s] \quad (4.25)$$

である。(4.25)式の右辺は、E[y|z = η]（●D）とE[y|z = s]（●A）を結ぶ線分

4.3 凹増加関数と単調処置選択の仮定の下でのバウンド

図4.6 凹増加関数と単調処置選択の仮定の下でのバウンド(3)

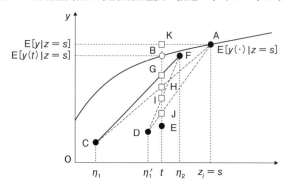

図4.7 凹増加関数と単調処置選択の仮定の下でのバウンド(4)

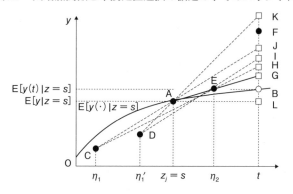

の t' おける外分点（□G）を表している。

図4.6と図4.7は、実現結果変数の期待値の点 $(\eta, E[y|z=\eta])$ が、2個以上ある場合を表している。以下で説明するように、このような場合、実現結果変数の期待値の点をすべて使うことにより、$E[y(t)|z=s]$ のバウンドを、(4.24)式と(4.25)式よりも狭くすることができる。

まず、図4.6は、$t < z_j = s$ のとき、$E[y|z=s]$（●A）に加えて、t より小さい処置変数 η_1 と η'_1 を選んだ人々の実現結果変数の期待値 $E[y|z=\eta_1]$（●C）と $E[y|z=\eta'_1]$（●D）、t を選んだ人々の実現結果変数の期待値 $E[y|z=t]$（●E）、および、t と s の間の処置変数 η_2 を選んだ人々の実現結果変数の期待値 $E[y|z=\eta_2]$（●F）がある場合を表している。関数 $E[y(\cdot)|z=s]$ と識別したい結

果変数の期待値 $\mathrm{E}[y(t)|z=s]$（○B）は、図4.4と図4.5の $t<z_j=s$ のときと同じである。関数 $\mathrm{E}[y(\cdot)|z=s]$ は、単調処置選択の仮定を満たすので、●C、●D、●E、●Fは、関数 $\mathrm{E}[y(\cdot)|z=s]$ の下側に位置する。そして、関数 $\mathrm{E}[y(\cdot)|z=s]$ は凹増加関数であるので、●Cと●F、●Cと●A、●Dと●F、●Dと●Aをそれぞれ結んだ線分の t における内分点（□G、□H、□I、□J）と●Eは、すべて、$\mathrm{E}[y(t)|z=s]$（○B）の下限となる。よって、$\mathrm{E}[y(t)|z=s]$（○B）のシャープバウンドの下限は、□G、□H、□I、□J、●Eの最大値である□Gとなる。一方、$\mathrm{E}[y(t)|z=s]$（○B）の上限は、$\mathrm{E}[y|z=s]$（□K）のままである。

図4.6の実現値の例から、$\mathrm{E}[y(t)|z=s]$ の下限□Gを求めた方法を一般化すると、$t<s$ のときの $\mathrm{E}[y(t)|z=s]$ のシャープバウンドの下限は、$\eta_1 \leq t < \eta_2 \leq s$ の $\mathrm{E}[y|z=\eta_1]$ と $\mathrm{E}[y|z=\eta_2]$ を結ぶ線分の t における内分点の最大値、つまり、

$$LB(s,t) \equiv \max_{\{(\eta_1,\eta_2)|\eta_1\leq t<\eta_2\leq s\}}\left(\frac{\eta_2-t}{\eta_2-\eta_1}\mathrm{E}[y|z=\eta_1]+\frac{t-\eta_1}{\eta_2-\eta_1}\mathrm{E}[y|z=\eta_2]\right) \tag{4.26}$$

となる[10]。よって、$t<s$ のときの $\mathrm{E}[y(t)|z=s]$ のシャープバウンドは、

$$LB(s,t) \leq \mathrm{E}[y(t)|z=s] \leq \mathrm{E}[y|z=s] \tag{4.27}$$

である。

図4.7は、$t \geq z_j = s$ のとき、$\mathrm{E}[y|z=s]$（●A）に加えて、s より小さい処置変数 η_1 と η_1' を選んだ人々の実現処置変数の期待値 $\mathrm{E}[y|z=\eta_1]$（●C）と $\mathrm{E}[y|z=\eta_1']$（●D）、s と t の間の処置変数 η_2 を選んだ人々の実現処置変数の期待値 $\mathrm{E}[y|z=\eta_2]$（●E）、および、t を選んだ人々の実現処置変数の期待値 $\mathrm{E}[y|z=t]$（●F）がある場合を表している。識別したい結果変数の期待値 $\mathrm{E}[y(t)|z=s]$（○B）は、図4.4と図4.5の $t' \geq z_j = s$ のときの $\mathrm{E}[y(t')|z=s]$（○C）

---

[10] $\mathrm{E}[y|z=t]$（図4.6の●E）は、(4.26)式で、$\eta_1 = t$ のとき、$\frac{\eta_2-t}{\eta_2-\eta_1}\mathrm{E}[y|z=\eta_1] + \frac{t-\eta_1}{\eta_2-\eta_1}\mathrm{E}[y|z=\eta_2] = \mathrm{E}[y|z=t]$ として表される。

4.3 凹増加関数と単調処置選択の仮定の下でのバウンド

と同じである。関数 $E[y(\cdot)|z=s]$ は、単調処置選択の仮定と凹増加関数の仮定を満たすので、●Eと●A、●Eと●C、●Eと●D、●Aと●C、●Aと●Dをそれぞれ結んだ線分の t における外分点（□G、□H、□I、□J、□K）と●Fは、すべて、$E[y(t)|z=s]$（○B）の上限となる[11]。よって、図4.7の場合、$E[y(t)|z=s]$（○B）のシャープバウンドの上限は、□G、□H、□I、□J、□K、●Fの最小値である□Gとなる。一方、$E[y(t)|z=s]$（○B）の下限は、$E[y|z=s]$（□L）のままである。

図4.7の実現値の例から $E[y(t)|z=s]$ の上限□Gを求めた方法を一般化すると、$E[y(t)|z=s]$ のシャープバウンドの上限は、$s \leq \eta_2 \leq t$ である η_2 の $E[y|z=\eta_2]$ と、その η_2 より小さい η_1 に対する $E[y|z=\eta_1]$ を結ぶ線分の t における外分点の最小値、つまり、

---

[11] 図4.7において、□G、□H、□I、□J、□K、●F が、$E[y(t)|z=s]$（○B）のバウンドの上限となる理由は以下の通りである。

【ステップ1】□J、□K が○Bの上限の理由：●A と ●C の線分の t における外分点 □J と、●A と ●D の線分の t における外分点 □K は、$E[y(t)|z=s]$（○B）のバウンドの上限となる（図4.5で、□G が $E[y(t)|z=s]$（○C）のバウンドの上限となるのと同じ理由である）。

【ステップ2】□G、□H、□I が○Bの上限の理由：

〈サブステップ2.1〉$(\eta_2, E[y|z=\eta_2])$（●E）を実際に選んだ人がもし t を選んだときの結果変数の期待値 $E[y(t)|z=\eta_2]$ のバウンドの上限を考える。関数 $E[y(\cdot)|z=\eta_2]$ は、●Eを通り、単調処置選択の仮定を満たし、凹増加関数である。よって、ステップ1で $E[y(t)|z=s]$（○B）のバウンドの上限を求めた方法と同じ方法で、$E[y(t)|z=\eta_2]$ のバウンドの上限を求めることができる。その結果、●E と ●A の線分の t における外分点 □G と、●E と ●C の線分の t における外分点 □H と、●E と ●D の線分の t における外分点 □I が、$E[y(t)|z=\eta_2]$ のバウンドの上限となる。

〈サブステップ2.2〉単調処置選択の仮定より、$s \leq \eta_2$ に対して、$E[y(t)|z=s]$（○B）$\leq E[y(t)|z=\eta_2]$ である。よって、サブステップ2.1で得た $E[y(t)|z=\eta_2]$ のバウンドの上限である □G、□H、□I は、$E[y(t)|z=s]$（○B）のバウンドの上限となる。

【ステップ3】●F が○Bの上限の理由：単調処置選択の仮定より、$s \leq t$ に対し、$E[y(t)|z=s]$（○B）$\leq E[y(t)|z=t] = E[y|z=t]$（●F）である。

$$UB(s,t)$$
$$\equiv \min_{\{(\eta_1,\eta_2)|s\leq \eta_2\leq t \wedge \eta_1<\eta_2\}}\left(\frac{\eta_2-t}{\eta_2-\eta_1}\mathrm{E}[y\,|\,z=\eta_1]+\frac{t-\eta_1}{\eta_2-\eta_1}\mathrm{E}[y\,|\,z=\eta_2]\right) \tag{4.28}$$

となる。よって、$t \geq s$ の t に対する $\mathrm{E}[y(t)|z=s]$ のシャープバウンドは

$$\mathrm{E}[y\,|\,z=s] \leq \mathrm{E}[y(t)|z=s] \leq UB(s,t) \tag{4.29}$$

である。

(4.27)式、(4.29)式と繰り返し期待値の法則より、$\mathrm{E}[y(t)]$ のシャープバウンドは、

$$\sum_{s\leq t}\mathrm{E}[y\,|\,z=s]\mathrm{P}(z=s)+\sum_{s>t}LB(s,t)\mathrm{P}(z=s) \leq \mathrm{E}[y(t)]$$
$$\leq \sum_{s<t}UB(s,t)\mathrm{P}(z=s)+\sum_{s\geq t}\mathrm{E}[y\,|\,z=s]\mathrm{P}(z=s) \tag{4.30}$$

である[12]。

(4.30)式を、増加関数と単調処置選択の仮定の下での $\mathrm{E}[y(t)]$ のバウンド (4.18)式と比較しよう。比較しやすいように、(4.18)式を以下のように変形する。

$$\sum_{s\leq t}\mathrm{E}[y\,|\,z=s]\mathrm{P}(z=s)+\mathrm{E}[y\,|\,z=t]\mathrm{P}(z>t) \leq \mathrm{E}[y(t)]$$
$$\leq \mathrm{E}[y\,|\,z=t]\mathrm{P}(z<t)+\sum_{s\geq t}\mathrm{E}[y\,|\,z=s]\mathrm{P}(z=s) \tag{4.31}$$

(4.30)式の下限の第1項 ($\mathrm{E}[y\,|\,z=s]$ = 図4.7の□L) と上限の第2項 ($\mathrm{E}[y\,|\,z=s]$ = 図4.6の□K) は、それぞれ、(4.31)式の下限の第1項と上限第2項と同じである。それに対し、(4.30)式の下限の第2項 ($LB(s,t)$ = 図4.6の□G) は、(4.31)式の下限の第2項 ($\mathrm{E}[y\,|\,z=t]$ = 図4.6の●E) より大きいか等しくなる。これは、(4.31)式に凹関数の仮定を加えることにより、図4.6で、

---

[12] $s=t$ のとき、(4.29)式の上限 $UB(s,t)$ は、$UB(t,t) = \mathrm{E}[y\,|\,z=t]$ である。

4.3 凹増加関数と単調処置選択の仮定の下でのバウンド

●Eに加えて、□G、□H、□I、□Jが、E[$y(t)|z=s$]（○B）の下限になり、そして、その最大値（□G）が(4.30)式の$LB(s,t)$になるからである。一方、(4.30)式の上限の第1項（$UB(s,t)$ = 図4.7の□G）は、(4.31)式の上限の第1項（E[$y|z=t$] = 図4.7の●F）より小さいか等しくなる。これは、(4.31)式に凹関数の仮定を加えることにより、図4.7で、●Fに加えて、□G、□H、□I、□J、□Kが、E[$y(t)|z=s$]（○B）の上限になり、その最小値（□G）が(4.30)式の$UB(s,t)$になるからである。

次に、(4.30)式のバウンドを、第2章2.3節の(2.11)式で説明した凹増加関数の仮定の下でのバウンドと比較しよう。$y_i(\cdot)$が凹増加関数であるという仮定と、値域Yの下限が0（$\underline{y}=0$）であるという仮定の下でのE[$y(t)$]のバウンドは、

$$\sum_{s \leq t} \mathrm{E}[y|z=s]\mathrm{P}(z=s) + \sum_{s>t} \mathrm{E}\left[\left(\frac{y}{s}\right)t \bigg| z=s\right]\mathrm{P}(z=s) \leq \mathrm{E}[y(t)]$$
$$\leq \sum_{s<t} \mathrm{E}\left[\left(\frac{y}{s}\right)t \bigg| z=s\right]\mathrm{P}(z=s) + \sum_{s \geq t} \mathrm{E}[y|z=s]\mathrm{P}(z=s) \tag{4.32}$$

である。まず、第1の違いは、(4.30)式のバウンドでは、値域Yの下限が0（つまり、$\underline{y}=0$）であることを仮定しなくても、バウンドが識別できる点である。第2の違いは、(4.30)式のバウンドは、(4.32)式のバウンドより狭くなるということである[13]。

平均処置効果 E[$y(t_2)$]−E[$y(t_1)$] のシャープバウンドは、

$$0 \leq \mathrm{E}[y(t_2)] - \mathrm{E}[y(t_1)] \leq \sum_{s<t_2}\{UB(s,t_2) - AT_1(t_1,s,t_2)\}\mathrm{P}(z=s)$$
$$+ \sum_{s \geq t_2}\{\mathrm{E}[y|z=s] - AT_2(t_1,s,t_2)\}\mathrm{P}(z=s) \tag{4.33}$$

ただし、

---

[13] (4.30)式の下限の第1項（E[$y|z=s$] = 図4.7の□L）と上限の第2項（E[$y|z=s$] = 図4.6の□K）は、それぞれ、(4.32)式の下限の第1項と上限の第2項と同じである。それに対し、(4.30)式の下限の第2項（$LB(s,t)$ = 図4.6の□G）は、(4.32)式の下限の第2項（E[$(y/s)t|z=s$] =「図4.6の●Aと原点Oを結んだ線分のtにおける内分点」）より大きいか等しくなる。さらに、(4.30)式の上限の第1項（$UB(s,t)$ = 図4.7の□G）は、(4.32)式の上限の第1項（E[$(y/s)t|z=s$] = 図4.7の●Aと原点Oを結んだ線分のtにおける外分点）より小さいか等しくなる。

図4.8 $\mathrm{E}[y(t_2)|z=s]-\mathrm{E}[y(t_1)|z=s]$ のバウンド(1)

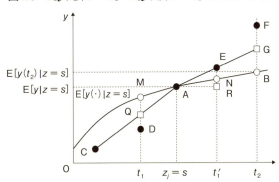

$$AT_1(t_1,s,t_2) = \begin{cases} \dfrac{t_1-s}{t_2-s}UB(s,t_2) + \dfrac{t_2-t_1}{t_2-s}\mathrm{E}[y|z=s], & \text{if } s \leq t_1 < t_2 \\ LB(s,t_1), & \text{if } t_1 < s < t_2 \end{cases}$$
(4.34)

$$AT_2(t_1,s,t_2) = \max_{\{(\eta_1,\eta_2)|\eta_1 \leq t_1 < \eta_2 \leq t_2\}} \left(\dfrac{\eta_2-t_1}{\eta_2-\eta_1}\mathrm{E}[y|z=\eta_1] + \dfrac{t_1-\eta_1}{\eta_2-\eta_1}\mu(\eta_2) \right)$$
(4.35)

$$\mu(\eta_2) = \begin{cases} \mathrm{E}[y|z=s], & \text{if } \eta_2 = t_2 \\ \mathrm{E}[y|z=\eta_2], & \text{if } \eta_2 < t_2 \end{cases}$$
(4.36)

となる.

(4.33)式のバウンドの下限が0となるのは, すべての個人 j に対し, 関数 $y_j(t) = y_j$ (つまり, 水平) であるとき, この関数は凹増加関数と単調処置選択の仮定を満たし, $\mathrm{E}[y(t_2)] - \mathrm{E}[y(t_1)] = 0$ となるからである.

(4.33)式のバウンドの上限を考えるために, まず, $\mathrm{E}[y(t_2)|z=s]-\mathrm{E}[y(t_1)|z=s]$ のバウンドの上限を, $t_2 > s$ のときの図4.8と, $t_2 \leq s$ のときの図4.9を使って考えよう. 図4.8の観測値●A, ●C, ●D, ●E, ●Fは, 図4.7の観測値と同じであり, 図4.8の□Gは図4.7の□G, つまり, $\mathrm{E}[y(t_2)|z=s]$ のバウンド(4.29)式の上限 $UB(s,t_2)$ ((4.28)式) と同じである. 一方, 図4.9の観測値●A, ●C, ●D, ●E, ●Fは, 図4.6の観測値と同じであり, 図4.9の□Kは図4.6の□K, つまり, $\mathrm{E}[y(t_2)|z=s]$ のバウンド(4.27)式の上限 $\mathrm{E}[y|z=s]$ と同じである.

4.3 凹増加関数と単調処置選択の仮定の下でのバウンド

図4.9 $\mathrm{E}[y(t_2)|z=s] - \mathrm{E}[y(t_1)|z=s]$ のバウンド(2)

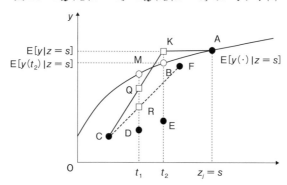

$\mathrm{E}[y(t_2)|z=s] - \mathrm{E}[y(t_1)|z=s]$ のバウンドの上限は、以下の2つのステップにより求められる。

【ステップ1】図4.8の $t_2 > s$ のとき、$UB(s, t_2)$（図4.8の□G）は、(4.29)式より、$\mathrm{E}[y(t_2)|z=s]$（図4.8の○B）のバウンドの上限である。一方、図4.9の $t_2 \leq s$ のとき、$\mathrm{E}[y|z=s]$（図4.9の□K）は、(4.27)式より、$\mathrm{E}[y(t_2)|z=s]$（図4.9の○B）のバウンドの上限である。よって、$UB(s, t_2)$（□G）と $\mathrm{E}[y|z=s]$（□K）は、$\mathrm{E}[y(t_2)|z=s]$ が、凹増加関数と単調処置選択の仮定を満たしながら、とりうる最大の値である。

【ステップ2】$\mathrm{E}[y(t_2)|z=s] - \mathrm{E}[y(t_1)|z=s]$ のシャープバウンドの上限を求めるためには、ステップ1より、$\mathrm{E}[y(t_2)|z=s]$ を $UB(s, t_2)$（図4.8の□G）、あるいは、$\mathrm{E}[y|z=s]$（図4.9の□K）に固定した上で、$\mathrm{E}[y(t_1)|z=s]$ が、以下の2つの仮定を満たしながら、最小となる値を求めればよい。

- **仮定(a)**：関数 $\mathrm{E}[y(\cdot)|z=s]$ は、凹増加関数の仮定と単調処置選択の仮定を満たす。
- **仮定(b)**：図4.8の $s < t_2$ の場合、関数 $\mathrm{E}[y(\cdot)|z=s]$ は、●A $= (s, \mathrm{E}[y|z=s])$ と□G $= (t_2, UB(s, t_2))$ を通る。一方、図4.9の $t_2 \leq s$ の場合、関数 $\mathrm{E}[y(\cdot)|z=s]$ は、●A $= (s, \mathrm{E}[y|z=s])$ と□K $= (t_2, \mathrm{E}[y|z=s])$ を通る。

ステップ2において、仮定(a)と仮定(b)を満たしながら最小となる $\mathrm{E}[y(t_1)|z=s]$ を、①図4.8の $t_1 < s < t_2$ の場合、②図4.8の $s \leq t_1 < t_2$ の場合（図4.8では t_1'

と表記)、③図4.9の $t_1 < t_2 \leq s$ の場合の3つの場合に分けて考える。

①図4.8の $t_1 < s < t_2$ の場合：仮定(a)と(b)を満たしながら最小となる $\mathrm{E}[y(t_1)|z=s]$ は、$\mathrm{E}[y(t_1)|z=s]$ (○M) のバウンド(4.27)式の下限 $LB(s,t_1)$ ((4.26)式) である□Qとなる。

②図4.8の $s \leq t_1' < t_2$ の場合：$\mathrm{E}[y(t_1')|z=s]$ (○N) のバウンド(4.29)式の下限は、$\mathrm{E}[y|z=s]$ (□R) であるが、●Aと□Rと□Gを通る関数 $\mathrm{E}[y(\cdot)|z=s]$ は凹増加関数の仮定を満たさない。よって、仮定(a)と(b)を満たしながら、最小となる $\mathrm{E}[y(t_1')|z=s]$ は、$\mathrm{E}[y|z=t_1']$ である●Eとなる。以上より、$t_2 > s$ のときの図4.8において、仮定(a)と(b)を満たしながら、最小となる $\mathrm{E}[y(t_1)|z=s]$ は、(4.34)式の $AT_1(t_1,s,t_2)$ となる。

③図4.9の $t_1 < t_2 \leq s$ の場合：$\mathrm{E}[y(t_1)|z=s]$ (○M) のバウンド(4.27)式の下限は、$LB(s,t_1) = $ □Rであるが、この場合、関数 $\mathrm{E}[y(\cdot)|z=s]$ は、●A、□K、□R、●Cを結ぶ線となり、凹増加関数の仮定を満たさない[14]。よって、仮定(a)と(b)を満たしながら最小となる $\mathrm{E}[y(t_1)|z=s]$ は、□Qとなり、それは、(4.35)式の $AT_2(t_1,s,t_2)$ で表される。

以上をまとめると、図4.8において、① $t_1 < s < t_2$ のときの $\mathrm{E}[y(t_2)|z=s] - \mathrm{E}[y(t_1)|z=s]$ (＝○B−○M) のバウンドの上限は、

$$UB(s,t_2) - AT_1(t_1,s,t_2) = UB(s,t_2) - LB(s,t_1) = \square\mathrm{G} - \square\mathrm{Q} \quad (4.37)$$

であり、② $s \leq t_1 < t_2$ のときの（図4.8では t_1' と表記）$\mathrm{E}[y(t_2)|z=s] - \mathrm{E}[y(t_1)|z=s]$ (＝○B−○N) のバウンドの上限は、

$$\begin{aligned}&UB(s,t_2) - AT_1(t_1,s,t_2)\\ &= UB(s,t_2) - \left\{\frac{t_1-s}{t_2-s}UB(s,t_2) + \frac{t_2-t_1}{t_2-s}\mathrm{E}[y|z=s]\right\} = \square\mathrm{G} - \bullet\mathrm{E}\end{aligned} \quad (4.38)$$

である。

一方、図4.9において、$t_1 < t_2 \leq s$ のときの $\mathrm{E}[y(t_2)|z=s] - \mathrm{E}[y(t_1)|z=s]$

---

[14] 関数 $\mathrm{E}[y(\cdot)|z=s]$ が●Cを通るのは、$\mathrm{E}[y(\cdot)|z=s]$ が単調処置選択の仮定を満たすためである。

4.3 凹増加関数と単調処置選択の仮定の下でのバウンド

($=\Box B-\Box M$) のバウンドの上限は、

$$E[y|z=s]-AT_2(t_1,s,t_2)=\Box K-\Box Q \tag{4.39}$$

である。

最後に、$E[y(t_2)|z=s]-E[y(t_1)|z=s]$ のバウンドの上限の(4.37)、(4.38)、(4.39)式に、繰り返し期待値の法則を用いることにより、(4.33)式の $E[y(t_2)]-E[y(t_1)]$ のバウンドの上限が導出される。

それでは、教育のリターンの実証例を使って、凹増加関数と単調処置選択の仮定の下での教育のリターンのバウンドを推定しよう。教育のリターンの実証研究の基礎となる人的資本理論では、賃金関数、つまり、人的資本関数 $y_i(\cdot)$ の教育水準に対する限界生産力は逓減する（人的資本関数 $y_i(\cdot)$ は凹増加関数）と仮定されるのが標準的である（Card 1999, 2001）。

表4.2の⑤行では、表4.1の $E[y|z]$ と $P(z)$ の値を(4.30)式と(4.33)式に代入して、賃金関数 $y_i(t)$ が凹増加関数と単調処置選択の仮定を満たすとき、全員が高校卒業であるときの平均賃金 $E[y(2)]$ のバウンドの推定値（⑤行(1)、(2)列）、全員が大学卒業であるときの平均賃金 $E[y(4)]$ のバウンドの推定値（(3)、(4)列）、大学教育のリターン $\{E[y(4)]-E[y(2)]\}/4$ のバウンドの推定値（(5)、(6)列）を求めている[15]。

この $E[y(2)]$ と $E[y(4)]$ のバウンド推定値（⑤行(1)、(2)、(3)、(4)列）は、④行の増加関数と単調処置選択の仮定の下でのバウンド推定値に比べ、狭くなっている。とくに、⑤行(1)列の $E[y(2)]$ の下限推定値（2.725）は、④行(1)列の下限推定値（2.708）に比べ大きく上昇している。これは、処置変数が小さい $t=2$ のときは、(4.30)式の下限第2項が(4.31)式の下限第2項に比べ、より大きくなるからである。一方、⑤行(4)列の $E[y(4)]$ の上限推定値（3.205）が、④行(1)

---

[15] 具体的な計算式は省略する。また、(4.26)式の $LB(s,t)$、(4.28)式の $UB(s,t)$、(4.34)式の $AT_1(t_1,s,t_2)$、(4.35)式の $AT_2(t_1,s,t_2)$ には、max や min がつく。第3章3.2節で述べたように、これら(4.26)、(4.28)、(4.34)、(4.35)式に表4.1の $E[y|z=t]$ と $P(z=s)$ の標本平均を代入し、(4.30)式と(4.33)式を使って求めた表4.2の⑤行の推定値はバイアスを持ち、一致推定量にならない。Okumura and Usui（2014）は、3種類のバイアスの補正方法を用いて、⑤行の推定値を補正している。補正方法については、第7章7.4節で説明する。

列の上限推定値（3.259）に比べ大きく低下している。これは、処置変数が大きい $t=4$ のときは、(4.30)式の上限第1項が(4.31)式の上限第1項に比べ、より小さくなるためである。

大学教育のリターン $\{E[y(4)]-E[y(2)]\}/4$ のバウンドの上限の推定値は、増加関数と単調処置選択の仮定の下での13.8%（表4.2の④行(6)列）から、凹関数の仮定を加えることにより、11.5%（⑤行(6)列）に低下している。既存研究における大学教育のリターンの(年率の)点推定値は、最小二乗法で5.2%から8.5%、操作変数法で7.8%から13.2%である。よって、操作変数法での推定値の中には、凹増加関数と単調処置選択の仮定の下での大学教育のリターンのバウンドの上限推定値（11.5%）を超える点推定値（11.5%〜13.2%）が存在する。第3章3.4節でも、「18歳まで両親と同居したか否か」を操作変数とする操作変数法を用いて、線形関数の教育のリターンを推定しているが、その点推定値は33.3%であった[16]。よって、これらの11.5%を超える点推定値に対しては、①操作変数法で $y_j(\cdot)$ に課される線形関数の仮定と操作変数法の仮定（除外制約）が正しくないか、②バウンド推定で $y_j(\cdot)$ に課される凹増加関数の仮定と単調処置選択の仮定が正しくないかのどちらかであると考えられる。

第3章3.4節で、①の操作変数法で課される線形関数の仮定と操作変数の仮定の意味と識別力を考察した。とくに、$y_j(\cdot)$ の線形関数の仮定は、処置変数の結果変数への処置効果（係数）がすべての個人 j について同一であり、かつ、すべての処置変数 t について同一であることを意味し、強い仮定である。Imbens and Angrist（1994）とCarneiro, Heckman and Vytlacil（2011）は、この線形関数の仮定が成立しないとき、操作変数法は、求めたい平均処置効果ではなく、別のパラメータ（局所的平均処置効果、Local Average Treatment Effect：LATE）を推定してしまうと指摘している。もし、①の線形関数の仮定と操作変数の仮定が成立しないのであれば、既存研究の11.5%を超える点推定値は、過大推定されている可能性がある。一方、②の凹増加関数の仮定は、限界生産力の逓減する人的資本関数を意味し、また、単調処置選択の仮定は、能力の高

---

[16] 第1章の表1.1より、教育のリターンの最小二乗推定値は、大卒と高卒のみのサンプルで13.1%であり、全サンプルで10.0%である。

4.3 凹増加関数と単調処置選択の仮定の下でのバウンド

い人ほど高い学歴を選択し、同時に、高い賃金関数を持つ傾向にあるという学歴の自己選択（能力バイアス）を意味しているため、教育のリターンの推定において、信頼できる弱い仮定であると言える[17]。

表4.2の⑥行は、凹増加関数の仮定の下での教育のリターンのバウンド(4.32)式の推定値である。このバウンド推定値に対し、単調処置選択の仮定を加えて得られた⑤行のバウンド推定値は、それぞれ狭くなっている。とくに、大学教育のリターンのバウンドの上限推定値は、60.7%（⑥行(6)列）から11.5%（⑤行(6)列）まで低下している。よって、大学教育のリターンの推定において、単調処置選択の仮定の識別力は強いといえる。

これまで議論してきたように、表4.2の①行から⑥行のバウンド推定値どうしを比較したり、バウンド推定値と既存の点推定値とを比較したりすることにより、それぞれの推定値に課されている仮定の妥当性を判断することができる。

Okumura and Usui（2014）は、さらに、関数 $y_j(\cdot)$ の確率分布 $P[y(\cdot)]$ が、「単調処置選択の分布バージョンの仮定」と「凹増加関数の分布バージョンの仮定」を満たすときに、結果変数の分布 $P[y(t)]$ のシャープバウンドを識別した。本章第4.2.1項の(4.11)式で説明した「単調処置選択の分布バージョンの仮定」は、処置変数 t が二値以上をとる場合には、任意の実数 $\alpha \in Y$ と処置変数 $t \in T$ に対し、処置変数 $t_1 \in T, t_2 \in T$ が $t_1 \leq t_2$ であるとき、

$$P[y(t) \leq \alpha | z = t_1] \geq P[y(t) \leq \alpha | z = t_2] \tag{4.40}$$

となる。この仮定は、教育のリターンの例では、「実際に高い教育水準を選んだ人々（$z = t_2$）が、仮に、低い教育水準（$t = t_1$）を選んだとした場合でも、彼らが高い賃金を得る可能性（$P[y(t_1) > \alpha | z = t_2]$）は、実際に低い教育水準を選んだ人々が高い賃金を得る可能性（$P[y(t_1) > \alpha | z = t_1]$）より高い」ことを意味している。

一方、「**凹増加関数の分布バージョンの仮定**」とは、「処置変数 $t \in T, s \in T$ に対し、$P[y(t) \leq \alpha | z = s]$ が t の凸減少関数である」という仮定である。この仮

---

[17] ②の凹増加関数の仮定と単調処置選択の仮定のいずれかが成立しない状況はありうる。その例は、Okumura and Usui（2014）第3節を参照していただきたい。

定は，教育のリターンの例では，「人々が高い賃金のグループ（階層）に属する確率（$P[y(t) > \alpha|z=s]$）は，教育水準（t）の凹増加関数である」ことを意味している．

これらの仮定の下，結果変数の分布 $P[y(t)]$ のシャープバウンドは，

$$\sum_{s<t} UBP(s,t)P(z=s) + \sum_{s \geq t} P[y \leq \alpha | z=s]P(z=s) \leq P[y(t) \leq \alpha]$$
$$\leq \sum_{s \leq t} P[y \leq \alpha | z=s]P(z=s) + \sum_{s>t} LBP(s,t)P(z=s)$$
(4.41)

ただし，

$$LBP(s,t)$$
$$\equiv \min_{\{(\eta_1, \eta_2) | \eta_1 \leq t < \eta_2 \leq s\}} \left(\frac{\eta_2 - t}{\eta_2 - \eta_1} P[y \leq \alpha | z=\eta_1] + \frac{t - \eta_1}{\eta_2 - \eta_1} P[y \leq \alpha | z=\eta_2] \right)$$
(4.42)

$$UBP(s,t)$$
$$\equiv \max \left\{ 0, \max_{\{(\eta_1, \eta_2) | s \leq \eta_2 \leq t \wedge \eta_1 < \eta_2\}} \left(\frac{\eta_2 - t}{\eta_2 - \eta_1} P[y \leq \alpha | z=\eta_1] + \frac{t - \eta_1}{\eta_2 - \eta_1} P[y \leq \alpha | z=\eta_2] \right) \right\}$$
(4.43)

となる．

4.4 おわりに

本章では，まず，実現処置変数と結果変数の独立の仮定の等式関係を不等式関係に弱めた，単調処置選択の仮定を考え，その仮定の下で，結果変数の期待値や分布，および，平均処置効果のバウンドを識別した．この単調処置選択の仮定は，単調操作変数が実現処置変数であるときの単調操作変数の仮定と考えることができる．そして，教育のリターンの実証例を使って，増加関数の仮定

4.4 おわりに

に単調処置選択の仮定を組み合わせた場合、強い識別力を持つバウンドが得られることを説明した。最後に、増加関数の仮定と単調処置選択の仮定に、さらに、凹関数の仮定を加えたときに結果変数の期待値や分布、および、平均処置効果のバウンドがどう狭まるかを説明した。

第5章 部分識別による平均処置効果と確率分布の実証研究

5.1 はじめに

 第1章から第4章まで、増加関数、凹増加関数、操作変数、単調操作変数、単調処置選択の仮定を組み合わせて、平均処置効果などのパラメータのバウンドを識別してきた。そして、教育のリターンを例に使って、それぞれのバウンドの識別力を考察してきた。近年、これらのバウンドは、さまざまな研究トピックスの実証研究に応用され、これまでの点推定の結果を改める成果を挙げている。本章では、その中から、いくつかの代表的研究を説明する。

 5.2節では、ミネアポリス市で行われたドメスティックバイオレンス（Domestic Violence：DV、家庭内暴力）事件の被疑者を警察官が逮捕するか、逮捕しないかを、ランダムに決めた実験を例にとる。そして、被疑者の逮捕が再犯防止にどの程度効果があるのかを、ランダム化実験法（Sherman and Berk 1984）、操作変数法（Angrist 2006）、部分識別法（Siddique 2013）のそれぞれの方法で推定した結果を比較する。5.3節では、部分識別の方法による政策効果（プログラム評価）の識別の例として、Kreider et al.（2012）による、食糧配給政策が子どもの健康状態に与える影響を推定した研究を説明する。5.4節では、母集団の確率分布をバウンドで識別する実証研究の例として、Blundell et al.（2007）による、実際に就業している人々の賃金だけでなく、就業していない人々が仮に就業した場合の賃金も含めた、全員の賃金分布を推定した研究を説明す

る。5.5節がまとめである。

5.2 ランダム化実験や操作変数法と比較した部分識別法の優位性：ドメスティックバイオレンスの被疑者を逮捕すると再犯はどの程度防止できるか

5.2.1 ドメスティックバイオレンスの被疑者逮捕のランダム化実験

伝統的計量経済学では、自己選択問題などのため、「独立の仮定」（第1章1.5節(1.7)式と(1.8)式）が成立しない可能性が高い場合、平均処置効果を識別するために、おもに2つの方法が用いられている。第一に、独立の仮定を正当化できる環境を人工的に作り出し、その下で平均処置効果を推定する「ランダム化実験」である。第二に、「操作変数の仮定」が成立する操作変数（第3章3.2節(3.3)式）を用いて、平均処置効果を推定する「操作変数法」である。

本節では、ランダム化実験や操作変数法による点推定と比較して、部分識別によるバウンド推定がどのような優位性を持つかを説明する。具体例として、1981年に米国ミネソタ州ミネアポリス市で行われた、ドメスティックバイオレンス（DV）事件の被疑者を警察官が逮捕するか、逮捕しないかを、「くじ」を引いて決めたランダム化実験を使う。そして、以下の3つの研究結果を比較する。

①ランダム化実験法による推定（Sherman and Berk 1984）

ミネアポリス市で実施されたランダム化実験において、警察官がDVの被疑者を「逮捕する」か、あるいは、「逮捕しない」かを、ランダムに決めたことを利用して、逮捕された被疑者の平均再犯率と、逮捕されなかった被疑者の平均再犯率を比較することにより、逮捕が被疑者のDV再犯防止にどの程度効果があるのか（つまり、平均処置効果）を推定した。

②操作変数法による推定（Angrist 2006）

このランダム化実験においては、実は、警察官が「くじ」に書かれた「逮捕しない」との指示に従わず、「逮捕した」ケースと、警察官が「くじ」に書かれた「逮捕する」との指示に従わず、「逮捕しなかった」ケースが存在する。このように、ランダム化によって決められた指示に従わないケースを、**不遵守者**（Noncomplier）と呼ぶ。不遵守者が存在する場合、①の方法では真の平均処置

効果を推定できない。この不遵守者の問題に対応するため、「くじ」で引かれた指示を操作変数とする操作変数法を使って、逮捕による被疑者の再犯防止への効果を推定した。

③部分識別法による推定（Siddique 2013）

方法②の操作変数法では、被疑者のうち、(1)警察官が「逮捕する」の指示に従い、実際に逮捕した被疑者と、(2)警察官が「逮捕しない」の指示に従って実際に逮捕しなかった被疑者（(1)と(2)のケースを**遵守者**（Complier）と呼ぶ）を対象にした逮捕による再犯防止への効果しか推定できない。そこで、方法②と同じ操作変数を用い、同じ仮定の下で、「被疑者全員」を対象とした逮捕による再犯防止への効果を、部分識別法を用いて推定した。

5.2.2 ランダム化実験法による平均処置効果の推定

ドメスティックバイオレンス（DV）は、米国でも日本でも喫緊の社会問題である。通報されたDVが軽犯罪に相当する場合は、「それは家庭内の問題であるから警察は干渉すべきではなく逮捕すべきでない」という意見がある一方で、「そのとき逮捕されなかった軽犯罪相当のDVを犯した被疑者が、その後、加重暴行を起こした事例もあるので、やはり逮捕すべきだ」という意見もある。

米国ミネソタ州ミネアポリス市は、1981年から1982年にかけ、通報により駆け付けた警察官が、軽犯罪のDVの被疑者を逮捕するか否かをランダムに決め、その後の被疑者の再犯を観察するという、「ランダム化実験」を行った。具体的な実験の手順は以下のとおりである。

警察はDVの通報があると、そのケースが実験の対象として適当かどうかを判断する。その結果、そのケースが実験の対象となった場合、警察官は、「逮捕」、「一時的別居」、「説諭」という処置が書かれたカードをランダムにシャッフルしたセットを持って現場に向かう。到着後、警察官は、そのカードのセットの開き、一番上のカードに書いてある処置をDVの被疑者に適用する。そして、その事件後6カ月間において、被疑者がDVを再びするか、しないかを観察する。

この実験では、処置変数 (t) は、警察官が被疑者を「逮捕する ($t=1$)」、「逮捕しない ($t=0$)」である。実現処置変数 (z_j) は、警察官が、実際に被疑者 (j)

5.2 ランダム化実験や操作変数法と比較した部分識別法の優位性

表5.1 ドメスティックバイオレンスのランダム化実験：実現処置、被疑者数、再犯率

	(1) 実現処置 (z)	(2) 被疑者数	(3) 再犯率 $E[y\|z]$	(4) $P(z)$
①	逮捕 (1)	135	0.13	0.431
②	逮捕しない (0)	178	0.22	0.569

を「逮捕した（$z_j = 1$）」、「逮捕しなかった（$z_j = 0$）」である。一方、警察官が最初にランダムに引いたカードの指示（v_j）が、その被疑者を「逮捕する」であれば、$v_j = 1$ とし、その指示が「逮捕しない（「一時的別居」、または、「説諭」）」であれば、$v_j = 0$ とする。

結果変数 $y_j(t)$ は、被疑者（j）が、警察官に逮捕される（$t = 1$）、あるいは、逮捕されない（$t = 0$）の処置（t）を受けた結果、その被疑者が6カ月以内に再犯をするか（$y_j(t) = 1$）、再犯をしないか（$y_j(t) = 0$）を表す。実現結果変数（$y_j \equiv y_j(z_j)$）は、被疑者が、実際に6カ月以内に再犯をした場合は $y_j = 1$、実際に再犯をしなかった場合は $y_j = 0$ である。ここでわれわれが識別したいのは、「**すべてのDV被疑者**が、逮捕される場合と、逮捕されない場合とを比べて、彼らの平均再犯率がどれだけ異なるのか」である。これは、平均処置効果 $E[y(1)] - E[y(0)]$ で表される[1]。

表5.1は、ミネアポリス市のDVランダム化実験において、実際に逮捕された被疑者（$z_j = 1$）の数（①行(2)列）、被疑者全員に占める実際に逮捕された被疑者の割合（$P(z = 1)$、①行(4)列）、実際に逮捕された被疑者の6カ月以内の平均再犯率（$E[y|z = 1]$、①行(3)列）、そして、実際に逮捕されなかった被疑者（$z_j = 0$）の数（②行(2)列）、被疑者全員に占める実際に逮捕されなかった被疑者の割合（$P(z = 0)$、②行(4)列）、実際に逮捕されなかった被疑者の平均再犯率（$E[y|z = 0]$、②行(3)列）を示している（Berk and Sherman 1988の表1を再構成

---

1) すべての被疑者が逮捕される場合の平均再犯率 $P[y(1) = 1]$ は、$E[y(1)] = 1 \times P[y(1) = 1] + 0 \times P[y(1) = 0] = P[y(1) = 1]$ より、$E[y(1)]$ で表される。すべての被疑者が逮捕されない場合の平均再犯率 $P[y(0) = 1]$ も同様に、$E[y(0)]$（$= 1 \times P[y(0) = 1] + 0 \times P[y(0) = 0]$）で表される。

して掲載)。

　警察官が、被疑者 (j) に対してランダムに引いたカードの指示である変数 v_j は、その被疑者の結果変数 $y_j(t)$ と独立であるので、「操作変数の仮定」(第3章3.2節(3.3)式)、つまり、$t = 0, 1$ に対して、

$$\mathrm{E}[y(t)] = \mathrm{E}[y(t)|v = 0] = \mathrm{E}[y(t)|v = 1] \tag{5.1}$$

が成立する[2]。以降、変数 v_j を操作変数と呼ぶ。

　ここで、仮に、カードの指示である操作変数 v_j に警察官が完全に従い、「逮捕する」の指示 ($v_j = 1$) であれば「逮捕する」の処置を実行し ($z_j = 1$)、「逮捕しない」の指示 ($v_j = 0$) であれば「逮捕しない」の処置を実行する ($z_j = 0$) としよう。その場合、

$$v_j = z_j \tag{5.2}$$

となる。操作変数 v_j と実現処置変数 z_j が一致するため、操作変数の仮定(5.1)式は、$t = 0, 1$ に対して、

$$\mathrm{E}[y(t)] = \mathrm{E}[y(t)|z = 0] = \mathrm{E}[y(t)|z = 1] \tag{5.3}$$

となる。これは、実現処置変数 z_j と結果変数 $y_j(t)$ の「独立の仮定」である(第1章(1.7)式と(1.8)式を参照)。第1章(1.1)式で説明したように、実現処置変数 z_j と結果変数 $y_j(t)$ の独立の仮定の下では、平均処置効果 $\mathrm{E}[y(1)] - \mathrm{E}[y(0)]$ は、実際に逮捕された被疑者の再犯率 $\mathrm{E}[y|z = 1] = 0.13$ (表5.1の①行(3)列)と、実際に逮捕されなかった被疑者の再犯率 $\mathrm{E}[y|z = 0] = 0.22$ (表5.1の②行(3)列)の差となり、

$$\mathrm{E}[y(1)] - \mathrm{E}[y(0)] = \mathrm{E}[y|z = 1] - \mathrm{E}[y|z = 0] = 0.13 - 0.22 = -0.09 \tag{5.4}$$

と識別される。よって、DV被疑者を逮捕することにより、再犯率は9％低下するという結果となる(表5.2の①行に記載)。これは、Sherman and Berk

---

[2] (5.1)式の「操作変数の仮定」は、「ランダム割り当て (random assignment) の仮定」とも呼ばれる。

表5.2　ドメスティックバイオレンスのランダム化実験：平均処置効果の推定

	(1)	(2)
	推定値	
仮定	点推定値	
①最小二乗推定値（平均独立の仮定）	−0.090	
②操作変数推定値・局所平均処置効果	−0.132	
	バウンド推定値	
	下限	上限
③何も仮定しない	−0.497	0.503
④操作変数の仮定（ランダム割り当ての仮定）	−0.266	−0.056
⑤操作変数の仮定と単調処置選択の仮定	−0.266	−0.100
⑥操作変数の仮定と単調操作変数の仮定	−0.265	−0.100

(1984) の最小二乗法による平均処置効果の推定値である。

5.2.3　不遵守者がいる場合の識別問題

　操作変数 v_j と実現処置変数 z_j が一致する理想的なランダム化実験が行われるのであれば、最小二乗法により平均処置効果は識別できる。しかし、現実には、理想的なランダム化実験を行うことは難しい。ミネアポリス市のランダム化実験においても、実際には、ランダムに引いたカードの指示に警察官が従わないケースがあった。具体的には、「被疑者が警察官に暴行する場合、被害者が被疑者の逮捕を繰り返し求める場合、被疑者と被害者の両者が怪我をしている場合」には、警察官の裁量で、ランダムに引いたカードの指示に従わずに、「逮捕する」ことが認められている。

　表5.3は、表5.1の被疑者数と再犯率を、ランダムに引いたカードが「逮捕 ($v_j = 1$)」の場合と「逮捕しない ($v_j = 0$)」場合、そして、実際に「逮捕した ($z_j = 1$)」場合と「逮捕しない ($z_j = 0$)」場合の4つの場合に分けて示している (Berk and Sherman 1988) の表2を再掲)。表5.3より、以下のことがわかる。

　①ランダムに割り当てられた「逮捕する ($v_j = 1$)」の指示に従って、実際に「逮捕した ($z_j = 1$)」ケースが91件（①行(3)列、29.1％）あり、ランダムに割り当てられた「逮捕しない ($v_j = 0$)」の指示に従って、実際に「逮捕しなかった ($z_j = 0$)」ケースが177件（④行(3)列、56.5％）あった。ランダムに割り当てら

**表5.3　ドメスティックバイオレンスのランダム化実験
：ランダムな割り当てごとの実現処置、被疑者数、再犯率**

	(1)	(2)	(3)	(4)	(5)	(6)
	操作変数 (ランダム 割り当て) v	実現処置 z	被疑者数	再犯率 $E[y|z,v]$	$P(z|v)$	再犯率 $E[y|v]$
①	逮捕 (1)	逮捕 (1)	91	0.11	0.989	0.109
②	逮捕 (1)	逮捕しない (0)	1	0	0.011	
③	逮捕しない (0)	逮捕 (1)	44	0.19	0.199	0.214
④	逮捕しない (0)	逮捕しない (0)	177	0.22	0.801	

れた指示に従って、実現処置を受けた場合 ($v_j = z_j$) を、**遵守者**と呼ぶ。遵守者は、91＋177 ＝ 268 件（85.6％）であった。

②ランダムに割り当てられたのが「逮捕しない ($v_j = 0$)」の指示であったにもかかわらず、実際には「逮捕した ($z_j = 1$)」ケースが44件（③行(3)列、14.1％）あり、逆に、ランダムに割り当てられたのが「逮捕する ($v_j = 1$)」の指示であったにもかかわらず、実際には「逮捕しなかった ($z_j = 0$)」ケースは1件（②行(3)列、0.3％）あった。ランダムに割り当てられた指示に従わないで、指示と異なる実現処置を受けた場合 ($v_j \neq z_j$) を、**不遵守者**と呼ぶ。不遵守者は、44＋1 ＝ 45 件（14.4％）である。

操作変数 v_j と実現処置変数 z_j が一致しない不遵守者が存在する場合、操作変数の仮定(5.1)式が成立しても、実現処置変数 z_j と結果変数 $y_j(t)$ の独立の仮定(5.3)式は成立するとは言えない。とくに、ランダムに割り当てられた処置は「逮捕しない」($v_j = 0$) であったにもかかわらず、警察官が指示に従わず、実際に被疑者を逮捕した ($z_j = 1$) のは、被疑者が攻撃的で、悪質であったためだとも考えられる。そのような性質の被疑者は、おそらく再犯率 ($y_j(t)$) が高いであろう[3]。よって、実現処置変数 (z_j) と結果変数 ($y_j(t)$) の独立の仮定(5.3)式が成立しない可能性が高い。その場合、最小二乗法による平均処置効果の推定値は、真の平均処置効果を表さない。

---

3) データから観測されない被疑者の犯罪性向が、警察官の被疑者を逮捕する、逮捕しないという選択 (z_j) に影響し、かつ、その被疑者の再犯率 ($y_j(t)$) にも影響を及ぼしている自己選択バイアスの状況である。

5.2 ランダム化実験や操作変数法と比較した部分識別法の優位性

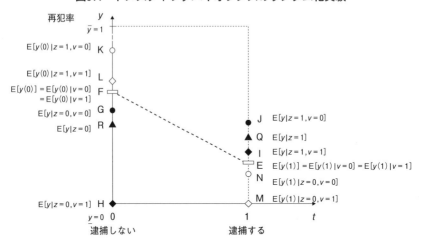

図5.1 ドメスティックバイオレンスのランダム化実験

不遵守者がいるために、ランダムに割り当てられた指示（操作変数 v_j）と実際に受けた処置（実現処置変数 z_j）が異なる場合の識別問題を、図5.1を使って考えよう。図5.1では、横軸に逮捕しない（$t = 0$）と逮捕する（$t = 1$）の処置をとり、縦軸に再犯率（$y(t)$）をとる。

平均処置効果 $\mathrm{E}[y(1)] - \mathrm{E}[y(0)]$ を識別するため、まず、すべての被疑者を逮捕しなかった場合の平均再犯率 $\mathrm{E}[y(0)]$（図5.1の□F）が識別できるかを考える。(5.1)式より、

$$\mathrm{E}[y(0)] = \mathrm{E}[y(0)|v=0] = \mathrm{E}[y(0)|v=1] \; (\Box \mathrm{F}) \tag{5.5}$$

であるから、(i) $\mathrm{E}[y(0)|v=0]$ と (ii) $\mathrm{E}[y(0)|v=1]$ のいずれかでも点識別できれば、$\mathrm{E}[y(0)]$ は点識別できる。以下、(i) $\mathrm{E}[y(0)|v=0]$ と (ii) $\mathrm{E}[y(0)|v=1]$ を、それぞれ、点識別できるかを考えよう。

(i) $\mathbf{E}[y(0)|v=0]$ の識別　操作変数 v_j が値 $u = 0, 1$ である人々の結果変数の期待値 $\mathrm{E}[y(t)|v=u]$ は、繰り返し期待値の法則より、

$$\begin{aligned}\mathrm{E}[y(t)|v=u] &= \mathrm{E}[y|z=t, v=u]\mathrm{P}(z=t|v=u) \\ &+ \mathrm{E}[y(t)|z \neq t, v=u]\mathrm{P}(z \neq t|v=u)\end{aligned} \tag{5.6}$$

である（第3章3.2節(3.1)式参照）。$u=0, t=0$ のときの(5.6)式と、表5.3の④行(4)列、(5)列、③行(5)列の値より、

$$\begin{aligned}
&\mathrm{E}[y(0)|v=0]\,(\Box\mathrm{F}) \\
&= \mathrm{E}[y|z=0, v=0]\,(\text{図5.1 の}\,\bullet\mathrm{G}) \times \mathrm{P}(z=0|v=0) \\
&\quad + \mathrm{E}[y(0)|z=1, v=0]\,(\bigcirc\mathrm{K}) \times \mathrm{P}(z=1|v=0) \\
&= 0.22 \times 0.801 + \mathrm{E}[y(0)|z=1, v=0]\,(\bigcirc\mathrm{K}) \times 0.199
\end{aligned} \quad (5.7)$$

である。$\mathrm{E}[y(0)|z=1, v=0](\bigcirc\mathrm{K})$ は、「逮捕しない」の指示を受けたが、実際に「逮捕された」被疑者が、もし逮捕されていなかったとしたら、その被疑者の平均再犯率はどれだけだったかを表す仮想的な値であり、観測されない。また、前述したように、実現処置変数（z_j）と結果変数（$y_t(t)$）の独立の仮定が成立しないのであれば、$\mathrm{E}[y(0)|z=1, v=0](\bigcirc\mathrm{K})$ を $\mathrm{E}[y|z=0, v=0](\bullet\mathrm{G})$ で置き換えることができないので、$\mathrm{E}[y(0)|z=1, v=0](\bigcirc\mathrm{K})$ は点識別できない。その結果、$\mathrm{E}[y(0)|v=0]$ は点識別できない。

(ii) **$\mathrm{E}[\boldsymbol{y(0)}|\boldsymbol{v=1}]$ の識別**　$u=1, t=0$ のときの(5.6)式と、表5.3の②行(4)列、(5)列、①行(5)列の値より、

$$\begin{aligned}
&\mathrm{E}[y(0)|v=1]\,(\Box\mathrm{F}) \\
&= \mathrm{E}[y|z=0, v=1]\,(\blacklozenge\mathrm{H}) \times \mathrm{P}(z=0|v=1) \\
&\quad + \mathrm{E}[y(0)|z=1, v=1]\,(\lozenge\mathrm{L}) \times \mathrm{P}(z=1|v=1) \\
&= 0 \times 0.011 + \mathrm{E}[y(0)|z=1, v=1]\,(\lozenge\mathrm{L}) \times 0.989
\end{aligned} \quad (5.8)$$

である。$\mathrm{E}[y(0)|z=1, v=1](\lozenge\mathrm{L})$ は、「逮捕する」の指示を受けて、実際に「逮捕された」被疑者が、もし逮捕されていなかった場合の平均再犯率を表す仮想的な変数である。また、$\mathrm{E}[y(0)|z=1, v=1](\lozenge\mathrm{L})$ を $\mathrm{E}[y|z=0, v=1](\blacklozenge\mathrm{H})$ で置き換えることができないので、$\mathrm{E}[y(0)|v=1]$ は点識別できない。

以上より、(i) $\mathrm{E}[y(0)|v=0]$ と(ii) $\mathrm{E}[y(0)|v=1]$ のいずれも点識別されないので、操作変数の仮定(5.1)式の下でも、$\mathrm{E}[y(0)]$（$\Box\mathrm{F}$）は点識別できない。

次に、すべてのDV被疑者を逮捕した場合の平均再犯率 $\mathrm{E}[y(1)]$（図5.1の $\Box\mathrm{E}$）の識別のため、(5.1)式より、

$$\mathrm{E}[y(1)] = \mathrm{E}[y(1)|v=0] = \mathrm{E}[y(1)|v=1]\ (\square \mathrm{E}) \tag{5.9}$$

であるので、(iii) $\mathrm{E}[y(1)|v=1]$ と(iv) $\mathrm{E}[y(1)|v=0]$ のいずれかが点識別できるかを考える。

(iii) $\mathrm{E}[\boldsymbol{y(1)}|\boldsymbol{v=1}]$ の識別 $u=1, t=1$ のときの(5.6)式と、表5.3の①行(4)列、(5)列、②行(5)列の値より、

$$\begin{aligned}
&\mathrm{E}[y(1)|v=1]\ (\square \mathrm{E}) \\
&= \mathrm{E}[y|z=1,v=1]\ (\blacklozenge \mathrm{I}) \times \mathrm{P}(z=1|v=1) \\
&\quad + \mathrm{E}[y(1)|z=0,v=1]\ (\lozenge \mathrm{M}) \times \mathrm{P}(z=0|v=1) \\
&= 0.11 \times 0.989 + \mathrm{E}[y(1)|z=0,v=1]\ (\lozenge \mathrm{M}) \times 0.011
\end{aligned} \tag{5.10}$$

となる。(5.10)式の仮想的な再犯率 $\mathrm{E}[y(1)|z=0,v=1]\ (\lozenge \mathrm{M})$ が点識別できないため、$\mathrm{E}[y(1)|v=1]$ は点識別できない。

(iv) $\mathrm{E}[\boldsymbol{y(1)}|\boldsymbol{v=0}]$ の識別 $u=0, t=1$ のときの(5.6)式と、表5.3の③行(4)列、(5)列、④行(5)列の値より、

$$\begin{aligned}
&\mathrm{E}[y(1)|v=0]\ (\square \mathrm{E}) \\
&= \mathrm{E}[y|z=1,v=0](\bullet \mathrm{J}) \times \mathrm{P}(z=1|v=0) \\
&\quad + \mathrm{E}[y(1)|z=0,v=0]\ (\bigcirc \mathrm{N}) \times \mathrm{P}(z=0|v=0) \\
&= 0.19 \times 0.199 + \mathrm{E}[y(1)|z=0,v=0]\ (\bigcirc \mathrm{N}) \times 0.801
\end{aligned} \tag{5.11}$$

となる。(5.11)式の仮想的な再犯率 $\mathrm{E}[y(1)|z=0,v=0]\ (\bigcirc \mathrm{N})$ が点識別できないため、$\mathrm{E}[y(1)|v=0]$ は点識別できない。

以上より、(iii) $\mathrm{E}[y(1)|v=1]$ と(iv) $\mathrm{E}[y(1)|v=0]$ のいずれも点識別されないので、操作変数の仮定(5.9)式の下でも、$\mathrm{E}[y(1)]\ (\square \mathrm{E})$ は点識別できない。

(i)〜(iv)より、$\mathrm{E}[y(0)]\ (\square \mathrm{F})$ と $\mathrm{E}[y(1)]\ (\square \mathrm{E})$ のいずれも点識別できないため、平均処置効果 $\mathrm{E}[y(1)]-\mathrm{E}[y(0)]\ (=\square \mathrm{E}-\square \mathrm{F})$ は点識別できない。

図5.1において、前項の(5.4)式で示した最小二乗法による平均処置効果の推定値 $\mathrm{E}[y|z=1]-\mathrm{E}[y|z=0] = -0.09$ は、▲Qと▲Rの差である。これは、平均処置効果 $\mathrm{E}[y(1)]-\mathrm{E}[y(0)]\ (=\square \mathrm{E}-\square \mathrm{F})$ と異なる。

5.2.4 操作変数法による局所的平均処置効果（LATE）の推定

　Angrist（2006）は、このミネアポリス市のDV実験における識別問題に対して、操作変数法を使って対処することを考えた。ランダムに引いたカードの指示である操作変数 v_j は、(5.1)式の操作変数の仮定を満たす。いま、説明のため、操作変数 v_j を処置変数 z_j に写す関数 $z_j(\cdot)$ を導入し、$z_j = z_j(v_j)$ としよう。そして、①もし、ランダムに「逮捕する」（$v_j = 1$）の指示を受けた場合には逮捕せず（$z_j(1) = 0$）、かつ、②もし、ランダムに「逮捕しない」（$v_j = 0$）の指示を受けた場合には逮捕する（$z_j(0) = 1$）という、完全な不遵守者（反抗者、defier）はいないと仮定する（これを「**単調性の仮定**」と呼ぶ）。

　Imbens and Angrist（1994）と Angrist, Imbens and Rubin（1996）は、操作変数の仮定と単調性の仮定が成立するとき、**操作変数推定量は、遵守者に対する平均処置効果**となること、つまり、

$$\mathrm{E}[y(1) - y(0) | z_j(0) = 0 \wedge z_j(1) = 1] = \frac{\mathrm{E}[y|v=1] - \mathrm{E}[y|v=0]}{\mathrm{E}[z|v=1] - \mathrm{E}[z|v=0]} \quad (5.12)$$

を示した。(5.12)式の右辺は、第3章3.4節で説明したように、操作変数 v_j のときの処置効果の操作変数推定量であり（(3.39)式）、左辺は、もし「逮捕しない」の指示を受けた場合には逮捕せず（$z_j(0) = 0$）、かつ、もし「逮捕する」の指示を受けた場合には逮捕する（$z_j(1) = 1$）という遵守者の被疑者に対する平均処置効果である。よって、(5.12)式は、処置効果の操作変数推定量は、「**すべての被疑者に対する平均処置効果**」ではなく、「**遵守者の被疑者に対する平均処置効果**」であることを示している。それゆえ、(5.12)式は、**局所的平均処置効果**（Local Average Treatment Effect：**LATE**）と呼ばれる[4]。

　表5.3のデータを(5.12)式の右辺に代入し、局所的平均処置効果を求めよう。表5.3の(6)列より、$\mathrm{E}[y|v=1] = 0.109$、$\mathrm{E}[y|v=0] = 0.214$ である。また、表5.3の(5)列①行と③行より、$\mathrm{E}[z|v=1] = \mathrm{P}(z=1|v=1) = 0.989$、$\mathrm{E}[z|v=0] = \mathrm{P}(z=1|v=0) = 0.199$ である[5]。よって、(5.12)式は、

---

[4] (5.12)式の証明は後述する。具体的には、「警察官は、逮捕の指示を受けたら、必ず逮捕を実行する（$z_j(1) = 1$）」と仮定した場合の(5.12)式である(5.17)式を補論1で証明する。

5.2 ランダム化実験や操作変数法と比較した部分識別法の優位性

$$\mathrm{E}[y(1)-y(0)|z_j(0)=0 \wedge z_j(1)=1] = \frac{0.109-0.214}{0.989-0.199} = -0.132 \quad (5.13)$$

となる。つまり、ランダムな処置割り当て v_j を操作変数とする操作変数法を使うことにより、逮捕によりDV被疑者の再犯率は13％低下することがわかる（表5.2の②行に記載）。

実現処置変数 z_j と結果変数 $y_j(t)$ の間に独立を仮定し、最小二乗法で推定した場合は、被疑者逮捕により再犯率は９％低下するという結果（表5.2①行）であったから、不遵守者による識別問題を考慮し、操作変数法で推定した場合は、それよりさらに、再犯率が４％引き下がることがわかる。

しかし、この操作変数法による局所的平均処置効果の推定値には問題がある。前述したように、局所的平均処置効果の推定値は、「逮捕する」の指示で逮捕され、「逮捕しない」の指示で逮捕されなかった遵守者（$\{j|z_j(0)=0 \wedge z_j(1)=1\}$）の平均処置効果を示している。「逮捕しない」の指示であったにもかかわらず、実際には逮捕された不遵守者の被疑者（$\{j|z_j(0)=1\}$）や、「逮捕する」の指示であったのにもかかわらず、実際には逮捕されなかった不遵守者の被疑者（$\{j|z_j(1)=0\}$）を含んだ全員の平均処置効果は推定されない。よって、局所的平均処置効果の推定値（-0.132）は、われわれが識別したい「母集団の被疑者全員の平均処置効果（$\mathrm{E}[y(1)]-\mathrm{E}[y(0)]$）」を示していない。

操作変数法による局所的平均処置効果が、母集団の被疑者全員の平均処置効果と異なることを、図5.2を使って説明する。説明をわかりやすくするため、警察官は、「逮捕する（$v_j=1$）」の指示を受けたら、必ず「逮捕する（$z_j(1)=1$）」としよう[6]。

図5.1を、この場合に合わせて描き直したのが図5.2である。具体的には、図

---

5) $\mathrm{E}[y|v=1] = 1\times\mathrm{P}(z=1|v=1)+0\times\mathrm{P}(z=0|v=1) = \mathrm{P}(z=1|v=1)$ である。$\mathrm{E}[y|v=0] = \mathrm{P}(z=1|v=0)$ も同様に示される。

6) 実際には、「逮捕する（$v_j=1$）」の指示であったのにもかかわらず、「逮捕しなかった（$z_j=0$）」ケースは１件あった（表5.3②行(3)列）が、そのケースがないとする。よって、不遵守者は、「逮捕しない（$v_j=0$）」の指示であったのにもかかわらず、「逮捕された（$z_j=1$）」被疑者である。この状況は、Bloom (1984) が考察した状況である。

**図5.2 ドメスティックバイオレンスのランダム化実験
：操作変数法による局所的平均処置効果の識別**

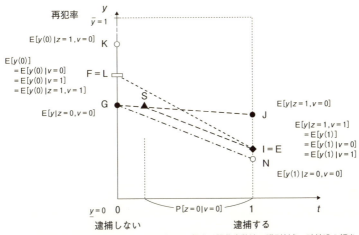

注）点線IFの傾きは平均処置効果、一点鎖線NGの傾きは操作変数法の識別対象、破線ISの傾きは操作変数法による推定値。

5.2では、$P(z=1|v=1)=1$, $P(z=0|v=1)=0$ であるから、(5.8)式と(5.10)式より、

$$\begin{aligned} E[y(0)|v=1]\,(\square F) &= E[y(0)|z=1, v=1]\,(\Diamond L) \\ E[y(1)|v=1]\,(\blacksquare E) &= E[y|z=1, v=1]\,(\blacklozenge I) \end{aligned} \quad (5.14)$$

となる。$E[y|z=0, v=1]$（図5.1の◆H）と $E[y(1)|z=0, v=1]$（図5.1の◇M）は存在しないので、図5.2では削除されている。

まず、操作変数法による局所的平均処置効果(5.12)式を図5.2で示そう。図5.2の場合、(5.12)式の右辺は、$E[z|v=1]=P(z=1|v=1)=1$ であり、$E[z|v=0]=P(z=1|v=0)$ であるから、

$$\frac{E[y|v=1]-E[y|v=0]}{E[z|v=1]-E[z|v=0]} = \frac{E[y|v=1]-E[y|v=0]}{P(z=0|v=0)} \quad (5.15)$$

となる。一方、(5.12)式の左辺は、

$$\begin{aligned}
\mathrm{E}[y(1)-y(0)|z_j(0)=0 \wedge z_j(1)=1] &= \mathrm{E}[y(1)-y(0)|z_j(0)=0] \\
&= \mathrm{E}[y(1)-y(0)|v=0, z_j(0)=0] = \mathrm{E}[y(1)-y(0)|v=0, z_j=0] \\
&= \mathrm{E}[y(1)|z=0, v=0] - \mathrm{E}[y(0)|z=0, v=0]
\end{aligned} \quad (5.16)$$

となる。その理由は、$P(z_j(1)=1)=1$ より1番目の等式が[7]、(5.1)式の操作変数の仮定より2番目の等式が、実際に $v_j=0$ のとき $z_j(0)=z_j$ より3番目の等式が、それぞれ成立するからである。(5.15)式と(5.16)式より、局所的平均処置効果(5.12)式は、

$$\mathrm{E}[y(1)|z=0, v=0] - \mathrm{E}[y(0)|z=0, v=0] = \frac{\mathrm{E}[y|v=1] - \mathrm{E}[y|v=0]}{P(z=0|v=0)} \quad (5.17)$$

となる。(5.17)式は、操作変数の仮定と単調性の仮定に加えて、「警察官は、逮捕の指示を受けたら、必ず逮捕を実行する」との仮定の下で、「操作変数推定量は、遵守者に対する平均処置効果(局所的平均処置効果)となる」ことを表している。(5.17)式の証明は、本章の補論1で示す。

(5.17)式の左辺は、図5.2の〇N($\mathrm{E}[y(1)|z=0, v=0]$)と●G($\mathrm{E}[y|z=0, v=0]$)の差で表される。これは、警察官が「逮捕しない」の指示に従って実際に「逮捕しなかった」遵守者にとっての局所的平均処置効果である。

一方、(5.17)式の右辺の $\mathrm{E}[y|v=1]$ は、

$$\mathrm{E}[y|v=1] = \mathrm{E}[y|z=1, v=1] \quad (\blacklozenge\mathrm{I}) \quad (5.18)$$

で表される[8]。そして、(5.17)式の右辺の $\mathrm{E}[y|v=0]$ は、

---

7) 詳しくは、繰り返し期待値の法則と、$P(z_j(1)=1|z_j(0)=0)=1$, $P(z_j(1)=0|z_j(0)=0)=0$ より、$\mathrm{E}[y(1)-y(0)|z_j(0)=0] = \mathrm{E}[y(1)-y(0)|z_j(0)=0 \wedge z_j(1)=1]P(z_j(1)=1|z_j(0)=0) + \mathrm{E}[y(1)-y(0)|z_j(0)=0 \wedge z_j(1)=0]P(z_j(1)=0|z_j(0)=0) = \mathrm{E}[y(1)-y(0)|z_j(0)=0 \wedge z_j(1)=1]$ が成立するから。

8) 繰り返し期待値の法則と、$P(z=1|v=1)=1$, $P(z=0|v=1)=0$ より、$\mathrm{E}[y|v=1] = \mathrm{E}[y|z=1, v=1]P(z=1|v=1) + \mathrm{E}[y|z=0, v=1]P(z=0|v=1) = \mathrm{E}[y|z=1, v=1]$ が成立するから。

$$E[y|v=0] (\blacktriangle S) = E[y|z=1, v=0] (\bullet J) \times P(z=1|v=0)$$
$$+E[y|z=0, v=0] (\bullet G) \times P(z=0|v=0) \tag{5.19}$$

であり、図5.2の●Gと●Jを結ぶ線分を、$P(z=1|v=0) : P(z=0|v=0) = 0.199 : 0.801$ で内分する内分点▲Sの縦軸上の高さで表される。よって、(5.17)式の右辺の分子は、◆Iと▲Sの縦軸上での差で表される。それに対し、右辺の分母は、$P(z=0|v=0) = 0.801$、つまり◆Iと▲Sの横軸上の距離で表される。よって、(5.17)式の右辺は、◆Iと▲Sを結ぶ線分の傾きとなる。

まとめると、(5.17)式が示していることは、①操作変数推定法が識別対象とする局所的平均処置効果（(5.17)式左辺）は、○Nと●Gの差（つまり、線分○N●Gの傾き）であり、②それは、操作変数推定法が実際に推定する線分◆I▲Sの傾き（(5.17)式右辺）に等しいということである。

図5.2が示すように、操作変数法が識別対象とする「局所的平均処置効果」である「線分○N●Gの傾き」も、操作変数法が実際に推定する「線分◆I▲Sの傾き」も、いずれも、われわれが識別したい「母集団の被疑者全員の平均処置効果」である「線分◆E□Fの傾き」と異なる。

5.2.5 何も仮定しないときの平均処置効果のバウンド推定

それでは、不遵守者がいる場合に、母集団の被疑者全員の平均処置効果（$E[y(1)] - E[y(0)]$）を推定するためには、どうすればよいであろうか。操作変数の仮定の下では、$E[y(1)] - E[y(0)]$ を点識別できないため、部分識別の方法を使ってバウンド識別する。

Siddique (2013) は、部分識別の方法により、被疑者全員に対する平均処置効果を入りうるバウンドとして識別した。まず、何も仮定しないときの平均処置効果 $E[y(1)] - E[y(0)]$ のバウンド求める。$E[y(1)]$ は、第1章1.6節の(1.14)式より、

$$E[y(1)|z=1]P(z=1) + \underline{y}P(z=0) \leq E[y(1)]$$
$$\leq E[y(1)|z=1]P(z=1) + \overline{y}P(z=0) \tag{5.20}$$

である。表5.1の①行(3)列と①行(4)列、②行(4)列、そして、結果変数 $y_i(t)$ の値

5.2 ランダム化実験や操作変数法と比較した部分識別法の優位性

域の下限 $\underline{y} = 0$、上限 $\overline{y} = 1$ を (5.20) 式に代入すると、

$$0.13 \times 0.431 = 0.058 \leq \mathrm{E}[y(1)]$$
$$\leq 0.13 \times 0.431 + 1 \times 0.569 = 0.627$$

である。同様に、$\mathrm{E}[y(0)]$ は、第1章1.6節の (1.15) 式と、表5.1の②行(3)列と②行(4)列、①行(4)列より、

$$\mathrm{E}[y(0)|z=0]\mathrm{P}(z=0) + \underline{y}\mathrm{P}(z=1) = 0.22 \times 0.569 = 0.124 \leq \mathrm{E}[y(0)]$$
$$\leq \mathrm{E}[y(0)|z=0]\mathrm{P}(z=0) + \overline{y}\mathrm{P}(z=1) = 0.22 \times 0.569 + 1 \times 0.431 = 0.555$$

である。平均処置効果のバウンドを求めると、

$$0.058 - 0.555 = -0.497 \leq \mathrm{E}[y(1)] - \mathrm{E}[y(0)]$$
$$\leq 0.627 - 0.124 = 0.503$$

となる（表5.2の③行に記載）。何も仮定しないときは、被疑者全員を逮捕したときの平均処置効果は、下限で再犯率が50％低下し、上限で再犯率が50％上昇する。この結果からでは、被疑者の逮捕が、再犯率を引き下げるか引き上げるかわからない。

5.2.6 操作変数の仮定の下での平均処置効果のバウンド推定

次に、操作変数の仮定 (5.1) 式を課して、**母集団の被疑者全員に対する**平均処置効果 $\mathrm{E}[y(1)] - \mathrm{E}[y(0)]$ を推定する。操作変数の仮定の下での平均処置効果のバウンドは、第3章3.2節 (3.4) 式と (3.5) 式に示されている。この2式に表5.3の値を代入すれば、平均処置効果のバウンドは計算できるが、ここでは具体的に求める手順を示そう。

本章5.2.3項(i)において、(5.7) 式で $\mathrm{E}[y(0)|v=0]$（□F）が点識別できないのは、$\mathrm{E}[y(0)|z=1, v=0]$（○K）が観測されないためであった。しかし、$\underline{y} = 0 \leq \mathrm{E}[y(0)|z=1, v=0] \leq \overline{y} = 1$ とバウンドされる。よって、$\mathrm{E}[y(0)|v=0]$ は、

$$0.22 \times 0.801 + 0 \times 0.199 = 0.176$$
$$\leq \mathrm{E}[y(0)|v=0]$$
$$\leq 0.22 \times 0.801 + 1 \times 0.199 = 0.375 \qquad (5.21)$$

とバウンド識別される。

同様に、(ii)の(5.8)式において、観測されない $\mathrm{E}[y(0)|z=1, v=1]$ (◇L) は、$0 \leq \mathrm{E}[y(0)|z=1, v=1] \leq 1$ とバウンドされるので、$\mathrm{E}[y(0)|v=1]$ は、

$$0 \times 0.011 + 0 \times 0.989 = 0$$
$$\leq \mathrm{E}[y(0)|v=1]$$
$$\leq 0 \times 0.011 + 1 \times 0.989 = 0.989 \qquad (5.22)$$

とバウンド識別される。

操作変数の仮定(5.5)式 $\mathrm{E}[y(0)] = \mathrm{E}[y(0)|v=0] = \mathrm{E}[y(0)|v=1]$ より、$\mathrm{E}[y(0)]$ は、(5.21)式と(5.22)式の共通集合である

$$\max\{0.176, 0\} = 0.176 \leq \mathrm{E}[y(0)] \leq \min\{0.375, 0.989\} = 0.375 \qquad (5.23)$$

とバウンド識別される。これは、第3章3.2節(3.4)式で示したバウンドである。

(iii)の(5.10)式において、観測されない $\mathrm{E}[y(1)|z=0, v=1]$ (◇M) を、$0 \leq \mathrm{E}[y(1)|z=0, v=0] \leq 1$ とバウンドすることにより、$\mathrm{E}[y(1)|v=1]$ は、

$$0.11 \times 0.989 + 0 \times 0.011 = 0.109$$
$$\leq \mathrm{E}[y(1)|v=1]$$
$$\leq 0.11 \times 0.989 + 1 \times 0.011 = 0.120 \qquad (5.24)$$

とバウンドで識別される。

(iv)の(5.11)式において、観測されない $\mathrm{E}[y(1)|z=0, v=0]$ (○N) を、$0 \leq \mathrm{E}[y(1)|z=0, v=0] \leq 1$ とバウンドすることにより、$\mathrm{E}[y(1)|v=0]$ は、

$$0.19 \times 0.199 + 0 \times 0.801 = 0.037$$
$$\leq \mathrm{E}[y(1)|v=0]$$
$$\leq 0.19 \times 0.199 + 1 \times 0.801 = 0.838 \qquad (5.25)$$

とバウンド識別される。よって、操作変数の仮定(5.9)式 $E[y(1)] = E[y(1)|v=0] = E[y(1)|v=1]$ より、$E[y(1)]$ のバウンドは、(5.24)式と(5.25)式の共通集合である

$$\max\{0.109, 0.037\} = 0.109 \leq E[y(1)] \leq \min\{0.120, 0.838\} = 0.120 \quad (5.26)$$

とバウンド識別される。

平均処置効果 $E[y(1)]-E[y(0)]$ のバウンドは、(5.23)式と(5.26)式より、

$$0.109 - 0.375 = -0.266 \leq E[y(1)]-E[y(0)]$$
$$\leq 0.120 - 0.176 = -0.056$$

となる（表5.2の④行に記載）。操作変数の仮定を課すと、すべての被疑者に対する逮捕の平均処置効果は、下限で再犯率が27％低下し、上限で再犯率が6％低下する。操作変数の仮定の下では、平均処置効果の上限は負であり、そのバウンドがすべて負になるため、被疑者を逮捕することにより、再犯率は低下すると判断できる。

5.2.7 操作変数の仮定と単調処置選択の仮定の下での平均処置効果のバウンド推定[9]

カードの指示が「逮捕しない」（$v_j = 0$）であったのにもかかわらず、警察官が指示に従わず被疑者を逮捕した（$z_j = 1$）のは、警察官がその被疑者は逮捕しなければ再犯する可能性が高いと考えたからであろうと推察される。つまり、

$$E[y(0)|z=0, v=0] \leq E[y(0)|z=1, v=0] \leq 1 \quad (5.27)$$

であると考えられる[10]。(5.27)式は、第4章4.2.1節の単調処置選択の仮定

9） 本項は、Siddique（2013）の"Compliance Based on Suspect Risk Type"の仮定の下での平均処置効果のバウンドを、「単調処置選択の仮定」の下での平均処置効果のバウンドに書き直したものである。

10） (5.27)式は、「逮捕しない」（$v_j = 0$）の指示に反して「逮捕した」（$z_j = 1$）被疑者が、仮に逮捕されていなかった場合の再犯率 $y_j(0)$ の期待値は、「逮捕しない」の指示に従って「逮捕しなかった（$z_j = 0$）」被疑者の実際の再犯率の期待値より高いことを意味している。

(4.1)式の拡張になっている。

　本項では、単調処置選択の仮定(5.27)式を操作変数の仮定(5.1)式と組み合わせて、被疑者全員の逮捕による再犯率への平均処置効果をバウンド識別しよう。まず、第4章4.2.1節で、単調処置選択の仮定(4.1)式の下での$\mathrm{E}[y(t)]$のバウンド(4.4)式を導出したのと同様の方法で、(5.27)式の下での$\mathrm{E}[y(0)|v=0]$のバウンドを導出する。具体的には、まず、表5.3の④行(4)列より、$\mathrm{E}[y(0)|z=0,v=0] = \mathrm{E}[y|z=0,v=0] = 0.22$であるので、(5.27)式の左辺に代入する。次に、$\mathrm{E}[y(0)|v=0]$の繰り返し期待値の法則(5.7)式において、観測されない$\mathrm{E}[y(0)|z=1,v=0]$を、0.22と1でバウンドされた(5.27)式で置き換えると、

$$0.22 \times 0.801 + 0.22 \times 0.199 = 0.22 \leq \mathrm{E}[y(0)|v=0]$$
$$\leq 0.22 \times 0.801 + 1 \times 0.199 = 0.375 \qquad (5.28)$$

とバウンド識別される。

　次に、$\mathrm{E}[y(0)|v=1]$の繰り返し期待値の法則(5.8)式において、観測されない$\mathrm{E}[y(0)|z=1,v=1]$は「0以上1以下」とバウンドされるので、$\mathrm{E}[y(0)|v=1]$は、(5.22)式とバウンド識別される。

　操作変数の仮定(5.5)式より、$\mathrm{E}[y(0)]$は、$\mathrm{E}[y(0)|v=0]$のバウンド(5.28)式と$\mathrm{E}[y(0)|v=1]$のバウンド(5.22)式の共通集合である

$$\max\{0.22, 0\} = 0.22 \leq \mathrm{E}[y(0)] \leq \min\{0.375, 0.989\} = 0.375 \qquad (5.29)$$

とバウンド識別される。

　一方、$\mathrm{E}[y(1)]$のバウンドは、操作変数の仮定の下でのバウンド(5.26)式である。

　平均処置効果$\mathrm{E}[y(1)] - \mathrm{E}[y(0)]$のバウンドは、(5.26)式と(5.29)式より、

$$0.109 - 0.375 = -0.266 \leq \mathrm{E}[y(1)] - \mathrm{E}[y(0)]$$
$$\leq 0.120 - 0.22 = -0.100 \qquad (5.30)$$

となる（表5.2⑤行に記載）。すべての被疑者の逮捕により、再犯率は最大で26.6%低下し、最小でも10%低下することがわかる。表5.2④行に示した操作変数の仮定のみの下での平均処置効果の推定値と比べると、再犯率の低下の最

大値（26.6％）は変わらないが、再犯率の低下の最小値は、5.6％から10％へと大幅に増加している。信頼できる仮定である操作変数の仮定と単調処置選択の仮定の下で、被疑者全員を逮捕することによる再犯率の低下は10％から26.6％の間であることが示され、逮捕による再犯抑止効果は大きいと判断できる。

5.2.8　操作変数の仮定と単調操作変数の仮定の下での平均処置効果のバウンド推定

Siddique（2013）は、操作変数の仮定に、さらに、現場において「被疑者が攻撃的な状況」にあったか否かという情報を単調操作変数として用いた、「単調操作変数の仮定」を加えて、被疑者全員の逮捕による再犯率への平均処置効果のバウンドを求めた。

警察官が現場に到着したとき、被疑者が銃を持っている場合や被疑者が警察官に粗暴な場合といった「被疑者が攻撃的な状況」であったケースでは、そうでない状況のケースより、被疑者の再犯率が高い傾向にあると考えられる。よって、新たな変数 w_j を導入し、被疑者がこのような攻撃的な状況であれば $w_j = 1$ として、そうでない状況であれば $w_j = 0$ とすると、処置変数 $t = 0, 1$ に対し、

$$E[y(t)|w = 0, v = 0] \leq E[y(t)|w = 1, v = 0] \tag{5.31}$$

$$E[y(t)|w = 0, v = 1] \leq E[y(t)|w = 1, v = 1] \tag{5.32}$$

を仮定する。(5.31)式は、カードの指示が「逮捕しない」（$v_j = 0$）のケースに限定して、現場で攻撃的な被疑者（$w_j = 1$）の再犯率が、攻撃的でない被疑者（$w_j = 0$）の再犯率より高いことを意味しており、第3章3.3節の単調操作変数の仮定(3.18)式の拡張になっている。注意してほしいのは、(3.18)式では v_j を単調操作変数としているのに対し、(5.31)式では w_j を単調操作変数としていることである（v_j は操作変数）。(5.32)式は、カードの指示が「逮捕する」（$v_j = 1$）のケースで、この単調操作変数の仮定が当てはまることを意味している。

第3章3.3節では、単調操作変数の仮定(3.18)式の下での $E[y(t)]$ のバウンド(3.28)式を導出した。本項の単調操作変数の仮定(5.31)式の下での

$\mathrm{E}[y(t)|v=0]$ のバウンド、および、(5.32)式の下での $\mathrm{E}[y(t)|v=1]$ のバウンドは、それぞれ、(3.28)式の導出方法と全く同様に導出することができる。具体的な導出方法は、本章の補論2Aで説明する。

したがって、単調操作変数の仮定(5.31)、(5.32)式の下での $\mathrm{E}[y(t)|v=u]$ のバウンドは、$t=0,1$ と $u=0,1$ に対し、

$$\begin{aligned}
& \mathrm{P}(w=0|v=u)\mathrm{E}[y|z=t,w=0,v=u]\mathrm{P}(z=t|w=0,v=u) \\
& \quad + \mathrm{P}(w=1|v=u)\max\{\mathrm{E}[y|z=t,w=0,v=u]\mathrm{P}(z=t|w=0,v=u), \\
& \quad \mathrm{E}[y|z=t,w=1,v=u]\mathrm{P}(z=t|w=1,v=u)\} \\
& \leq \mathrm{E}[y(t)|v=u] \\
& \leq \mathrm{P}(w=0|v=u)\min\{\mathrm{E}[y|z=t,w=0,v=u]\mathrm{P}(z=t|w=0,v=u) \\
& \quad + \mathrm{P}(z\neq t|w=0,v=u), \\
& \quad \mathrm{E}[y|z=t,w=1,v=u]\mathrm{P}(z=t|w=1,v=u)+\mathrm{P}(z\neq t|w=1,v=u)\} \\
& \quad + \mathrm{P}(w=1|v=u)\{\mathrm{E}[y|z=t,w=1,v=u]\mathrm{P}(z=t|w=1,v=u) \\
& \quad + \mathrm{P}(z\neq t|w=1,v=u)\} \tag{5.33}
\end{aligned}$$

となる。

表5.4は、表5.3の被疑者数と再犯率を、「現場が攻撃的な状況であった場合 ($w_j=1$)」と「なかった場合 ($w_j=0$)」に分けて示している（Berk and Sherman 1988の表2を再掲）。

表5.4の値を(5.33)式に代入して、$\mathrm{E}[y(t)|v=u]$ のバウンドを求めよう。具体的な計算式は、本章の補論2Bで説明する。はじめに、$t=0$ と $u=0$ のときの(5.33)式が、$\mathrm{E}[y(0)|v=0]$ のバウンドであるので、そのバウンドに、表5.4の値を代入すると、

$$0.220 \leq \mathrm{E}[y(0)|v=0] \leq 0.375 \tag{5.34}$$

となる。

次に、$t=0, u=1$ のときの(5.33)式が、$\mathrm{E}[y(0)|v=1]$ のバウンドであるので、そのバウンドに表5.4の値を代入すると、

$$0 \leq \mathrm{E}[y(0)|v=1] \leq 0.984 \tag{5.35}$$

5.2 ランダム化実験や操作変数法と比較した部分識別法の優位性

表5.4 ドメスティックバイオレンスのランダム化実験：攻撃的な状況の有無ごとの実現処置、被疑者数、再犯率

	(1) 操作変数 (ランダム 割り当て) v	(2) 単調操作変数 (攻撃的な状況) w	(3) 実現処置 z	(4) 被疑者数	(5) 再犯率 $E[y\|z, w, v]$	(6) $P(z\|w, v)$	(7) $P(w\|v)$
①	逮捕 (1)	有 (1)	逮捕 (1)	63	0.11	0.984	$P(w=1\|v=1)$
②	逮捕 (1)	無 (0)	逮捕 (1)	28	0.11	1.000	$=0.696$
③	逮捕 (1)	有 (1)	逮捕しない (0)	1	0	0.016	$P(w=0\|v=1)$
④	逮捕 (1)	無 (0)	逮捕しない (0)	0	0	0	$=0.304$
⑤	逮捕しない (0)	有 (1)	逮捕 (1)	40	0.18	0.305	$P(w=1\|v=0)$
⑥	逮捕しない (0)	無 (0)	逮捕 (1)	4	0.25	0.044	$=0.593$
⑦	逮捕しない (0)	有 (1)	逮捕しない (0)	91	0.21	0.695	$P(w=0\|v=0)$
⑧	逮捕しない (0)	無 (0)	逮捕しない (0)	86	0.23	0.956	$=0.407$

注) (1)、(2)、(3)列のカッコの数字は、それぞれの変数 (v, w, z) の値を示している。

となる。

最後に、操作変数 v_i は、操作変数の仮定 (5.5) 式を満たすので、(5.34) 式のバウンド推定値と (5.35) 式のバウンド推定値の共通集合が、$E[y(0)]$ のバウンドの推定値となる。よって、

$$\max\{0.220, 0\} = 0.220 \leq E[y(0)] \leq \min\{0.375, 0.984\} = 0.375 \tag{5.36}$$

となる。

同様のステップにより、$E[y(1)]$ のバウンドを求める。まず、$t=1, u=0$ のときの (5.33) 式が $E[y(1)|v=0]$ のバウンドであるので、そのバウンドに表5.4の値を代入すると、

$$0.037 \leq E[y(1)|v=0] \leq 0.750 \tag{5.37}$$

となる。

次に、$t=1, v=1$ のときの (5.33) 式が $E[y(1)|v=1]$ のバウンドであるので、そのバウンドに表5.4の値を代入すると

$$0.110 \leq \mathrm{E}[y(1)|v=1] \leq 0.120 \tag{5.38}$$

となる。

最後に、操作変数の仮定(5.9)式より、(5.37)式のバウンド推定値と(5.38)式のバウンド推定値の共通集合が、$\mathrm{E}[y(1)]$ のバウンドの推定値となるので、

$$\max\{0.037, 0.110\} = 0.110 \leq \mathrm{E}[y(1)] \leq \min\{0.750, 0.120\} = 0.120 \tag{5.39}$$

となる。

被疑者全員の逮捕による再犯率への平均処置効果 $\mathrm{E}[y(1)] - \mathrm{E}[y(0)]$ のバウンド推定値は、(5.36)式と(5.39)式より、

$$\begin{aligned}
0.110 - 0.375 = -0.265 &\leq \mathrm{E}[y(1)] - \mathrm{E}[y(0)] \\
&\leq 0.120 - 0.220 = -0.100
\end{aligned} \tag{5.40}$$

となる（表5.2⑥行に記載）。信頼できる仮定である操作変数の仮定と単調操作変数の仮定の下で、被疑者全員を逮捕することによる再犯率の低下は10%から26.5%の間であることがわかる。この再犯率の低下は、5.2.7項で示した操作変数の仮定と単調処置選択の仮定の下での再犯率の低下と同程度であり、逮捕による再犯抑止効果は大きいと判断できる。

Angrist（2006）は、操作変数法を用いて、遵守者の被疑者の逮捕により再犯率が13.2%低下することを示しているが（表5.2②行）、この値は(5.30)式と(5.40)式（表5.2⑤行と⑥行）のバウンドの上限、つまり、被疑者全員の逮捕による再犯率の低下の最小値（10%）に近い。よって、部分識別法が識別するすべての被疑者に対する逮捕の再犯抑止効果は、操作変数法が識別する遵守者の被疑者に対する逮捕の再犯抑止効果よりも、大きくなる可能性がある[11]。

---

11) 5.2.4項の図5.2が示しているような、被疑者全員の平均処置効果（線分◆E□Fの傾き）が、操作変数法の推定値（線分◆I▲Sの傾き）より、絶対値で大きい状況である。

5.3 政策効果の推定（プログラム評価）：食糧配給政策が子どもの健康に与える効果

5.3.1 自己選択問題から生じる政策効果の識別問題

　事実証拠（evidence）に基づく政策を進めていくためには、それぞれの政策がその受益者に与える効果を定量的に評価する必要がある。しかし、多くの場合、政策に参加して受益者となるか否かを、各個人が自己選択して決めるため、自己選択バイアスが生じる。そのため、実現処置変数である政策参加と、結果変数である政策効果の間には、独立の仮定が成立しない可能性が高い。

　Kreider et al.(2012)は、この自己選択バイアス問題を考慮して、米国における低所得者向け食糧配給券（**フードスタンプ**）の配布政策[12]が、低所得者の子どもの健康状態に与える効果をバウンド推定した。まず、図5.3を用いて、フードスタンプ配布政策の効果を推定する際に生じる自己選択バイアス問題、つまり、識別問題を説明する。

　図5.3は、横軸に処置変数 t をとり、フードスタンプを受けない状態を $t=0$、フードスタンプを受ける状態を $t=1$ とする。縦軸に結果変数 $y_i(t)$ をとり、その後の子どもの健康状態が**悪ければ** $y_i(t)=1$、良ければ $y_i(t)=0$ とする。

　分析の対象は、フードスタンプの受給資格がある低所得者層の家族とする。データから観測されるのは、①フードスタンプを実際に受け取らなかった家族の子どもの平均的健康状態 $E[y|z=0]$（●A）と、②フードスタンプを実際に受け取った家族の子どもの平均的健康状態 $E[y|z=1]$（●B）である。しかし、③フードスタンプを実際に受け取らなかった家族の子どもが、仮に、フードスタンプを受け取っていた場合の平均的健康状態 $E[y(1)|z=0]$（○C）と、④フードスタンプを実際に受け取った家族の子どもが、仮に、フードスタンプを受け取っていなかった場合の平均的健康状態 $E[y(0)|z=1]$（○D）は、観測されない。識別したいフードスタンプの配給政策の効果は、低所得者層の受給資格のあるすべての子どもの健康状態が、フードスタンプを受け取らない場合 ($t=0$)

---

[12] 補助的栄養支援プログラム（Supplemental Nutrition Assistance Program：SNAP）と呼ばれる政策である。

図5.3　フードスタンプ政策の評価(1)

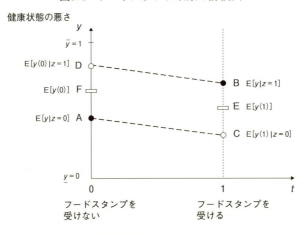

と比べて、フードスタンプを受け取る（$t=1$）場合に、平均的にどれだけ変化するかである。これは、平均処置効果 $E[y(1)]-E[y(0)]$（＝□E−□F）で表される[13]。

しかし、受給資格者の中には、食糧購入に余裕があり、フードスタンプを受け取らなくても子どもの健康状態の良い（$y_i(0)$ が低い）家族もいる。そのような家族は、フードスタンプの申請の手続きが面倒である、フードスタンプを使って購入するのが恥ずかしいなどの理由で、フードスタンプを受け取らない（$z_i=0$）人々もいる。一方、フードスタンプがないと食糧を満足に買えず、子どもの健康状態が悪い（$y_i(0)$ が高い）家族が、フードスタンプを積極的に受け取る（$z_i=1$）傾向がある。このようなフードスタンプの受け取りに対して自己選択問題がある状況では、フードスタンプの実際の受け取り（z_i）と子どもの健康状態（$y_i(t)$）が独立であるという仮定は成立しない可能性が高い。そのため、フードスタンプを実際に受け取らなかった受給資格家族の子どもの健康状態と、フードスタンプを実際に受け取った受給資格家族の子どもの健康状態の観測値を使って、最小二乗法で推定すると、フードスタンプの受け取りは子

---

[13]　$E[y(1)]-E[y(0)]$ は、フードスタンプの受給により、平均的に健康状態がどれだけ**悪化**するかを表している。

5.3 政策効果の推定（プログラム評価）

表5.5　フードスタンプ受給の子どもの健康状態への効果

仮定	推定値	
① 独立の仮定（最小二乗法）	0.015	
	下限	上限
② 何も仮定しない	−0.455	0.545
③ 単調処置選択の仮定	−0.455	0.015
④ 単調処置選択と単調操作変数	−0.398	−0.061
⑤ 単調処置選択と単調操作変数と減少関数	−0.398	−0.061

注）Kreider et al.（2012）のTable 2から抜粋して再掲。

どもの健康状態を悪化させるという結果が得られてしまう。つまり、図5.3のように、$E[y|z=1]-E[y|z=0] = $ ●B−●A は正の値（健康状態の悪化）を示してしまう。実際に、アメリカのNational Health and Nutrition Examination Survey（NHANES）における、子どもの健康状態が「全体的に悪い（poor、$y_j=1$）か、悪くない（fair、$y_j=0$）か」の質問に対する親の回答を結果変数 y_j として用いると、$E[y|z=1]-E[y|z=0] = 0.088-0.073 = 0.015$ となり、フードスタンプを受給すると子どもの健康状態が1.5％ポイント悪化するという結果になる（表5.5の①行に記載）。

5.3.2 政策効果の部分識別

この自己選択問題に対し、Kreider et al.（2012）は、フードスタンプの実際の受け取りと子どもの健康状態の間に独立の仮定を課さずに、代わりに、子どもの健康状態の関数 $y_t(\cdot)$ に、①単調処置選択の仮定、②単調操作変数の仮定、③減少関数の仮定を組み合わせて課して、部分識別の方法で平均処置効果 $E[y(1)]-E[y(0)]$ のバウンドを推定した。

①単調処置選択の仮定

子どもの健康状態の悪い家庭のほうが、フードスタンプを受け取る傾向にある（子どもの健康状態の良い家庭のほうが、フードスタンプを受け取らない傾向にある）と仮定する。具体的には、フードスタンプを受け取らない（$t=0$）、受け取る（$t=1$）という、いずれの場合においても、フードスタンプを実際に受け取らなかった（$z_j=0$）家庭の子どもの平均的な健康状態は、フードスタ

ンプを実際に受け取った（$z_j = 1$）家庭の子どもの平均的健康状態よりも良い、つまり、以下の2本の不等式、

$$E[y|z = 0] (\bullet A) \leq E[y(0)|z = 1] (\circ D) \leq 1$$
$$0 \leq E[y(1)|z = 0] (\circ C) \leq E[y|z = 1] (\bullet B) \tag{5.41}$$

を仮定する[14]。これは、第4章4.2節(4.1)式で示した単調処置選択の仮定である。

単調処置選択の仮定の下でのバウンド　(5.41)式の単調処置選択の仮定の下での平均処置効果 $E[y(1)] - E[y(0)]$ のバウンドを識別する。まず、$E[y(1)]$ と $E[y(0)]$ のバウンドは、$t = 0, 1$、$\underline{y} = 0$、$\overline{y} = 1$ のときの第4章4.2節の(4.4)式である。具体的には、

$$E[y|z = 0] \leq E[y(0)] \leq E[y|z = 0]P(z = 0) + P(z = 1)$$
$$E[y|z = 1]P(z = 1) \leq E[y(1)] \leq E[y|z = 1] \tag{5.42}$$

である。よって、$E[y(1)] - E[y(0)]$ のバウンドは、

$$E[y|z = 1]P(z = 1) - \{E[y|z = 0]P(z = 0) + P(z = 1)\} \leq E[y(1)] - E[y(0)]$$
$$\leq E[y|z = 1] - E[y|z = 0] = \bullet B - \bullet A \tag{5.43}$$

となる。よって、最小二乗推定値 $E[y|z = 1] - E[y|z = 0] = 0.015$ は、単調処置選択の仮定(5.41)式の下での平均処置効果 $E[y(1)] - E[y(0)] = \Box E - \Box F$ の上限となる[15]。

②単調操作変数の仮定

（家族構成で調整した）家計所得が高いほど、その家計の子どもの健康状態は良い傾向にあることが、既存研究より知られている。よって、家計所得を単調操作変数 v_j とする単調操作変数の仮定、つまり、家計所得の階層 $u_1 \in V$、

---

[14] (5.41)式の上の式の上限は $\overline{y} = 1$ より、下の式の下限は $\underline{y} = 0$ より導かれる。

[15] 平均処置効果が上限の最小二乗推定値に達するのは、(5.41)式で $E[y|z = 0] = E[y(0)|z = 1]$ と $E[y(1)|z = 0] = E[y|z = 1]$ が成立するとき、つまり、z_j と $y_j(t)$ の間に独立の仮定が成立するときである。

5.3 政策効果の推定（プログラム評価）

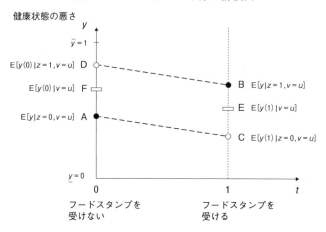

図5.4 フードスタンプ政策の評価(2)

$u_2 \in V$ が、$u_1 \leq u_2$ であるとき、$t = 0, 1$ に対して、

$$E[y(t)|v = u_2] \leq E[y(t)|v = u_1] \tag{5.44}$$

を仮定する。

単調処置選択の仮定と単調操作変数の仮定の下でのバウンド 単調処置選択の仮定(5.41)式と単調操作変数の仮定(5.44)式の下での平均処置効果 $E[y(1)] - E[y(0)]$ のバウンドを識別する。図5.4は、図5.3の結果変数の期待値の関係が、単調操作変数 v_i の条件付き期待値で成立している場合を表している。

ステップ1では、単調処置選択の仮定(5.41)式の下で、$E[y(t)|v = u]$ のバウンドを求める。ステップ2では、単調操作変数の仮定(5.44)式を加えて、$E[y(t)|v = u]$ のバウンドを狭める。ステップ3では、繰り返し期待値の法則を使って、$E[y(t)]$ のバウンドを求める。そして最後に、平均処置効果 $E[y(1)] - E[y(0)]$ のバウンドを求める。

【ステップ1】 単調処置選択の仮定(5.41)式は、家計所得の階層が $u \in V$ である家族に対して成立する。つまり、

$$E[y|z=0, v=u]（図5.4の●A）\leq E[y(0)|z=1, v=u]（○D）\leq 1$$
$$0 \leq E[y(1)|z=0, v=u]（○C）\leq E[y|z=1, v=u]（●B） \tag{5.45}$$

が成立する。

よって、(5.41)式の下で $\mathrm{E}[y(t)]$ のバウンド(5.42)式が識別された過程と同様にして、(5.45)式の仮定の下で $\mathrm{E}[y(t)|v=u]$ のバウンドは、

$$\mathrm{E}[y|z=0, v=u] \leq \mathrm{E}[y(0)|v=u]$$
$$\leq \mathrm{E}[y|z=0, v=u]\mathrm{P}(z=0|v=u) + \mathrm{P}(z=1|v=u) \quad (5.46)$$
$$\mathrm{E}[y|z=1, v=u]\mathrm{P}(z=1|v=u) \leq \mathrm{E}[y(1)|v=u] \leq \mathrm{E}[y|z=1, v=u] \quad (5.47)$$

と識別される。

【ステップ2】単調操作変数の仮定(5.44)式とステップ1で得られたバウンド(5.46)式より、$u_1 \leq u \leq u_2$ に対して、

$$\mathrm{E}[y|z=0, v=u_2] \leq \mathrm{E}[y(0)|v=u_2] \leq \mathrm{E}[y(0)|v=u] \leq \mathrm{E}[y(0)|v=u_1]$$
$$\leq \mathrm{E}[y|z=0, v=u_1]\mathrm{P}(z=0|v=u_1) + \mathrm{P}(z=1|v=u_1) \quad (5.48)$$

である。$u_1 \leq u \leq u_2$ を満たすすべての $u_1 \in V$, $u_2 \in V$ に対して、(5.48)式が成立するので、単調処置選択の仮定と単調操作変数の仮定の下での $\mathrm{E}[y(0)|v=u]$ のバウンドは、

$$\max_{u_2 \geq u} \{\mathrm{E}[y|z=0, v=u_2]\} \leq \mathrm{E}[y(0)|v=u]$$
$$\leq \min_{u_1 \leq u} \{\mathrm{E}[y|z=0, v=u_1]\mathrm{P}(z=0|v=u_1) + \mathrm{P}(z=1|v=u_1)\} \quad (5.49)$$

となる。$\mathrm{E}[y(1)|v=u]$ のバウンドの上限も、(5.44)式と(5.47)式より、$u_1 \leq u \leq u_2$ に対して、

$$\mathrm{E}[y|z=1, v=u_2]\mathrm{P}(z=1|v=u_2) \leq \mathrm{E}[y(1)|v=u_2] \leq \mathrm{E}[y(1)|v=u]$$
$$\leq \mathrm{E}[y(1)|v=u_1] \leq \mathrm{E}[y|z=1, v=u_1] \quad (5.50)$$

である。よって、単調処置選択の仮定と単調操作変数の仮定の下での $\mathrm{E}[y(1)|v=u]$ のバウンドは、

5.3 政策効果の推定（プログラム評価）

$$\max_{u_2 \geq u} \{E[y|z=1, v=u_2]P(z=1|v=u_2)\} \leq E[y(1)|v=u]$$
$$\leq \min_{u_1 \leq u} \{E[y|z=1, v=u_1]\} \tag{5.51}$$

となる。

【ステップ3】 (5.49)式と(5.51)式に、繰り返し期待値の法則を適用することにより、以下の$E[y(0)]$と$E[y(1)]$のバウンドが得られる。

$$\sum_{u \in V} P(v=u) \times \max_{u_2 \geq u} \{E[y|z=0, v=u_2]\} \leq E[y(0)]$$
$$\leq \sum_{u \in V} P(v=u) \times \min_{u_1 \leq u} \{E[y|z=0, v=u_1]P(z=0|v=u_1) + P(z=1|v=u_1)\} \tag{5.52}$$

$$\sum_{u \in V} P(v=u) \times \max_{u_2 \geq u} \{E[y|z=1, v=u_2]P(z=1|v=u_2)\} \leq E[y(1)]$$
$$\leq \sum_{u \in V} P(v=u) \times \min_{u_1 \leq u} \{E[y|z=1, v=u_1]\} \tag{5.53}$$

最後に、単調処置選択の仮定と単調操作変数の仮定の下での平均処置効果$E[y(1)]-E[y(0)]$のバウンドは、

(5.53)式の$E[y(1)]$の下限－(5.52)式の$E[y(0)]$の上限 $\leq E[y(1)]-E[y(0)]$

$\leq$(5.53)式の$E[y(1)]$の上限－(5.52)式の$E[y(0)]$の下限 (5.54)

である。

③減少関数の仮定

フードスタンプの受給により、子どもの健康状態が悪くなることはないと想定することは、政策当局者や研究者にとってコンセンサスであろう。これは、$y_j(\cdot)$の減少関数の仮定、つまり、

$$y_j(1) \leq y_j(0) \tag{5.55}$$

で表される。

減少関数の仮定、単調処置選択の仮定、単調操作変数の仮定をあわせた下でのバウンド 減少関数の仮定(5.55)式、単調処置選択の仮定(5.45)式、単調操作変数の仮定(5.44)式の3つ仮定を合わせた下での平均処置効果$E[y(1)]-E[y(0)]$のバウンドを識別する。ステップ1では、減少関数の仮定と

単調処置選択の仮定の下、$E[y(0)|v=u]$ と $E[y(1)|v=u]$ のバウンドを求める。ステップ2では、単調操作変数の仮定を加えて、$E[y(0)|v=u]$ と $E[y(1)|v=u]$ のバウンドを狭める。ステップ3では、繰り返し期待値の法則を $E[y(0)|v=u]$ と $E[y(1)|v=u]$ のバウンドに適用して、$E[y(0)]$ と $E[y(1)]$ のバウンドを求める。最後に、$E[y(1)]-E[y(0)]$ のバウンドを求める。

【ステップ1】減少関数の仮定と単調処置選択の仮定の下、$E[y(t)|v=u]$ のバウンドを求める。そのため、$E[y(t)|v=u]$ に対して、第4章4.2節の「増加関数と単調処置選択の仮定の下でのバウンド(4.18)式」の導出の方法を適用する。

まず、減少関数の仮定(5.55)式より、

$$E[y|z=1, v=u] \text{(図5.4の●B)} \leq E[y(0)|z=1, v=u] \text{(図5.4の○D)} \leq 1$$
$$0 \leq E[y(1)|z=0, v=u] \text{(○C)} \leq E[y|z=0, v=u] \text{(●A)} \quad (5.56)$$

が成立する。

減少関数と単調処置選択の両方を仮定することは、減少関数の仮定(5.56)式と単調処置選択の仮定(5.45)式の共通集合を仮定することである。その共通集合は、

$$\max\{E[y|z=0, v=u](\bullet A), E[y|z=1, v=u](\bullet B)\}$$
$$\leq E[y(0)|z=1, v=u](\circ D) \leq 1 \quad (5.57)$$
$$0 \leq E[y(1)|z=0, v=u](\circ C)$$
$$\leq \min\{E[y|z=0, v=u](\bullet A), E[y|z=1, v=u](\bullet B)\} \quad (5.58)$$

となる[16]。

最後に、(5.57)式の仮定の下、$E[y(0)|v=u]$ のバウンドを求めよう。繰り返

---

[16] 第4章4.2節において、増加関数の仮定と単調処置選択の仮定の共通集合は、(4.16)式と(4.17)式であった。(4.16)式では、識別対象の $E[y(t)|z=s_1]$ を実現結果変数である $E[y|z=s_1]$ と $E[y(t)|z=t]$ が両側からバウンドし、(4.17)式では、$E[y(t)|z=s_2]$ を実現結果変数である $E[y(t)|z=t]$ と $E[y|z=s_2]$ が両側からバウンドしていた。それに対し、本項での減少関数の仮定と単調処置選択の仮定の共通集合である(5.57)式では、実現結果変数である $E[y|z=0, v=u]$ と $E[y|z=1, v=u]$ が、識別対象の $E[y(0)|z=1, v=u]$ の下限の識別のみに使われ、(5.58)式では $E[y(1)|z=0, v=u]$ の上限の識別のみに使われている。

5.3 政策効果の推定（プログラム評価）

し期待値の法則より、$E[y(0)|v=u]$ は、

$$E[y(0)|v=u](\square F) = E[y|z=0, v=u](\bullet A) \times P(z=0|v=u)$$
$$+ E[y(0)|z=1, v=u](\circ D) \times P(z=1|v=u) \quad (5.59)$$

である。(5.59)式の $E[y(0)|z=1, v=u](\circ D)$ は観測されないので、$E[y(0)|z=1, v=u]$ に、(5.57)式を代入すると、

$$E[y|z=0, v=u]P(z=0|v=u) + \max\{E[y|z=0, v=u], E[y|z=1, v=u]\}$$
$$\times P(z=1|v=u)$$
$$= \max\{E[y|z=0, v=u], E[y|v=u]\} \leq E[y(0)|v=u]$$
$$\leq E[y|z=0, v=u]P(z=0|v=u) + P(z=1|v=u) \quad (5.60)$$

とバウンド識別される。

次に、(5.58)式の仮定の下、$E[y(1)|v=u]$ のバウンドを求める。繰り返し期待値の法則より、$E[y(1)|v=u]$ は、

$$E[y(1)|v=u](\square E) = E[y(1)|z=0, v=u](\circ C) \times P(z=0|v=u)$$
$$+ E[y|z=1, v=u](\bullet B) \times P(z=1|v=u) \quad (5.61)$$

である。(5.61)式の $E[y(1)|z=0, v=u](\circ C)$ は観測されないので、$E[y(1)|z=0, v=u]$ に、(5.58)式を代入すると、

$$E[y|z=1, v=u]P(z=1|v=u) \leq E[y(1)|v=u]$$
$$\leq \min\{E[y|z=0, v=u], E[y|z=1, v=u]\} \times P(z=0|v=u)$$
$$+ E[y|z=1, v=u]P(z=1|v=u)$$
$$= \min\{E[y|v=u], E[y|z=1, v=u]\} \quad (5.62)$$

とバウンド識別される。

【ステップ2】 (5.60)式の $E[y(0)|v=u]$ のバウンドに、単調操作変数の仮定を追加して、$E[y(0)|v=u]$ のバウンドを狭める。

単調操作変数の仮定(5.44)式と、ステップ1で得られたバウンド(5.60)式より、$u_1 \leq u \leq u_2$ に対して、

$$\max\{E[y|z=0, v=u_2], E[y|v=u_2]\} \leq E[y(0)|v=u_2]$$
$$\leq E[y(0)|v=u] \leq E[y(0)|v=u_1]$$
$$\leq E[y|z=0, v=u_1]P(z=0|v=u_1)+P(z=1|v=u_1) \quad (5.63)$$

である。

$u_1 \leq u \leq u_2$ を満たすすべての $u_1 \in V$, $u_2 \in V$ に対して、(5.63)式が成立するので、$E[y(0)|v=u]$ のバウンドは、

$$\max_{u_2 \geq u}\max\{E[y|z=0, v=u_2], E[y|v=u_2]\} \leq E[y(0)|v=u]$$
$$\leq \min_{u_1 \leq u}\{E[y|z=0, v=u_1]P(z=0|v=u_1)+P(z=1|v=u_1)\} \quad (5.64)$$

である。

$E[y(1)|v=u]$ のバウンドは、同様にして求めることができる。単調操作変数の仮定(5.44)式と(5.62)式より、$u_1 \leq u \leq u_2$ に対して、

$$E[y|z=1, v=u_2]P(z=1|v=u_2) \leq E[y(1)|v=u_2] \leq E[y(1)|v=u]$$
$$\leq E[y(1)|v=u_1] \leq \min\{E[y|v=u_1], E[y|z=1, v=u_1]\} \quad (5.65)$$

である。(5.65)式より、$E[y(1)|v=u]$ のバウンドは、

$$\max_{u_2 \geq u}\{E[y|z=1, v=u_2]P(z=1|v=u_2)\} \leq E[y(1)|v=u]$$
$$\leq \min_{u_1 \leq u}\min\{E[y|v=u_1], E[y|z=1, v=u_1]\} \quad (5.66)$$

である。

【ステップ3】 $E[y(0)]$ のバウンドは、(5.64)式を繰り返し期待値の法則で足し合わせることにより、

$$\sum_{u \in V} P(v=u) \times \max_{u_2 \geq u}\max\{E[y|z=0, v=u_2], E[y|v=u_2]\} \leq E[y(0)]$$
$$\leq \sum_{u \in V} P(v=u) \times \min_{u_1 \leq u}\{E[y|z=0, v=u_1]P(z=0|v=u_1)+P(z=1|v=u_1)\}$$
$$(5.67)$$

を得られる。一方、$E[y(1)]$ のバウンドは、(5.66)式を繰り返し期待値の法則で足し合わせることにより、

$$\sum_{u \in V} P(v=u) \times \max_{u_2 \geq u} \{E[y|z=1, v=u_2]P(z=1|v=u_2)\} \leq E[y(1)]$$
$$\leq \sum_{u \in V} P(v=u) \times \min_{u_1 \leq u} \min \{E[y|v=u_1], E[y|z=1, v=u_1]\} \quad (5.68)$$

を得られる[17]。

最後に、減少関数の仮定、単調処置選択の仮定、単調操作変数の仮定を合わせた下での平均処置効果 $E[y(1)]-E[y(0)]$ のバウンドは、(5.67)式と(5.68)式より、

(5.68)式の $E[y(1)]$ の下限 $-$ (5.67)式の $E[y(0)]$ の上限 $\leq E[y(1)]-E[y(0)]$

$\leq$ (5.68)式の $E[y(1)]$ の上限 $-$ (5.67)式の $E[y(0)]$ の下限 $\quad (5.69)$

である。

5.3.3 推定結果

それでは、Kreider et al. (2012)によるアメリカのNHANESのデータを使った推定結果の表5.5を見てみよう。

(i) 何も仮定しないときのバウンド推定値は、下限-0.455、上限0.545であり(表5.5の②行)、そのバウンドに正と負の両方の領域を含むため、フードスタンプの受給が健康を改善させるか悪化させるかわからない。

(ii) 単調処置選択の仮定を課すと、バウンド(5.43)式の推定値は、下限-0.455、上限0.015となり(表5.5の③行)、下限は変わらないものの、上限を大幅に狭めることができ、バウンド内の正の領域が小さくなる。よって、フードスタンプの受給が子どもの健康を改善させる可能性が高まる。

(iii) 単調処置選択の仮定に、単調操作変数の仮定を加えると、バウンド(5.54)式の推定値は、下限-0.398、上限-0.061となり(表5.5の④行)、バウンドの領域は負であるので、フードスタンプの受給が健康を改善すると結論できる。

(iv) 単調処置選択の仮定と、単調操作変数の仮定に、減少関数の仮定を加える

---

[17] 単調処置選択と単調操作変数の仮定の下での$E[y(t)]$のバウンドである(5.52)式、(5.53)式と比較すると、(5.67)式ではバウンドの下限の $E[y|v=u_2]$ が、(5.68)式ではバウンドの上限の $E[y|v=u_1]$ が新たに識別力を持つことがわかる。これが、単調処置選択と単調操作変数の仮定に追加された減少関数の仮定の識別力である。

と、バウンド(5.69)式の推定値は、下限−0.398、上限−0.061となり（表5.5の⑤行）、(iii)の単調処置選択と単調操作変数の仮定の下でのバウンド推定値と変わらない。よって、単調処置選択と単調操作変数の仮定に対して、減少関数の仮定の識別力は弱いことがわかる。

ここで、仮定を課す順序に注意する必要がある。このフードスタンプの政策効果の推定では、①単調処置選択の仮定、②単調操作変数の仮定、③減少関数の仮定の順に課している。それは、このフードスタンプの実証研究では、①単調処置選択の仮定が最も信頼できる弱い仮定であり、②単調操作変数の仮定が続き、③減少関数の仮定は強い仮定であるからである。③の減少関数の仮定が強い仮定であるのは、この仮定が、フードスタンプの受給により、子どもの健康状態が悪化しないこと、つまり、政策効果の符号を仮定しているからである[18]。

一方、第2章から第4章で用いた、教育のリターンのバウンドの識別にあたっては、逆に、増加関数の仮定③を最初に課し、それに加えて、単調操作変数の仮定②や単調処置選択の仮定①を課していった。教育のリターンの実証研究では、「教育を受けると賃金は高くなる」という増加関数の仮定が、最も信頼できる弱い仮定であるからである。このように、部分識別で課す仮定は、対象となる経済問題によって信頼性が異なり、課す順序も異なってくる。第1章の補論1でも説明したように、対象となる経済問題ごとに、どの仮定を、どの順序で課すのかを、適切に判断することが重要である。

5.4 確率分布の推定：賃金の分布、および、それから推定される不平等の度合い

5.4.1 確率分布の識別問題

部分識別の方法により、結果変数 $y_i(t)$ の期待値 $E[y(t)]$ だけでなく、結果変数 $y_i(t)$ の母集団の確率分布 $P[y(t)]$ を、バウンドで識別することができる。本

---

[18] 減少関数の仮定を課して、平均処置効果を推定する目的は、フードスタンプの受給が健康状態を改善することを前提にした上で、その改善の程度を知るためである。

5.4 確率分布の推定：賃金の分布、および、それから推定される不平等の度合い

節では、働いている人（就業者）の賃金 $y_i(t)$ だけでなく、現在働いていない人（失業者や就業意欲喪失者などの非就業者）が、仮に働いた場合に得られる賃金 $y_i(t)$ をも含んだ、母集団全員の賃金 $y_i(t)$ の分布 $P[y(t)]$ を識別することにより、母集団全員に関する賃金の不平等、あるいは、格差の度合いを識別したBlundell et al.（2007）を説明する。

賃金分布を識別する場合、非就業者を含む母集団全員を対象として識別するのが適切である理由と、そのように識別する際の問題点（識別問題）を説明する。

労働市場において、高い賃金を稼げる人のほうがより就業する傾向にある一方、就業したとしても低い賃金しか得られない人は、就業しないで非就業を選択する傾向がある。そのため、もし、就業しても低い賃金しか得られないという理由で非就業を自己選択した人が、仮に就業したとした場合の賃金分布は、観測される実際の就業者のみの賃金分布より、下位に（左に）位置するであろうと考えられる。

その結果、非就業者を含めた、母集団全員の賃金分布から見られる不平等は、観測される実際の就業者の賃金分布から見られる不平等より、大きく表れるであろう。例えば、女性の就業率は男性の就業率より低いが、それは、女性が就業した場合の賃金が男性の賃金より低いために就業を諦めた女性も多いからである可能性が高い。そのような非就業の女性も含めた女性と男性の間の賃金格差は、実際に観測される就業女性と就業男性の賃金格差より、大きいであろうと考えられる。したがって、労働市場における真の賃金格差を知るためには、非就業者が仮に就業したとした場合の賃金を含めた母集団全員の賃金分布を識別する必要がある。

しかし、「非就業者が仮に就業した場合の賃金分布」は、実際には存在しない仮想的な賃金分布であるから、直接的には観測することができない。前述したように、人々が就業するか、非就業になるかを自己選択して決める場合、非就業を自己選択した人が仮に就業した場合に得られる賃金の分布と、実際に観測される就業者の賃金分布は異なるであろう。そのため、非就業者が仮に就業した場合に得られる賃金を含めた母集団全員の賃金分布は、識別できない。これが、母集団の分布の識別問題である。

以下では、この識別問題と、それに対する部分識別の対処方法を、モデルを使って説明する。

処置変数 t は、非就業（$t=0$）と就業（$t=1$）である。ここでの目的は、就業者と非就業者を合わせた母集団の賃金分布、すなわち、就業者（$z_j=1$）の賃金だけでなく、仮に非就業者（$z_j=0$）がもし働いていたら（$t=1$）得られたであろう賃金も含んだ、全員の賃金分布 $P[y(1)]$ を、識別することである。全確率の法則より、任意の実数 α に対し、母集団の賃金分布 $P[y(1) \leq \alpha]$ は、

$$P[y(1) \leq \alpha] = P[y(1) \leq \alpha | z=1]P(z=1) \\ + P[y(1) \leq \alpha | z=0]P(z=0) \tag{5.70}$$

となる[19]。(5.70)式で、観測できるのは、

- 就業者（$z_j=1$）の賃金 $y_j(1)$ の分布である $P[y(1) \leq \alpha | z=1] = P[y \leq \alpha | z=1]$
- 就業者（$z_j=1$）の人口比率である $P(z=1)$
- 非就業者（$z_j=0$）の人口比率である $P(z=0)$

の3つである。

しかし、非就業者（$z_j=0$）が、もし働いていたら（$t=1$）得られたであろう賃金 $y_j(1)$ の分布 $P[y(1) \leq \alpha | z=0]$ は、未実現で仮想的な分布であるため、観測できない。そのため、(5.70)式より、母集団の賃金分布 $P[y(1) \leq \alpha]$ は点識別できない。

もし、実現処置変数 z_j と結果変数 $y_j(t)$ の間に**統計的独立の仮定**

$$P[y(1) \leq \alpha | z=0] = P[y(1) \leq \alpha | z=1] \tag{5.71}$$

が成立するのであれば、(5.70)式の観測されない $P[y(1) \leq \alpha | z=0]$ に(5.71)式を代入することにより、母集団の賃金分布 $P[y(1) \leq \alpha]$ は、観測される就業者の賃金分布 $P[y(1) \leq \alpha | z=1]$ と同じになる。しかし、前述したように、人々

---

[19] 全確率の法則については、第1章補論2を参照。全確率の法則や5.4.2項の確率分布のバウンド①と②は、確率密度関数でも、累積分布関数でも成立するが、ここでは、累積分布関数の表記 $P[y(t) \leq \alpha]$, $P[y(t) \leq \alpha | z]$, $P[y(t) \leq \alpha | v]$ で記述する。

5.4 確率分布の推定：賃金の分布、および、それから推定される不平等の度合い

は就業するか（$z_j = 1$）、就業しないか（$z_j = 0$）という選択を、就業した場合の賃金（$y_j(1)$）を考慮した上で自己選択しているため、(5.71)式の統計的独立の仮定は、根拠に乏しい仮定といえる。

5.4.2 確率分布の部分識別

上記の就業者と非就業者を合わせた母集団の賃金分布 $P[y(1) \leq \alpha]$ は識別できないという識別問題に対し、Blundell et al. (2007) は、部分識別の方法を使うことにより、母集団の賃金分布をバウンドで識別した。

本書ではこれまで、結果変数 $y_j(t)$ の母集団の分布 $P[y(t) \leq \alpha]$ のバウンドについて、①何も仮定しないときのバウンド（第 1 章1.7節）、②操作変数と結果変数の統計的独立の仮定の下でのバウンド（第 3 章3.2節）、③単調操作変数の分布バージョンの仮定の下でのバウンド（第 3 章3.3節）、④単調処置選択の分布バージョンの仮定の下でのバウンド（第 4 章4.2節）を説明した。ここで、これらのバウンドを整理しよう。

①何も仮定しないときのバウンド（第 1 章1.7節(1.20)式）

(5.70)式において、観測されなかった $P[y(1) \leq \alpha | z = 0]$ は確率であるから、$0 \leq P[y(1) \leq \alpha | z = 0] \leq 1$ が必ず成立する。よって、(5.70)式の $P[y(1) \leq \alpha | z = 0]$ をこの不等式で置き換えると、任意の実数 $\alpha \in Y$ に対し、

$$P[y(1) \leq \alpha | z = 1]P(z = 1) \leq P[y(1) \leq \alpha]$$
$$\leq P[y(1) \leq \alpha | z = 1]P(z = 1) + P(z = 0) \quad (5.72)$$

が得られる。バウンドの幅は、$P(z = 0)$ である。

②操作変数と結果変数の統計的独立の仮定の下でのバウンド（第 3 章3.2節(3.15)式）

操作変数と結果変数の統計的独立の仮定（第 3 章3.2節(3.12)式）は、操作変数の定義域 V に含まれる任意の値 $u_1 \in V$, $u_2 \in V$ と、任意の実数 α に対して、

$$P[y(1) \leq \alpha | v = u_1] = P[y(1) \leq \alpha | v = u_2] = P[y(1) \leq \alpha] \quad (5.73)$$

である。

第3章3.2節(3.14)式より、$y_j(t)$ に何も仮定しないときの分布 $P[y(1) \leq \alpha | v = u]$ のバウンドは、

$$P[y \leq \alpha | z = 1, v = u]P(z = 1 | v = u) \leq P[y(1) \leq \alpha | v = u]$$
$$\leq P[y \leq \alpha | z = 1, v = u]P(z = 1 | v = u) + P(z = 0 | v = u) \quad (5.74)$$

となる。操作変数の仮定(5.73)式より、$P[y(1) \leq \alpha]$ のバウンドは、すべての $u \in V$ に対する、(5.74)式の $P[y(1) \leq \alpha | v = u]$ のバウンドの共通集合である、

$$\max_{u \in V} \{P[y \leq \alpha | z = 1, v = u]P(z = 1 | v = u)\} \leq P[y(1) \leq \alpha]$$
$$\leq \min_{u \in V} \{P[y \leq \alpha | z = 1, v = u]P(z = 1 | v = u) + P(z = 0 | v = u)\} \quad (5.75)$$

となる。

③単調操作変数の分布バージョンの仮定の下でのバウンド(第3章3.3節(3.32)式)

単調操作変数の分布バージョンの仮定(第3章3.3節(3.30)式)は、単調操作変数の定義域 V に含まれる値 $u_1 \in V$, $u_2 \in V$ が、$u_1 \leq u_2$ であるとき、任意の実数 α に対し、

$$P[y(1) \leq \alpha | v = u_1] \geq P[y(1) \leq \alpha | v = u_2] \quad (5.76)$$

である。これは、大きい単調操作変数 $v_j = u_2$ を持つ人々の（就業したときの）賃金 $y_j(1)$ が、小さい単調操作変数 $v_j = u_1$ を持つ人々の（就業したときの）賃金 $y_j(1)$ を確率優越することを意味している[20]。

この仮定の下での分布 $P[y(1)]$ のバウンドは、第3章(3.32)式より、

$$\sum_{u \in V} P(v = u) \max_{u_2 \geq u} \{P[y \leq \alpha | z = 1, v = u_2]P(z = 1 | v = u_2)\} \leq P[y(1) \leq \alpha]$$
$$\leq \sum_{u \in V} P(v = u) \min_{u_1 \leq u} \{P[y \leq \alpha | z = 1, v = u_1]P(z = 1 | v = u_1)$$
$$+ P(z = 0 | v = u_1)\} \quad (5.77)$$

である。

---

20) 確率優越については、第2章補論を参照。

5.4 確率分布の推定：賃金の分布、および、それから推定される不平等の度合い

　Blundell et al.（2007）は、単調操作変数として失業給付金を用いた。イギリスの失業給付金の制度では、失業給付金の中に住宅給付額が多く含まれている。そして、その住宅給付額は、居住する住宅の賃料に比例して決められている。そのため、高い賃金を稼ぐ能力のある人は、就業しているときに高い賃料の住宅に住む傾向があり、その人が失業したときに、高い失業給付金を受け取る傾向がある。よって、失業時に高い失業給付金（$v_j = u_2 \geq u_1$）を受け取っていた人が就業した場合の賃金は、低い失業給付金（$v_j = u_1$）を受け取っていた人が就業した場合の賃金より高い傾向にある（$P[y(1) \leq a | v = u_2]$は$P[y(1) \leq a | v = u_1]$を確率優越する(5.76)式）と考えられる。

④単調処置選択の分布バージョンの仮定の下でのバウンド（第4章第4.2節(4.14)式）

　単調処置選択の分布バージョンの仮定は第4章第4.2節(4.11)式、つまり、任意の実数aに対し、

$$P[y(1) \leq a | z = 1] (= P[y \leq a | z = 1]) \leq P[y(1) \leq a | z = 0] \leq 1 \quad (5.78)$$

で表され、就業者（$z_j = 1$）の賃金$y_j(1)$が、非就業者（$z_j = 0$）が就業した場合の賃金$y_j(1)$を確率優越することを意味している。つまり、高い賃金を稼ぐ能力のある人ほど、就業する傾向にあることを意味している。

　この仮定の下での分布$P[y(1)]$のバウンドは、(5.70)式の観測されない$P[y(1) \leq a | z = 0]$を、(5.78)式のバウンドで置き換えることにより、

$$P[y \leq a | z = 1] \leq P[y(1) \leq a] \leq P[y \leq a | z = 1]P(z = 1) + P(z = 0) \quad (5.79)$$

となる。

5.4.3　賃金の分布とその不平等の度合いの推定結果

　Blundell et al.（2007）は、イギリスの1978年から2000年までのU.K. Family Expenditure Survey（FES）のデータを使って、①何も仮定しない場合、③単調操作変数の分布バージョンの仮定を課した場合、④単調処置選択の分布バージョンの仮定を課した場合、それぞれの場合における母集団の賃金分布

$P[y(1) \leq \alpha]$ のバウンドを年ごとに推定した[21]。そして、そのバウンド推定値をもとにして、(1)母集団における賃金格差のバウンドを推定し、(2)学歴間の賃金格差、および、男女間の賃金格差のバウンドを推定した。

(1) 母集団における賃金格差のバウンドの推定

識別した母集団の賃金分布 $P[y(1) \leq \alpha]$ のバウンドを使って、母集団の賃金分布 $P[y(1) \leq \alpha]$ の**四分位範囲**（Inter Quartile Range）のバウンドを識別する。四分位範囲とは、分布の第3四分位数（75パーセンタイル）から第1四分位数（25パーセンタイル）を引いた値である[22]。$P[y(1) \leq \alpha]$ の第3四分位数 $Q_{3/4}$ と第1四分位数 $Q_{1/4}$ は、

$$Q_{3/4} = \inf \left\{ \alpha \middle| P[y(1) \leq \alpha] \geq \frac{3}{4} \right\}, \quad Q_{1/4} = \inf \left\{ \alpha \middle| P[y(1) \leq \alpha] \geq \frac{1}{4} \right\} \quad (5.80)$$

である。$P[y(1) \leq \alpha]$ の四分位範囲 IQR は、

$$IQR = Q_{3/4} - Q_{1/4} \quad (5.81)$$

である。賃金分布の四分位範囲 IQR が大きければ（広ければ）、賃金の上位4分の1の人々の賃金と下位4分の1の人々の賃金の差が大きいことを示しており、賃金の不平等、あるいは、格差が大きいことを示している[23]。

母集団の賃金分布 $P[y(1) \leq \alpha]$ のバウンドが識別されると、母集団の賃金分布 $P[y(1) \leq \alpha]$ の四分位範囲 IQR のバウンドも識別される。例えば、何も仮定しないときの母集団の賃金分布 $P[y(1) \leq \alpha]$ のバウンド (5.72)式が、図5.5のように識別されたとしよう。母集団の賃金分布 $P[y(1) \leq \alpha]$ の下限は、観測され

---

[21] Blundell et al. (2007) は、「②操作変数と結果変数の統計的独立の仮定の下でのバウンド」を、「③単調操作変数の分布バージョンの仮定の下でのバウンド」の推定において単調操作変数として用いる「失業給付金」が、操作変数と結果変数の統計的独立の仮定(5.73)式を満たすか、単調操作変数の分布バージョンの仮定(5.76)式を満たすかの検定にのみ用いている。検定結果は、失業給付金は操作変数と結果変数の統計的独立の仮定を満たさず、単調操作変数の分布バージョンの仮定を満たした。

[22] 箱ひげ図では、箱の長さ（箱の上端から下端までの長さ）である。

[23] 正確には、「賃金分布の四分位範囲は、賃金の最上位から4分の1番目の人の賃金と、最下位から4分の1番目の人の賃金の差」である。

5.4 確率分布の推定：賃金の分布、および、それから推定される不平等の度合い

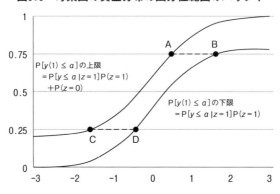

図5.5 母集団の賃金分布の四分位範囲のバウンド

る就業者の賃金分布に就業者の割合を掛けた $P[y \leq \alpha|z=1]P(z=1)$ であり、上限は、下限を非就業者の割合だけ上に平行移動させた $P[y \leq \alpha|z=1]P(z=1)+P(z=0)$ である。母集団の賃金分布 $P[y(1) \leq \alpha]$ の第3四分位数 $Q_{3/4}$ のバウンドは、

$$P[y \leq \alpha|z=1]P(z=1)+P(z=0) \text{ の第3四分位数} (\bullet A) \leq Q_{3/4}$$
$$\leq P[y \leq \alpha|z=1]P(z=1) \text{ の第3四分位数} (\bullet B) \quad (5.82)$$

である。母集団の賃金分布 $P[y(1) \leq \alpha]$ の第1四分位数 $Q_{1/4}$ のバウンドは、

$$P[y \leq \alpha|z=1]P(z=1)+P(z=0) \text{ の第1四分位数} (\bullet C) \leq Q_{1/4}$$
$$\leq P[y \leq \alpha|z=1]P(z=1) \text{ の第1四分位数} (\bullet D) \quad (5.83)$$

である。よって、何も仮定しないとき、母集団の賃金分布 $P[y(1) \leq \alpha]$ の四分位範囲 IQR (5.81)式のバウンドの下限は、

$$\max\{0, P[y \leq \alpha|z=1]P(z=1)+P(z=0) \text{ の第3四分位数}$$
$$-P[y \leq \alpha|z=1]P(z=1) \text{ の第1四分位数} (= \bullet A - \bullet D)\} \leq IQR \quad (5.84)$$

となる。一方、何も仮定しないときの四分位範囲 IQR のバウンドの上限は、$P[y \leq \alpha|z=1]$ を y の条件付き累積分布関数 $F_y[\alpha|z=1]$ と表すと、

$$IQR \leq \sup_{\substack{F[y|z=1]\mathrm{P}(z=1)+F(z=0) \text{の第1四分位数} \\ \leq \varphi \leq F[y|z=1] \text{の第1四分位数}}} \left\{ F^{-1}\left[\frac{0.5}{\mathrm{P}(z=1)} + F[\varphi|z=1]\bigg|z=1\right] - \varphi \right\} \quad (5.85)$$

である。(5.85)式の導出は、本章の補論3で説明する。

Blundell et al. (2007) は、1978年から1998年までのU.K. Family Expenditure Survey (FES) のデータを用いて、(5.84)式と(5.85)式の母集団の賃金分布 $\mathrm{P}[y(1) \leq a]$ の四分位範囲 IQR のバウンドを、年ごとに推定した。d 年の母集団の賃金分布 $\mathrm{P}[y(1) \leq a]$ の四分位範囲を IQR_d と表し、そのバウンドの下限(5.84)式の推定値を「IQR_d の下限」と表し、上限(5.85)式の推定値を「IQR_d の上限」と表す。

1978年から1998年にかけて、母集団の賃金分布の四分位範囲がどれだけ変化したかは、$IQR_{1998} - IQR_{1978}$ で表される。この $IQR_{1998} - IQR_{1978}$ のバウンドは、

$$IQR_{1998} \text{の下限} - IQR_{1978} \text{の上限} \leq IQR_{1998} - IQR_{1978}$$
$$\leq IQR_{1998} \text{の上限} - IQR_{1978} \text{の下限} \quad (5.86)$$

である。

表5.6は、男性の賃金分布について、①何も仮定しない場合(①行)、③単調操作変数の仮定を課した場合(②行)、④単調処置選択の仮定を課した場合(③行)のそれぞれの場合に、(5.86)式の $IQR_{1998} - IQR_{1978}$ のバウンドの下限の推定値を示している[24]。この推定値が正であれば、$IQR_{1978} < IQR_{1998}$ であるから、1978年から1998年にかけて、男性賃金の四分位範囲、つまり、男性の賃金格差は確実に拡大したといえる。表5.6①行の推定結果より、何も仮定しない場合でも、非就業者を含めた母集団の賃金格差は確実に広がったといえる。さらに、単調操作変数の仮定(②行)や単調処置選択の仮定(③行)といった信頼でき

---

24) 何も仮定しないときの母集団の賃金分布のバウンド(5.72)式からその四分位範囲のバウンド(5.84)式と(5.85)式を求めたのと同様の手順により、単調操作変数の仮定を課した場合の母集団の賃金分布のバウンド(5.77)式から、その四分位範囲のバウンドを求めることができる。同様に、単調処置選択の仮定を課した場合の母集団の賃金分布のバウンド(5.79)式から、その四分位範囲のバウンドを求めることができる。

5.4 確率分布の推定:賃金の分布、および、それから推定される不平等の度合い

表5.6 賃金格差の変化

仮定	78〜98年の四分位 範囲の変化の下限
① 何も仮定しない	0.089
② 単調操作変数の仮定	0.189
③ 単調処置選択の仮定	0.185
④ 就業者の観測値	0.268

注)Blundell et al.(2007)のTable 1から抜粋して再掲。

る弱い仮定を課した場合には、母集団の賃金格差は、最小でも19%ポイント拡大したと言える[25]。④行の観測される就業者の賃金格差($P[y \le \alpha|z=1]$の四分位範囲)は、1978年から1998年にかけて、27%ポイントの上昇である。よって、非就業者も含めた労働者全員の賃金格差の拡大は、観測される就業者の賃金格差の拡大と同程度かそれ以上であったと言える[26]。

(2) 学歴間の賃金格差、および、男女間の賃金格差のバウンドの推定

学歴間の賃金格差のバウンドを推定した。具体的には、大卒の(非就業者を含めた)労働者全員の賃金分布の中央値と、中卒・高卒の(非就業者を含めた)労働者全員の賃金分布の中央値の差をとり、それを学歴間の賃金格差として、そのバウンドを推定した[27]。その結果、大卒と中・高卒の学歴間の賃金格差は拡大しており、とくに若い世代で顕著であることがわかった。

---

25) $0.19 \le IQR_{1998} - IQR_{1978}$、つまり、$IQR_{1978} + 0.19 \le IQR_{1998}$ である。
26) Blundell et al.(2007)は、単調操作変数の仮定と単調処置選択の仮定の両方を課してのバウンドを推定していない。
27) 母集団の賃金分布の中央値は、$Q_{1/2} = \inf\{\alpha | P[y(1) \le \alpha] \ge 1/2\}$ である。そのバウンドは、(5.82)式の第3四分位数 $Q_{3/4}$ のバウンドや(5.83)式の第1四分位数 $Q_{1/4}$ のバウンドと同様の方法で識別できる。例えば、何も仮定しない場合の中央値のバウンドは、

$$P[y \le \alpha|z=1]P(z=1) + P(z=0) \text{の中央値} \le Q_{1/2}$$
$$\le P[y \le \alpha|z=1]P(z=1) \text{の中央値} \quad (A5.1)$$

と識別される。そこで、①大卒の母集団の賃金分布の中央値($Q_{1/2}^{大卒}$)のバウンド($Q_{1/2}^{大卒}$の下限, $Q_{1/2}^{大卒}$の上限)、および、中・高卒の母集団の賃金分布の中央値($Q_{1/2}^{中高卒}$)のバウンド($Q_{1/2}^{中高卒}$の下限, $Q_{1/2}^{中高卒}$の上限)を、それぞれ推定する。②$Q_{1/2}^{大卒} - Q_{1/2}^{中高卒}$を学歴間の賃金格差とする。そのバウンドの下限は「$Q_{1/2}^{大卒}$の下限 $- Q_{1/2}^{中高卒}$の上限」であり、そのバウンドの上限は「$Q_{1/2}^{大卒}$の上限 $- Q_{1/2}^{中高卒}$の下限」であるので、それぞれ、①の推定値から求める。

また、男女の賃金格差として、男性の非就業者を含めた母集団の賃金分布の中央値と、女性の非就業者を含めた母集団の賃金分布の中央値の差をとり、そのバウンドを推定した。その結果、(i)男女の賃金格差は縮小されてきており、とくに若い高卒以下の女性で大きく縮小している。しかし、それ以外の、とくに中年以上の女性グループや、大卒以上の女性グループでは、賃金格差はあまり縮小していないことが明らかになった。(ii)女性の非就業者率が高いため、非就業者を含む女性グループ内での賃金格差のバウンド推定値や、非就業者を含む男女間の賃金格差のバウンド推定値は広くなった。このことは、われわれが観測している就業女性グループ内での賃金格差は、非就業女性を含む女性グループ内の真の賃金格差を過小評価しており、われわれが観測している（就業者の）男女間の賃金格差は、非就業女性を含む男女間の真の賃金格差を過小評価している可能性を示唆している[28]。

5.5 おわりに

本章では、第1章から第4章までに説明した部分識別の方法を用いた実証研究を説明した。まず、ランダム化実験や操作変数法による推定結果と比較して、部分識別の方法による推定結果がどう異なるのかを、ミネアポリス市のドメスティックバイオレンスの被疑者逮捕の実験を使って説明した。次に、政策評価の例として、フードスタンプの配給政策が子どもの健康に与える効果を、①単調処置選択の仮定、②単調操作変数の仮定、③減少関数の仮定の順に仮定を加えていきながら、バウンドで推定した。最後に、実際に就業している人々の賃金だけでなく、就業していない人々が就業した場合に得られる賃金をも含めた、

---

28) 例えば、何も仮定しないバウンド(5.72)式では、女性の非就業者率 $P(z=0)$ が高い場合、女性の母集団の賃金分布 $P[y(1) \leq a]$ のバウンドが広くなる（つまり、図5.5の2つの分布曲線の間隔が広くなる）。このとき、①女性の母集団の賃金分布の四分位範囲（つまり、女性グループ内での賃金格差）のバウンド(5.84)式と(5.85)式も広くなる。②女性の母集団の中央値のバウンド(A5.1)式も広くなるので、「男性の母集団の中央値－女性の母集団の中央値」（つまり、男女の賃金格差）のバウンドも広くなる。

全員の賃金分布を、①単調操作変数の仮定と②単調処置選択の仮定の下で推定し、全員の賃金の不平等や格差を示した。

▶ 補論1　操作変数推定量は、遵守者に対する局所的平均処置効果（LATE）となること（(5.17)式）の証明

(5.14)式と(5.18)式と操作変数の仮定(5.9)式を組み合わせて、

$$E[y(1)|v=0] = E[y|v=1] \tag{5.87}$$

が得られる。(5.87)式を $E[y(1)|v=0]$ の繰り返し期待値の法則(5.11)式に代入して、

$$\begin{aligned} E[y|v=1] = &E[y|z=1,v=0] \times P(z=1|v=0) \\ &+ E[y(1)|z=0,v=0] \times P(z=0|v=0) \end{aligned} \tag{5.88}$$

となる。(5.88)式を変形して、

$$\begin{aligned} &E[y(1)|z=0,v=0] \\ &= \frac{E[y|v=1] - E[y|z=1,v=0] \times P(z=1|v=0)}{P(z=0|v=0)} \end{aligned} \tag{5.89}$$

である。(5.17)式の左辺の $E[y(1)|z=0,v=0]$ に(5.89)式を代入し（以下に示す式の2番目の等式）、整理して（3番目の等式）、(5.19)式を代入する（4番目の等式）。したがって、

$$\begin{aligned} (5.17)\text{式の左辺} &= E[y(1)|z=0,v=0] - E[y|z=0,v=0] \\ &= \frac{E[y|v=1] - E[y|z=1,v=0] \times P(z=1|v=0)}{P(z=0|v=0)} - E[y|z=0,v=0] \\ &= [E[y|v=1] \\ &\quad -\{E[y|z=1,v=0]P(z=1|v=0) + E[y|z=0,v=0]P(z=0|v=0)\}] \\ &\quad \times \frac{1}{P(z=0|v=0)} \\ &= \{E[y|v=1] - E[y|v=0]\}/P(z=0|v=0) = (5.17)\text{式の右辺} \end{aligned}$$

となる。

補論2　(5.33)式の導出と、推定値(5.34)、(5.35)、(5.37)、(5.38)式の計算

補論2A　操作変数の仮定と単調操作変数の仮定の下での $\mathrm{E}[y(t)|v=u]$ のバウンド(5.33)式の導出

補論2Aでは、単調操作変数の仮定(5.31)式と(5.32)式から、(5.33)式の $\mathrm{E}[y(t)|v=u]$ のバウンドが導出されることを、以下の3つのステップで示す。ステップ1で、第3章3.3節の単調操作変数の仮定の下での $\mathrm{E}[y(t)]$ のバウンド(3.28)式の単調操作変数 v_j を、本章5.2.7項の表記に合わせて w_j に書き直す。ステップ2では、その $\mathrm{E}[y(t)]$ のバウンドを操作変数 v_j で条件付ける。ステップ3でバウンドの式を整理する。

【ステップ1】単調操作変数の仮定(3.18)式の下での $\mathrm{E}[y(t)]$ のバウンドは(3.28)式である。ただし、単調操作変数の仮定(3.18)式と $\mathrm{E}[y(t)]$ のバウンド(3.28)式では単調操作変数として v_j (の表記)を使っている。それに対し、本章第5.2.7項では、単調操作変数として w_j (の表記)を使っているので、その表記にあわせて、(3.18)式と(3.28)式を書き直す。

まず、単調操作変数 w_j に対する単調操作変数の仮定は、単調操作変数 v_j に対する単調操作変数の仮定(3.18)式の v_j を w_j に置き換えることにより、

$$\mathrm{E}[y(t)|w=0] \leq \mathrm{E}[y(t)|w=1] \tag{5.90}$$

となる。

次に、単調操作変数の仮定(5.90)式の下でのバウンドは、(3.28)式の単調操作変数 v を w に置き換えた式、つまり、

$$\begin{aligned}
&\sum_{\omega \in \{0,1\}} \mathrm{P}(w=\omega) \max_{\omega_1 \leq \omega} \{\mathrm{E}[y|z=t, w=\omega_1]\mathrm{P}(z=t|w=\omega_1) \\
&\quad + \underline{y}\mathrm{P}(z \neq t|w=\omega_1)\} \leq \mathrm{E}[y(t)] \\
&\leq \sum_{\omega \in \{0,1\}} \mathrm{P}(w=\omega) \min_{\omega_2 \geq \omega} \{\mathrm{E}[y|z=t, w=\omega_2]\mathrm{P}(z=t|w=\omega_2) \\
&\quad + \overline{y}\mathrm{P}(z \neq t|w=\omega_2)\}
\end{aligned} \tag{5.91}$$

補論2　(5.33)式の導出と、推定値(5.34)、(5.35)、(5.37)、(5.38)式の計算

となる（ただし、単調操作変数 w の値である $\omega, \omega_1, \omega_2$ は0か1をとる）。

【ステップ2】単調操作変数の仮定(5.90)式が、操作変数（カードの指示）を $v_j = 0$（逮捕しない）のケースに限定した場合でも、$v_j = 1$（逮捕する）のケースに限定した場合でも成立することを表しているのが、本章5.2.7項の単調操作変数の仮定(5.31)式と(5.32)式である。

よって、(5.31)式と(5.32)式の仮定の下での $\mathrm{E}[y(t)|v = u]$ のバウンドは、(5.90)式の仮定の下での $\mathrm{E}[y(t)]$ のバウンドである(5.91)式を操作変数 $v_j = 0$、あるいは、$v_j = 1$ で条件付けた式となる。したがって、$u = 0, 1$ に対して、

$$\sum_{\omega \in \{0,1\}} \mathrm{P}(w = \omega | v = u) \max_{\omega_1 \leq \omega} \{\mathrm{E}[y | z = t, w = \omega_1, v = u] \mathrm{P}(z = t | w = \omega_1, v = u)$$
$$+ \underline{y} \mathrm{P}(z \neq t | w = \omega_1, v = u)\} \leq \mathrm{E}[y(t) | v = u]$$
$$\leq \sum_{\omega \in \{0,1\}} \mathrm{P}(w = \omega | v = u) \min_{\omega_2 \geq \omega} \{\mathrm{E}[y | z = t, w = \omega_2, v = u]$$
$$\times \mathrm{P}(z = t | w = \omega_2, v = u) + \overline{y} \mathrm{P}(z \neq t | w = \omega_2, v = u)\} \qquad (5.92)$$

となる。

【ステップ3】最後に、①単調操作変数 w の値である $\omega, \omega_1, \omega_2$ は0か1をとる、②$\underline{y} = 0, \overline{y} = 1$ であることを用いて(5.92)式を整理すると、(5.33)式となる。

補論2B　推定値(5.34)、(5.35)、(5.37)、(5.38)式の計算

補論2Bでは、補論2Aで求めた $\mathrm{E}[y(t)|v = u]$ のバウンド(5.33)式と表5.4の(5)列、(6)列、(7)列の値を用いて、$\mathrm{E}[y(t)|v = u]$ のバウンド推定値を計算する。

$\mathrm{E}[y(0)|v=0]$ のバウンド推定値(5.34)式の計算　表5.4の(5)列、(6)列、(7)列の値を(5.33)式に代入し、$\mathrm{E}[y(0)|v = 0]$ のバウンドの下限と上限を計算する。$\mathrm{E}[y(0)|v = 0]$ のバウンドは、$t = 0$ と $u = 0$ のときの(5.33)式のバウンドである。$\mathrm{E}[y(0)|v = 0]$ のバウンドの下限は、

$$\mathrm{P}(w = 0 | v = 0) \mathrm{E}[y | z = 0, w = 0, v = 0] \mathrm{P}(z = 0 | w = 0, v = 0)$$
$$+ \mathrm{P}(w = 1 | v = 0) \max \{\mathrm{E}[y | z = 0, w = 0, v = 0] \mathrm{P}(z = 0 | w = 0, v = 0),$$
$$\mathrm{E}[y | z = 0, w = 1, v = 0] \mathrm{P}(z = 0 | w = 1, v = 0)\}$$
$$= 0.407 \times 0.23 \times 0.956 + 0.593 \times \max \{0.23 \times 0.956, 0.21 \times 0.695\} = 0.220$$

である。同様にして、$E[y(0)|v=0]$ のバウンドの上限は、

$P(w=0|v=0)\min\{E[y|z=0,w=0,v=0]P(z=0|w=0,v=0)$
　　$+P(z=1|w=0,v=0),$
　　$E[y|z=0,w=1,v=0]P(z=0|w=1,v=0)+P(z=1|w=1,v=0)\}$
　$+P(w=1|v=0)\{E[y|z=0,w=1,v=0]P(z=0|w=1,v=0)$
　　$+P(z=1|w=1,v=0)\}$
$=0.407\times\min\{0.23\times0.956+0.044,0.21\times0.695+0.305\}$
　$+0.593\times\{0.21\times0.695+0.305\}=0.375$

である。ゆえに、

$$0.220 \leq E[y(0)|v=0] \leq 0.375$$

である。

$E[y(0)|v=1]$ のバウンド推定値 (5.35) 式の計算　(5.33) 式は、$t=0$, $u=1$ のとき、

$P(w=0|v=1)E[y|z=0,w=0,v=1]P(z=0|w=0,v=1)$
　$+P(w=1|v=1)\max\{E[y|z=0,w=0,v=1]P(z=0|w=0,v=1),$
　　$E[y|z=0,w=1,v=1]P(z=0|w=1,v=1)\} \leq E[y(0)|v=1]$
$\leq P(w=0|v=1)\min\{E[y|z=0,w=0,v=1]P(z=0|w=0,v=1)$
　　$+P(z=1|w=0,v=1),$
　　$E[y|z=0,w=1,v=1]P(z=0|w=1,v=1)+P(z=1|w=1,v=1)\}$
　$+P(w=1|v=1)\{E[y|z=0,w=1,v=1]P(z=0|w=1,v=1)$
　　$+P(z=1|w=1,v=1)\}$

となる。表5.4の(5)列、(6)列、(7)列の値を代入すると、$E[y(0)|v=1]$ のバウンドは、

$0.304\times0\times0+0.696\times\max\{0\times0,0\times0.016\}=0\leq E[y(0)|v=1]$
　$\leq 0.304\times\min\{0\times0+1,0\times0.016+0.984\}$
　　$+0.696\times(0\times0.016+0.984)=0.984$

補論 2　(5.33)式の導出と、推定値(5.34)、(5.35)、(5.37)、(5.38)式の計算

である。

E[y(1)|v = 0] のバウンド推定値(5.37)式の計算　(5.33)式より、E[y(1)|v = 0] のバウンドは、

P(w = 0 | v = 0)E[y | z = 1, w = 0, v = 0]P(z = 1|w = 0, v = 0)
　　+P(w = 1 | v = 0)max {E[y | z = 1, w = 0, v = 0]P(z = 1|w = 0, v = 0),
　　E[y | z = 1, w = 1, v = 0]P(z = 1|w = 1, v = 0)} ≤ E[y(1)|v = 0]
　≤ P(w = 0 | v = 0)min {E[y | z = 1, w = 0, v = 0]P(z = 1|w = 0, v = 0)
　　+P(z = 0|w = 0, v = 0),
　　E[y | z = 1, w = 1, v = 0]P(z = 1|w = 1, v = 0)+P(z = 0|w = 1, v = 0)}
　　+P(w = 1 | v = 0){E[y | z = 1, w = 1, v = 0]P(z = 1|w = 1, v = 0)
　　+P(z = 0|w = 1, v = 0)}

となる。表5.4の(5)列、(6)列、(7)列の値を代入すると、E[y(1)|v = 0] のバウンドは、

$$0.407 \times 0.25 \times 0.044 + 0.593 \times \max\{0.25 \times 0.044, 0.18 \times 0.305\} = 0.037$$
$$\leq \mathrm{E}\,[y(1)|v = 0]$$
$$\leq 0.407 \times \min\{0.25 \times 0.044 + 0.956, 0.18 \times 0.305 + 0.695\}$$
$$+ 0.593 \times (0.18 \times 0.305 + 0.695) = 0.750$$

となる。

E[y(1)|v = 1]のバウンド推定値(5.38)式の計算　(5.33)式より、E[y(1)|v = 1] のバウンドは、

P(w = 0 | v = 1)E[y | z = 1, w = 0, v = 1]P(z = 1|w = 0, v = 1)
　　+P(w = 1 | v = 1)max {E[y | z = 1, w = 0, v = 1]P(z = 1|w = 0, v = 1),
　　E[y | z = 1, w = 1, v = 1]P(z = 1|w = 1, v = 1)} ≤ E[y(1)|v = 1]
　≤ P(w = 0 | v = 1)min {E[y | z = 1, w = 0, v = 1]P(z = 1|w = 0, v = 1)
　　+P(z = 0|w = 0, v = 1),
　　E[y | z = 1, w = 1, v = 1]P(z = 1|w = 1, v = 1)+P(z = 0|w = 1, v = 1)}
　　+P(w = 1 | v = 1){E[y | z = 1, w = 1, v = 1]P(z = 1|w = 1, v = 1)

$$+\mathrm{P}(z=0|w=1, v=1)\}$$

となる。表5.4の(5)列、(6)列、(7)列の値を代入すると、$\mathrm{E}[y(1)|v=1]$ のバウンドは、

$$0.304 \times 0.11 \times 1 + 0.696 \times \max\{0.11 \times 1, 0.11 \times 0.984\} = 0.110$$
$$\leq \mathrm{E}[y(1)|v=1]$$
$$\leq 0.304 \times \min\{0.11 \times 1 + 0, 0.11 \times 0.984 + 0.016\}$$
$$+ 0.696 \times (0.11 \times 0.984 + 0.016) = 0.120$$

となる。

補論3　母集団の賃金分布 $\mathrm{P}[y(1) \leq \alpha]$ の四分位範囲 IQR のバウンドの上限 (5.85) 式の証明

この補論では、(5.85) 式に示した母集団の賃金分布 $\mathrm{P}[y(1) \leq \alpha]$ の四分位範囲 IQR のバウンドの上限を導出する。まず、表記を見やすくするため、① $\mathrm{P}[y(1) \leq \alpha]$ を、$y(1)$ の累積分布関数 $F_{y(1)}[\alpha]$ と表し、② $\mathrm{P}[y(1) \leq \alpha|z=0]$ を、$y(1)$ の条件付き累積分布関数 $F_{y(1)}[\alpha|z=0]$ と表し、③ $\mathrm{P}[y \leq \alpha|z=1]$ を、y の条件付き累積分布関数 $F_y[\alpha|z=1]$ と表す。(5.70) 式は、

$$F_{y(1)}[\alpha] = F_y[\alpha|z=1]\mathrm{P}(z=1) + F_{y(1)}[\alpha|z=0]\mathrm{P}(z=0) \tag{5.93}$$

と書ける。$\mathrm{P}(z=0) = 1 - \mathrm{P}(z=1)$ より、(5.93) 式は、

$$[1-\mathrm{P}(z=1)]F_{y(1)}[\alpha|z=0] = F_{y(1)}[\alpha] - F_y[\alpha|z=1]\mathrm{P}(z=1) \tag{5.94}$$

である。(5.94) 式に $\alpha = Q_{3/4}$ を代入した式から、(5.94) 式に $\alpha = Q_{1/4}$ を代入した式を引くと、

$$[1-\mathrm{P}(z=1)]\{F_{y(1)}[Q_{3/4}|z=0] - F_{y(1)}[Q_{1/4}|z=0]\}$$
$$= \{F_{y(1)}[Q_{3/4}] - F_{y(1)}[Q_{1/4}]\} - \{F_y[Q_{3/4}|z=1] - F_y[Q_{1/4}|z=1]\}\mathrm{P}(z=1)$$
$$= 0.5 - \{F_y[Q_{3/4}|z=1] - F_y[Q_{1/4}|z=1]\}\mathrm{P}(z=1) \tag{5.95}$$

補論 3　母集団の賃金分布 $P[y(1) \leq \alpha]$ の四分位範囲 *IQR* のバウンドの上限 (5.85) 式の証明

である。(5.95) 式の最後の等号は、$F_{y(1)}[\alpha] (= P[y(1) \leq \alpha])$ の第 3 四分位数 $Q_{3/4}$ と第 1 四分位数 $Q_{1/4}$ の定義式 (5.80) 式より、$F_{y(1)}[Q_{3/4}] = 3/4$、$F_{y(1)}[Q_{1/4}] = 1/4$ であることから成立する。

(5.95) 式の左辺は、① $P(z=1) \leq 1$、② $F_{y(1)}[\cdot | z=0]$ は増加関数、③ $Q_{3/4} \geq Q_{1/4}$ であるから、非負である。よって、(5.95) 式は、

$$0 \leq 0.5 - \{F_y[Q_{3/4}|z=1] - F_y[Q_{1/4}|z=1]\} P(z=1)$$

である。変形すると、

$$F_y[Q_{3/4}|z=1] \leq \frac{0.5}{P(z=1)} + F_y[Q_{1/4}|z=1]$$

である。$F_y[\cdot|z=1]$ は増加関数であるから、その逆関数 $F_y^{-1}[\cdot|z=1]$ も増加関数である。よって、母集団の分布 $F_{y(1)}[\alpha]$ の四分位範囲 $IQR = Q_{3/4} - Q_{1/4}$ は、

$$IQR = Q_{3/4} - Q_{1/4} \leq F_y^{-1}\left[\frac{0.5}{P(z=1)} + F_y[Q_{1/4}|z=1] \middle| z=1\right] - Q_{1/4} \quad (5.96)$$

となる。(5.96) 式は、(5.83) 式を満たす $Q_{1/4}$ について成立する。よって、四分位範囲 *IQR* の上限は、

$$IQR \leq \sup_{\substack{F[y|z=1]P(z=1)+P(z=0) \text{の第 1 四分位数} \\ \leq \varphi \leq F[y|z=1] \text{の第 1 四分位数}}} \left\{ F^{-1}\left[\frac{0.5}{P(z=1)} + F[\varphi|z=1] \middle| z=1\right] - \varphi \right\}$$

である。

第6章 ゲーム理論における部分識別

6.1 はじめに

　本章では、ゲーム理論の識別問題に対する部分識別の研究について説明する。ゲーム理論のモデルに複数均衡が存在する場合、伝統的な点識別の計量経済学では、最適反応関数を推定することが困難であった[1]。それに対し、Tamer (2003) とHaile and Tamer (2003) は、ゲーム理論での**複数均衡の識別問題**が、本書でこれまで説明してきた処置効果の識別問題と同じ問題であることを明らかにし、それゆえ、部分識別の方法を使うことにより最適反応関数のパラメータを識別・推定できることを示した。彼らの研究を嚆矢として、部分識別の方法が、ゲーム理論を応用した経済モデル（とくに産業組織論のモデル）の実証分析に広く使われるようになった。

　以下、6.2節では、Tamer (2003) とCiliberto and Tamer (2009) で分析された参入ゲームにおいて、複数均衡が存在するために最適反応関数が点識別できないことを説明する。6.3節では、部分識別の方法により、この最適反応関数がバウンドで識別できることを説明する。6.4節では、Haile and Tamer (2003) で分析された、オークションゲームで買い手（入札者）の需要関数（評価額の分布）が点識別できない問題を説明する。そして、部分識別の方法により、こ

---

1) 複数均衡が存在するために点識別できないモデルは、不完備計量モデルと呼ばれる。

の需要関数がバウンドで識別できることを説明する。6.5節がまとめとなる。

6.2 ゲーム理論の複数均衡から生じる識別問題

本節では、Tamer（2003）とCiliberto and Tamer（2009）で分析された、参入ゲームの複数均衡問題から生じる識別問題について、彼らのモデルを単純化して説明する。

設定は以下のとおりである。二つの企業 $i = 1, 2$ があり、M 個の市場 $m = 1, 2, ..., M$ で競争しているとする。企業 i が市場 m に参入することを、変数 $z_{im} = 1$ と表し、参入しないことを、$z_{im} = 0$ と表す[2]。企業 $i = 1, 2$ の利潤関数を、それぞれ、

$$\pi_{1m} = \alpha_1 + \delta_1 z_{2m} + \varepsilon_{1m} \tag{6.1}$$

$$\pi_{2m} = \alpha_2 + \delta_2 z_{1m} + \varepsilon_{2m} \tag{6.2}$$

とする。

(6.1)式における企業1の市場 m での利潤 π_{1m} は、

① 相手が参入するか（$z_{2m} = 1$）、参入しないか（$z_{2m} = 0$）による要因 $\delta_1 z_{2m}$
② 企業1がどの市場においても直面する固有の要因 α_1
③ 市場 m における要因 ε_{1m}

に依存している。①に関しては、

$$\delta_1 < 0, \quad \delta_2 < 0 \tag{6.3}$$

と仮定する。よって、企業1の市場 m での利潤 π_{1m} は、相手企業2が市場 m

---

[2] これまでは、潜在的処置変数と実現処置変数の表記を分けてきたが、今回は記述が煩雑になるので、Tamer（2003）等に従い、両変数の表記を同じにする。具体的には、①本節の参入・非参入の変数（z_{1m}, z_{2m}）の潜在処置変数と実現処置変数を同じ記号で表し、②6.4節のオークションでの評価額 V_{im}^i と入札価格 B_{im}^i それぞれの潜在処置変数（確率変数）と実現処置変数（実現値）を同じ記号で表す。

に参入すると（$z_{2m} = 1$）、δ_1 だけ低下することを意味する。(6.2)式の企業2の市場 m での利潤 π_{2m} も同様の解釈が成立する[3]。

企業 $i = 1, 2$ は、(6.1)、(6.2)式のすべての要因、つまり、$z_{1m}, z_{2m}, \alpha_1,$ $\alpha_2, \delta_1, \delta_2, \varepsilon_{1m}, \varepsilon_{2m}$ のすべてを観測できるとする[4]。そして、企業 $i = 1, 2$ は、市場 $m = 1, 2, ..., M$ ごとに、その市場での自身の利潤が正になるのであればその市場に参入し、負になるのであれば参入しないと意思決定するとする。つまり、企業 $i = 1, 2$ は、

$$\pi_{im} \geq 0 \text{ ならば、} z_{im} = 1 \tag{6.4}$$

$$\pi_{im} < 0 \text{ ならば、} z_{im} = 0 \tag{6.5}$$

と意思決定する。

(6.1)、(6.2)、(6.4)、(6.5)式は、

$$z_{1m} = 1(\alpha_1 + \delta_1 z_{2m} + \varepsilon_{1m} \geq 0) \tag{6.6}$$

$$z_{2m} = 1(\alpha_2 + \delta_2 z_{1m} + \varepsilon_{2m} \geq 0) \tag{6.7}$$

と書ける。ただし、関数 $1(\cdot)$ は、指示関数である[5]。よって(6.6)式は、企業2の行動に対する企業1の最適反応関数であり、(6.7)式は、企業1の行動に対する企業2の最適反応関数である。さらに、企業 $i = 1, 2$ は、純粋戦略をとる（混合戦略はとらない）とする。したがって、観測される (z_{1m}, z_{2m}) は、企業1と2の純粋戦略ナッシュ均衡である[6]。

これらの状況の下、企業1と2が市場 $m = 1, 2, ..., M$ に参入したか否かを表す (z_{1m}, z_{2m}) のデータのみから、(6.6)、(6.7)式のパラメータ $(\alpha_1, \delta_1, \alpha_2, \delta_2)$ を識

---

3) 企業1と企業2の利潤が、相手企業の参入によって正の影響を受ける（$\delta_1 > 0,$ $\delta_2 > 0$）、つまり、企業の参入行動が互いに正の外部性を持つと仮定する場合（例えば、Jovanovic 1989）は、均衡解は本節とは異なるが、複数均衡解が存在する。その場合も、次節で説明する部分識別の方法と同様の方法で、最適反応関数のパラメータをバウンドで識別することができる（Ciliberto and Tamer 2009参照）。

4) このモデルは、企業1と企業2にとって、完備情報ゲームである。

5) 指示関数 $1(\omega)$ は、事象 ω が正しければ、$1(\omega) = 1$ であり、事象 ω が正しくなければ、$1(\omega) = 0$ である関数である。

6) (6.3)、(6.6)、(6.7)式で表されるモデルは、参入ゲームの先駆的研究である、Bresnahan and Reiss（1990, 1991）のモデルを特殊ケースとして含んでいる。

別したい。ただし、ε_{1m} と ε_{2m} をこの問題を分析するわれわれ研究者は観測できないが、ε_{1m} と ε_{2m} は、企業 $i=1,2$ の間と市場 $m=1,2,...,M$ の間で互いに独立であり、それぞれ、区間 $[0,1]$ 上の一様分布に従い、そのことを研究者は知っているとする[7]。

(6.6)式と(6.7)式の参入モデルは、複数均衡を持つ。つまり、パラメータ $(\alpha_1, \delta_1, \alpha_2, \delta_2)$ を所与とした場合、ある $(\varepsilon_{1m}, \varepsilon_{2m})$ に対し、(6.6)式と(6.7)式の均衡解 (z_{1m}, z_{2m}) は複数存在する。図6.1を使ってそれを説明しよう。

図6.1は、横軸に ε_{1m} を、縦軸に ε_{2m} をとり、それぞれの $(\varepsilon_{1m}, \varepsilon_{2m})$ の値に対して、(6.6)式で表される企業1の企業2に対する最適反応（参入行動）を横軸の下に、(6.7)式で表される企業2の企業1に対する最適反応（参入行動）を縦軸の左に、それぞれ示している。そして、その結果得られる(6.6)式と(6.7)式の均衡解 (z_{1m}, z_{2m}) を点線で囲まれるマス目E1からE9の中に示している。例えば、E1の $(\varepsilon_{1m}, \varepsilon_{2m})$ の領域では、均衡解は $(z_{1m}, z_{2m}) = (0,1)$ である。ここで注目したいのは、**E9の $(\varepsilon_{1m}, \varepsilon_{2m})$ の領域では、$(z_{1m}, z_{2m}) = (0,1)$ と $(z_{1m}, z_{2m}) = (1,0)$ の二つの均衡解が存在する**ことである。E1からE9のそれぞれの領域で、カッコで示された均衡解 (z_{1m}, z_{2m}) が存在する理由は、以下で説明する。なお、図6.1のように、複数均衡の領域E9と単一均衡の領域E1〜E8が両方存在するように、

$$-1 \leq \alpha_1 + \delta_1, \quad \alpha_1 \leq 0, \quad -1 \leq \alpha_2 + \delta_2, \quad \alpha_2 \leq 0 \tag{6.8}$$

を仮定する。

まず、企業1の企業2に対する最適反応を、(6.6)式（つまり、(6.1)、(6.4)、(6.5)式）より考えよう。もし、企業2が参入しないとき、つまり、$z_{2m} = 0$ のとき、

$$\pi_{1m} = \alpha_1 + \varepsilon_{1m} \geq 0、つまり、\varepsilon_{1m} \geq -\alpha_1 ならば、z_{1m} = 1$$
$$\pi_{1m} = \alpha_1 + \varepsilon_{1m} < 0、つまり、\varepsilon_{1m} < -\alpha_1 ならば、z_{1m} = 0 \tag{6.9}$$

---

[7] 区間 $[0,1]$ 上の一様分布とは、$0 \leq \varepsilon_{im} \leq 1$ のときの ε_{im} の確率密度は1であり、$\varepsilon_{im} < 0$ または $\varepsilon_{im} > 1$ のときの ε_{im} の確率密度は0の分布を言う。ここでは計算の簡単さから一様分布を仮定したが、他の分布に従うと仮定しても、以下と同様の議論が成り立つ。

第6章 ゲーム理論における部分識別

図6.1 参入ゲームでの戦略と均衡

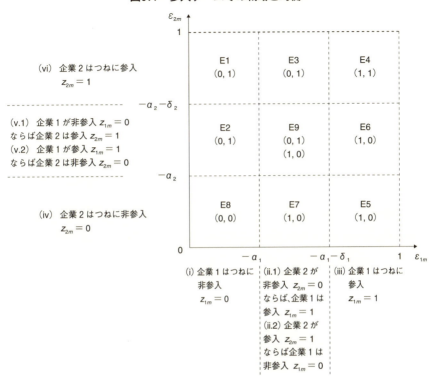

注）横（ε_{1m}）軸の下に企業1の戦略、縦（ε_{2m}）軸の左に企業2の戦略が書かれている。点線で囲まれた領域のカッコは、その戦略に対応する純粋戦略ナッシュ均衡（z_{1m}, z_{2m}）を示している。

である。それに対し、もし、企業2が参入したとき、つまり、$z_{2m}=1$のとき、

$$\pi_{1m} = \alpha_1 + \delta_1 + \varepsilon_{1m} \geq 0、つまり、\varepsilon_{1m} \geq -\alpha_1 - \delta_1 ならば、z_{1m} = 1$$
$$\pi_{1m} = \alpha_1 + \delta_1 + \varepsilon_{1m} < 0、つまり、\varepsilon_{1m} < -\alpha_1 - \delta_1 ならば、z_{1m} = 0 \quad (6.10)$$

である。

(6.3)式より、$-\alpha_1 < -\alpha_1 - \delta_1$ である（図6.1参照）。よって、(6.9)、(6.10)式より、企業1の企業2に対する最適反応は、図6.1の横軸の下の(i)、(ii)、(iii)に書かれているように、

179

(i) $0 \leq \varepsilon_{1m} < -\alpha_1$ のとき、z_{2m} の値に依らず、$z_{1m} = 0$
(ii) $-\alpha_1 \leq \varepsilon_{1m} < -\alpha_1 - \delta_1$ のとき、
　(ii.1) $z_{2m} = 0$ であれば、$z_{1m} = 1$
　(ii.2) $z_{2m} = 1$ であれば、$z_{1m} = 0$
(iii) $-\alpha_1 - \delta_1 \leq \varepsilon_{1m} \leq 1$ のとき、z_{2m} の値に依らず、$z_{1m} = 1$

である。次に、企業2の企業1に対する最適反応を、(6.7)式(つまり、(6.2)、(6.4)、(6.5)式)より、考えよう。(6.7)式が(6.6)式と対称の形をしていることから、企業2の企業1に対する最適反応は、(i)、(ii)、(iii)と同様に求められる。その結果、企業2の企業1に対する最適反応は、図6.1の縦軸の左の(iv)、(v)、(vi)に書かれているように、

(iv) $0 \leq \varepsilon_{2m} < -\alpha_2$ のとき、z_{1m} の値に依らず、$z_{2m} = 0$
(v) $-\alpha_2 \leq \varepsilon_{2m} < -\alpha_2 - \delta_2$ のとき、
　(v.1) $z_{1m} = 0$ であれば、$z_{2m} = 1$
　(v.2) $z_{1m} = 1$ であれば、$z_{2m} = 0$
(vi) $-\alpha_2 - \delta_2 \leq \varepsilon_{2m} \leq 1$ のとき、z_{1m} の値に依らず、$z_{2m} = 1$

である。

　最後に、企業1の企業2に対する最適反応である(i)、(ii)、(iii)と、企業2の企業1に対する最適反応である(iv)、(v)、(vi)を使って、$(\varepsilon_{1m}, \varepsilon_{2m})$ の値に対する均衡解 (z_{1m}, z_{2m}) を求めよう。図6.1では、横軸の(i)、(ii)、(iii)と、縦軸の(iv)、(v)、(vi)に対応させて、$(\varepsilon_{1m}, \varepsilon_{2m})$ を以下の9つの領域に分けている。

$E1 = \{(\varepsilon_{1m}, \varepsilon_{2m}) \mid 0 \leq \varepsilon_{1m} < -\alpha_1, -\alpha_2 - \delta_2 \leq \varepsilon_{2m} \leq 1\}$ ((i)と(vi))
$E2 = \{(\varepsilon_{1m}, \varepsilon_{2m}) \mid 0 \leq \varepsilon_{1m} < -\alpha_1, -\alpha_2 \leq \varepsilon_{2m} < -\alpha_2 - \delta_2\}$ ((i)と(v))
$E3 = \{(\varepsilon_{1m}, \varepsilon_{2m}) \mid -\alpha_1 \leq \varepsilon_{1m} < -\alpha_1 - \delta_1, -\alpha_2 - \delta_2 \leq \varepsilon_{2m} \leq 1\}$ ((ii)と(vi))
$E4 = \{(\varepsilon_{1m}, \varepsilon_{2m}) \mid -\alpha_1 - \delta_1 \leq \varepsilon_{1m} \leq 1, -\alpha_2 - \delta_2 \leq \varepsilon_{2m} \leq 1\}$ ((iii)と(vi))
$E5 = \{(\varepsilon_{1m}, \varepsilon_{2m}) \mid -\alpha_1 - \delta_1 \leq \varepsilon_{1m} \leq 1, 0 \leq \varepsilon_{2m} < -\alpha_2\}$ ((iii)と(iv))
$E6 = \{(\varepsilon_{1m}, \varepsilon_{2m}) \mid -\alpha_1 - \delta_1 \leq \varepsilon_{1m} \leq 1, -\alpha_2 \leq \varepsilon_{2m} < -\alpha_2 - \delta_2\}$ ((iii)と(v))
$E7 = \{(\varepsilon_{1m}, \varepsilon_{2m}) \mid -\alpha_1 \leq \varepsilon_{1m} < -\alpha_1 - \delta_1, 0 \leq \varepsilon_{2m} < -\alpha_2\}$ ((ii)と(iv))
$E8 = \{(\varepsilon_{1m}, \varepsilon_{2m}) \mid 0 \leq \varepsilon_{1m} < -\alpha_1, 0 \leq \varepsilon_{2m} < -\alpha_2\}$ ((i)と(iv))

$E9 = \{(\varepsilon_{1m}, \varepsilon_{2m}) | -\alpha_1 \leq \varepsilon_{1m} < -\alpha_1 - \delta_1, -\alpha_2 \leq \varepsilon_{2m} < -\alpha_2 - \delta_2 \}$ ((ii)と(v))

それぞれの領域における純粋戦略ナッシュ均衡解は以下のとおりである。

- 領域E1では、(i)より、$z_{1m} = 0$ は $z_{2m} = 1$ の最適反応であり、(vi)より、$z_{2m} = 1$ は $z_{1m} = 0$ の最適反応であるので、$(z_{1m}, z_{2m}) = (0, 1)$ が均衡解である。
- 領域E2では、(i)より、$z_{1m} = 0$ は $z_{2m} = 1$ の最適反応であり、(v.1) より、$z_{2m} = 1$ は $z_{1m} = 0$ の最適反応であるので、$(z_{1m}, z_{2m}) = (0, 1)$ が均衡解である。
- 領域E3では、(ii.2)より、$z_{1m} = 0$ は $z_{2m} = 1$ の最適反応であり、(vi)より、$z_{2m} = 1$ は $z_{1m} = 0$ の最適反応であるので、$(z_{1m}, z_{2m}) = (0, 1)$ が均衡解である。

以下同様に、

- 領域E4では、(iii)と(vi)より、均衡解は $(z_{1m}, z_{2m}) = (1, 1)$ である。
- 領域E5では、(iii)と(iv)より、均衡解は $(z_{1m}, z_{2m}) = (1, 0)$ である。
- 領域E6では、(iii)と(v.2)より、均衡解は $(z_{1m}, z_{2m}) = (1, 0)$ である。
- 領域E7では、(ii.1)と(iv)より、均衡解は $(z_{1m}, z_{2m}) = (1, 0)$ である。
- 領域E8では、(i)と(iv)より、均衡解は $(z_{1m}, z_{2m}) = (0, 0)$ である。

以上をまとめると、

(I) 領域E1、E2、E3で一意の均衡解 $(z_{1m}, z_{2m}) = (0, 1)$ が存在する。

(II) 領域E4で一意の均衡解 $(z_{1m}, z_{2m}) = (1, 1)$ が存在する。

(III) 領域E5、E6、E7で一意の均衡解 $(z_{1m}, z_{2m}) = (1, 0)$ が存在する。

(IV) 領域E8で一意の均衡解 $(z_{1m}, z_{2m}) = (0, 0)$ が存在する。

つまり、領域E1〜E8では、一意の均衡解が存在する。

それに対し、領域E9では、企業1の最適反応(ii.1)と企業2の最適反応(v.2)より、$(z_{1m}, z_{2m}) = (1, 0)$ が均衡解になる一方、企業1の最適反応(ii.2)と企業2の最適反応(v.1)より、$(z_{1m}, z_{2m}) = (0, 1)$ も均衡解になる。よって、

(V) 領域E9では、$(z_{1m}, z_{2m}) = (0, 1)$ と $(z_{1m}, z_{2m}) = (1, 0)$ の二つの均衡解が存在する。

6.3節の実証分析で説明する航空会社間の路線競争を例に使って、均衡解を直観的に説明しよう。航空会社1（①社）と航空会社2（②社）が路線 $m = 1, 2, ..., M$ に参入競争をしている。ε_{1m} と ε_{2m} はそれぞれ①社と②社にとって路線 m 固有の利潤である。まず、E4の $(\varepsilon_{1m}, \varepsilon_{2m})$ に対応する路線 m は、①社と②社にとって人気路線（$\varepsilon_{1m}, \varepsilon_{2m}$ ともに高い）で、相手会社の参入行動にかかわらず採算がとれるので、両者とも参入する（$(z_{1m}, z_{2m}) = (1, 1)$）。逆に、E8の路線は不人気路線（$\varepsilon_{1m}, \varepsilon_{2m}$ ともに低い）で、相手会社の参入行動にかかわらず不採算のため、両社とも参入しない（$(z_{1m}, z_{2m}) = (0, 0)$）。一方、E5、E6、E7は、①社にとっては乗り継ぎの良い路線（高い ε_{1m}）で採算がとれるが、②社にとっては乗り継ぎの悪い路線（低い ε_{2m}）で不採算のため、①社のみ参入する（$(z_{1m}, z_{2m}) = (1, 0)$）。逆に、E1、E2、E3は、②社にとっては乗り継ぎの良い路線（高い ε_{2m}）で採算がとれるが、①社にとっては乗り継ぎの悪い路線（低い ε_{1m}）で不採算のため、②社のみ参入する（$(z_{1m}, z_{2m}) = (0, 1)$）。E9の $(\varepsilon_{1m}, \varepsilon_{2m})$ に対応する路線 m は、①社と②社にとって採算ラインの路線で、自社が独占できれば採算がとれるが、複占だと不採算である。よって、相手会社の参入行動に依存して自社の参入行動を決めるという複数均衡（$(z_{1m}, z_{2m}) = (1, 0)$ または $(z_{1m}, z_{2m}) = (0, 1)$）が存在する。

それでは、上記(I)～(V)の $(\varepsilon_{1m}, \varepsilon_{2m})$ と均衡解 (z_{1m}, z_{2m}) の関係より、パラメータ $(\alpha_1, \delta_1, \alpha_2, \delta_2)$ の識別を考えよう。まず、(II)より、$(z_{1m}, z_{2m}) = (1, 1)$ が存在するのは、$(\varepsilon_{1m}, \varepsilon_{2m})$ がE4にあるときだけであるから、企業1と企業2が複占状態（$(z_{1m}, z_{2m}) = (1, 1)$）である確率 $P[(z_1, z_2) = (1, 1)]$ は、

$$\begin{aligned}
P[(z_1, z_2) = (1, 1)] &= P[(\varepsilon_1, \varepsilon_2) \in E4] \\
&= P(-\alpha_1 - \delta_1 \leq \varepsilon_1 \leq 1, -\alpha_2 - \delta_2 \leq \varepsilon_2 \leq 1) \\
&= [1 - (-\alpha_1 - \delta_1)][1 - (-\alpha_2 - \delta_2)] = (1 + \alpha_1 + \delta_1)(1 + \alpha_2 + \delta_2) \quad (6.11)
\end{aligned}$$

である[8]。(6.11)式の左辺の確率 $P[(z_1, z_2) = (1, 1)]$ は、データから、企業1と企業2が複占状態にある市場数の全体の市場数 M に対する割合として推定で

---

[8] (6.11)式の3番目の等式は、ε_{1m} と ε_{2m} が独立に区間 $[0,1]$ 上の一様分布に従うことから得られる。実際、$P[(\varepsilon_1, \varepsilon_2) \in E4]$ は、図6.1のE4の面積である $[1 - (-\alpha_1 - \delta_1)] \times [1 - (-\alpha_2 - \delta_2)]$ と等しくなる。

きる。

次に、(IV)より、$(z_{1m}, z_{2m}) = (0,0)$ が存在するのは、$(\varepsilon_{1m}, \varepsilon_{2m})$ がE8にあるときだけであるから、企業1も企業2も参入しない確率 $P[(z_1, z_2) = (0,0)]$ は、

$$\begin{aligned}P[(z_1, z_2) = (0,0)] &= P[(\varepsilon_1, \varepsilon_2) \in E8] \\ &= P(0 \leq \varepsilon_{1m} < -\alpha_1,\ 0 \leq \varepsilon_{2m} < -\alpha_2) = (-\alpha_1)(-\alpha_2) = \alpha_1\alpha_2 \quad (6.12)\end{aligned}$$

である。(6.12)式の左辺 $P[(z_1, z_2) = (0,0)]$ は、データから企業1も企業2も参入していない市場の数の全体の市場数 M に対する割合として推定できる。

一方、(I)より、$(z_{1m}, z_{2m}) = (0,1)$ は、$(\varepsilon_{1m}, \varepsilon_{2m})$ がE1、E2、E3にあるときは必ず均衡解になる。しかし、(V)より、$(\varepsilon_{1m}, \varepsilon_{2m})$ がE9にあるときは、$(z_{1m}, z_{2m}) = (0,1)$ と $(z_{1m}, z_{2m}) = (1,0)$ はどちらも均衡解となりうる。そこで、$(\varepsilon_{1m}, \varepsilon_{2m})$ がE9にあるとき、$(z_{1m}, z_{2m}) = (0,1)$ が均衡解として選ばれる確率を λ とする。つまり、$\lambda = P[(z_1, z_2) = (0,1)|(\varepsilon_1, \varepsilon_2) \in E9]$ とする。このとき、企業2が独占状態である確率 $P[(z_1, z_2) = (0,1)]$ は、

$$\begin{aligned}P[(z_1, z_2) = (0,1)] = &P[(\varepsilon_1, \varepsilon_2) \in E1 \cup E2 \cup E3] \\ &+ P[(\varepsilon_1, \varepsilon_2) \in E9]\lambda\end{aligned} \quad (6.13)$$

である[9]。$P[(\varepsilon_1, \varepsilon_2) \in E1 \cup E2 \cup E3] = -(1+\alpha_2)(\alpha_1+\delta_1) - \delta_1\delta_2$ であり、$P[(\varepsilon_1, \varepsilon_2) \in E9] = \delta_1\delta_2$ であるので[10]、(6.13)式は、

---

9) (6.13)式の右辺第2項は、

$$\begin{aligned}P[(\varepsilon_1, \varepsilon_2) \in E9]\lambda &= P[(\varepsilon_1, \varepsilon_2) \in E9] \times P[(z_1, z_2) = (0,1)|(\varepsilon_1, \varepsilon_2) \in E9] \\ &= P[(\varepsilon_1, \varepsilon_2) \in E9 \wedge (z_1, z_2) = (0,1)]\end{aligned}$$

である。

10) $P[(\varepsilon_1, \varepsilon_2) \in E1 \cup E2 \cup E3] = P[(\varepsilon_1, \varepsilon_2) \in E1 \cup E2] + P[(\varepsilon_1, \varepsilon_2) \in E3]$
$\quad = P(0 \leq \varepsilon_{1m} < -\alpha_1, -\alpha_2 \leq \varepsilon_{2m} \leq 1)$
$\quad\quad + P(-\alpha_1 \leq \varepsilon_{1m} < -\alpha_1-\delta_1, -\alpha_2-\delta_2 \leq \varepsilon_{2m} \leq 1)$
$\quad = (-\alpha_1)[1-(-\alpha_2)] + [(-\alpha_1-\delta_1)-(-\alpha_1)][1-(-\alpha_2-\delta_2)]$
$\quad = -\alpha_1(1+\alpha_2) - \delta_1(1+\alpha_2+\delta_2) = -(1+\alpha_2)(\alpha_1+\delta_1) - \delta_1\delta_2$

であり、

$P[(\varepsilon_1, \varepsilon_2) \in E9] = P(-\alpha_1 \leq \varepsilon_{1m} < -\alpha_1-\delta_1, -\alpha_2 \leq \varepsilon_{2m} < -\alpha_2-\delta_2) = \delta_1\delta_2$

である。

6.2 ゲーム理論の複数均衡から生じる識別問題

$$P[(z_1, z_2) = (0, 1)] = -(1+\alpha_2)(\alpha_1+\delta_1)-(1-\lambda)\delta_1\delta_2 \tag{6.14}$$

となる。(6.14)式の左辺の $P[(z_1, z_2) = (0, 1)]$ は、データから企業2の独占市場の数の全体の市場数 M に対する割合として推定できる。(6.14)式の右辺は、パラメータ $(\alpha_1, \delta_1, \alpha_2, \delta_2)$ だけでなく、λ も未知のパラメータである。

さらに、(Ⅲ)より、$(z_{1m}, z_{2m}) = (1, 0)$ は、$(\varepsilon_{1m}, \varepsilon_{2m})$ がE5、E6、E7にあるときは必ず均衡解になる。しかし、(Ⅴ)より、$(\varepsilon_{1m}, \varepsilon_{2m})$ がE9にあるときは、$(z_{1m}, z_{2m}) = (1, 0)$ と $(z_{1m}, z_{2m}) = (0, 1)$ はどちらも均衡解となりうる。$(\varepsilon_{1m}, \varepsilon_{2m})$ がE9にあるとき、$(z_{1m}, z_{2m}) = (1, 0)$ が均衡解として選ばれる確率は、$1-\lambda = P[(z_1, z_2) = (1, 0)|(\varepsilon_1, \varepsilon_2) \in E9]$ である。よって、企業1が独占状態である確率 $P[(z_1, z_2) = (1, 0)]$ は、

$$\begin{aligned}P[(z_1, z_2) = (1, 0)] &= P[(\varepsilon_1, \varepsilon_2) \in E5 \cup E6 \cup E7] \\ &+ P[(\varepsilon_1, \varepsilon_2) \in E9](1-\lambda)\end{aligned} \tag{6.15}$$

である。$P[(\varepsilon_1, \varepsilon_2) \in E5 \cup E6 \cup E7] = -(1+\alpha_1)(\alpha_2+\delta_2)-\delta_1\delta_2$ であり、$P[(\varepsilon_1, \varepsilon_2) \in E9] = \delta_1\delta_2$ であるので[11]、(6.15)式は、

$$P[(z_1, z_2) = (1, 0)] = -(1+\alpha_1)(\alpha_2+\delta_2)-\lambda\delta_1\delta_2 \tag{6.16}$$

となる。(6.16)式の左辺の $P[(z_1, z_2) = (1, 0)]$ は、データから企業1の独占市場の数の全体の市場数 M に対する割合として推定できる。(6.16)式の右辺は、$(\alpha_1, \delta_1, \alpha_2, \delta_2)$ と λ が未知のパラメータである。

以上より、4本の等式の条件式(6.11)、(6.12)、(6.14)、(6.16)式に対し、未知のパラメータは、$(\alpha_1, \delta_1, \alpha_2, \delta_2)$ と λ の5つである。パラメータの数が条件式の数を上回るため、パラメータを点識別できない。これが、参入ゲームのモデルで複数均衡が存在する場合に直面する、最適反応関数のパラメータの識別問題である。

---

[11] $P[(\varepsilon_1, \varepsilon_2) \in E5 \cup E6 \cup E7] = P[(\varepsilon_1, \varepsilon_2) \in E5 \cup E6] + P[(\varepsilon_1, \varepsilon_2) \in E7]$
$= [1-(-\alpha_1-\delta_1)](-\alpha_2-\delta_2)+(-\delta_1)(-\alpha_2)$
$= (1+\alpha_1+\delta_1)(-\alpha_2-\delta_2)+\alpha_2\delta_1 = -(1+\alpha_1)(\alpha_2+\delta_2)-\delta_1\delta_2$

である。

この識別問題に対して、点識別の計量経済学は以下の対処法をとっている。まず、均衡選択 (equilibrium selection) を導入し、λ をある値またはパラメータ ($\alpha_1, \delta_1, \alpha_2, \delta_2$) の関数として特定化する。その結果、4本の等式の条件式 (6.11)、(6.12)、(6.14)、(6.16) 式に対し、パラメータ ($\alpha_1, \delta_1, \alpha_2, \delta_2$) は4つとなり、パラメータを点識別することができる。具体的には、Bajari, Hong and Ryan (2010) を参照。

6.3 ゲーム理論の複数均衡から生じる識別問題に対する部分識別の方法

6.2 節で説明した参入ゲームのモデルでは、複数均衡が存在するために、企業の最適反応関数のパラメータを点識別できなかった。しかし、部分識別の方法を使うことにより、パラメータをバウンドで識別することができる。本節では、Tamer (2003) と Ciliberto and Tamer (2009) に従い、その識別方法を説明しよう。

前節で、パラメータ ($\alpha_1, \delta_1, \alpha_2, \delta_2$) を識別できなかったのは、(6.14) 式と (6.16) 式の λ が未知であるためであった。しかし、$\lambda = \mathbf{P}[(z_1, z_2) = (0, 1)|(\varepsilon_1, \varepsilon_2) \in E9]$ は確率であるから、必ず、**0 以上 1 以下である** ($0 \leq \lambda \leq 1$)。よって、(6.14) 式の λ を、0 で置き換えて $P[(z_1, z_2) = (0, 1)]$ のバウンドの下限とし、1 で置き換えて $P[(z_1, z_2) = (0, 1)]$ のバウンドの上限とすることによって、

$$-(1+\alpha_2)(\alpha_1+\delta_1) - \delta_1\delta_2 \leq P[(z_1, z_2) = (0, 1)] \leq -(1+\alpha_2)(\alpha_1+\delta_1) \tag{6.17}$$

という $P[(z_1, z_2) = (0, 1)]$ のシャープバウンドを得る。さらに、(6.16) 式の λ を、1 で置き換えて $P[(z_1, z_2) = (1, 0)]$ のバウンドの下限とし、0 で置き換えて $P[(z_1, z_2) = (1, 0)]$ のバウンドの上限とすることによって、

$$-(1+\alpha_1)(\alpha_2+\delta_2) - \delta_1\delta_2 \leq P[(z_1, z_2) = (1, 0)] \leq -(1+\alpha_1)(\alpha_2+\delta_2) \tag{6.18}$$

という $P[(z_1, z_2) = (1, 0)]$ のシャープバウンドを得る[12]。

(6.17)式と(6.18)式を、パラメータ $(\alpha_1, \delta_1, \alpha_2, \delta_2)$ についてのシャープバウンドとして書き直すと、

$$-(1+\alpha_2)(\alpha_1+\delta_1)-\delta_1\delta_2 \leq \mathrm{P}[(z_1, z_2) = (0, 1)] \tag{6.19}$$

$$-(1+\alpha_2)(\alpha_1+\delta_1) \geq \mathrm{P}[(z_1, z_2) = (0, 1)] \tag{6.20}$$

$$-(1+\alpha_1)(\alpha_2+\delta_2)-\delta_1\delta_2 \leq \mathrm{P}[(z_1, z_2) = (1, 0)] \tag{6.21}$$

$$-(1+\alpha_1)(\alpha_2+\delta_2) \geq \mathrm{P}[(z_1, z_2) = (1, 0)] \tag{6.22}$$

となる。

前述したように、$\mathrm{P}[(z_1, z_2) = (1, 1)]$、$\mathrm{P}[(z_1, z_2) = (0, 0)]$、$\mathrm{P}[(z_1, z_2) = (0, 1)]$、$\mathrm{P}[(z_1, z_2) = (1, 0)]$ はデータから推定できる。その下で、パラメータ $(\alpha_1, \delta_1, \alpha_2, \delta_2)$ は、(6.3)、(6.8)、(6.11)、(6.12)、(6.19)、(6.20)、(6.21)、(6.22)式の同時方程式を満たさなければならない。(6.11)、(6.12)式は等式であるが、(6.3)、(6.8)、(6.19)、(6.20)、(6.21)、(6.22)式は不等式であるから、これらの同時方程式で識別される $(\alpha_1, \delta_1, \alpha_2, \delta_2)$ は、集合として得られる。そのため、集合識別（Set Identification）と呼ばれることもある。

それでは、簡単な数値例を使って、(6.3)、(6.8)、(6.11)、(6.12)、(6.19)、(6.20)、(6.21)、(6.22)式の同時方程式からパラメータ $(\alpha_1, \delta_1, \alpha_2, \delta_2)$ の集合を求めよう。数値例として、$\mathrm{P}[(z_1, z_2) = (1, 1)] = 0$、$\mathrm{P}[(z_1, z_2) = (0, 0)] = 0$、$\mathrm{P}[(z_1, z_2) = (0, 1)] = 0.5$、$\mathrm{P}[(z_1, z_2) = (1, 0)] = 0.5$ を考えよう。つまり、M 個の市場のうち、半分の市場を企業1が独占しており、残り半分の市場を企業2が独占しているとする。この下で、パラメータ $(\alpha_1, \delta_1, \alpha_2, \delta_2)$ の集合を、以下のステップに従って識別する。

---

12) (6.13)式と(6.15)式に戻って、$\mathrm{P}[(z_1, z_2) = (0, 1)]$ と $\mathrm{P}[(z_1, z_2) = (1, 0)]$ のシャープバウンドを求めると、$0 \leq \lambda \leq 1$ より、

$$\mathrm{P}[(\varepsilon_1, \varepsilon_2) \in \mathrm{E1} \cup \mathrm{E2} \cup \mathrm{E3}] \leq \mathrm{P}[(z_1, z_2) = (0, 1)]$$
$$\leq \mathrm{P}[(\varepsilon_1, \varepsilon_2) \in \mathrm{E1} \cup \mathrm{E2} \cup \mathrm{E3}] + \mathrm{P}[(\varepsilon_1, \varepsilon_2) \in \mathrm{E9}]$$

であり、

$$\mathrm{P}[(\varepsilon_1, \varepsilon_2) \in \mathrm{E5} \cup \mathrm{E6} \cup \mathrm{E7}] \leq \mathrm{P}[(z_1, z_2) = (1, 0)]$$
$$\leq \mathrm{P}[(\varepsilon_1, \varepsilon_2) \in \mathrm{E5} \cup \mathrm{E6} \cup \mathrm{E7}] + \mathrm{P}[(\varepsilon_1, \varepsilon_2) \in \mathrm{E9}]$$

である。

第 1 ステップでは、(6.11)、(6.12)式に $\mathrm{P}[(z_1, z_2) = (1, 1)] = 0$, $\mathrm{P}[(z_1, z_2) = (0, 0)] = 0$ を代入して、パラメータの間に以下の 4 つの等式関係を得る。① $\alpha_1 = 0$, $\alpha_2 = -1 - \delta_2$, ② $\alpha_1 = 0$, $\delta_1 = -1$, ③ $\alpha_2 = 0$, $\alpha_1 = -1 - \delta_1$, ④ $\alpha_2 = 0$, $\delta_2 = -1$ である。以下、第 2〜5 ステップでは、この①〜④のそれぞれの解を (6.3)、(6.8)、(6.19)、(6.20)、(6.21)、(6.22)式に代入し、残りのパラメータの集合を求める。

まず、第 2 ステップでは、①$\alpha_1 = 0$, $\alpha_2 = -1 - \delta_2$ を、(6.3)、(6.8)、(6.19)、(6.20)、(6.21)、(6.22)式に代入する。その結果、パラメータは、

$$\alpha_1 = 0, \quad \alpha_2 = -1 - \delta_2$$
$$\delta_1 \delta_2 \geq 0.5, \quad -1 \leq \delta_1 < 0, \quad -1 \leq \delta_2 < 0 \tag{6.23}$$

と集合識別される。第 3 ステップでは、②$\alpha_1 = 0$, $\delta_1 = -1$ を、(6.3)、(6.8)、(6.19)、(6.20)、(6.21)、(6.22)式に代入することにより、パラメータは、

$$\alpha_1 = 0, \quad \delta_1 = -1$$
$$-1 \leq \alpha_2 + \delta_2 \leq -0.5, \quad -0.5 \leq \alpha_2 \leq 0 \tag{6.24}$$

と集合識別される。第 4 ステップでは、③$\alpha_2 = 0$, $\alpha_1 = -1 - \delta_1$ を、(6.3)、(6.8)、(6.19)、(6.20)、(6.21)、(6.22)式に代入することにより、パラメータは、

$$\alpha_2 = 0, \quad \alpha_1 = -1 - \delta_1$$
$$\delta_1 \delta_2 \geq 0.5, \quad -1 \leq \delta_1 < 0, \quad -1 \leq \delta_2 < 0 \tag{6.25}$$

と集合識別される。第 5 ステップでは、④$\alpha_2 = 0$, $\delta_2 = -1$ を、(6.3)、(6.8)、(6.19)、(6.20)、(6.21)、(6.22)式に代入することにより、パラメータは、

$$\alpha_2 = 0, \quad \delta_2 = -1$$
$$-1 \leq \alpha_1 + \delta_1 \leq -0.5, \quad -0.5 \leq \alpha_1 \leq 0 \tag{6.26}$$

と集合識別される。第 2 ステップ〜第 5 ステップより、(6.23)、(6.24)、(6.25)、(6.26)式で表されるパラメータ $(\alpha_1, \delta_1, \alpha_2, \delta_2)$ の集合の和集合が、パラメータの識別集合である。第 6 ステップでは、このパラメータの識別集合を図示する。

6.3 ゲーム理論の複数均衡から生じる識別問題に対する部分識別の方法

図6.2(a) 参入ゲームのパラメータ ($\alpha_1, \delta_1, \alpha_2, \delta_2$) の識別集合(1)

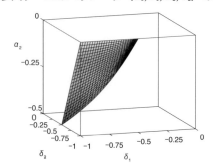

注) (6.23)式で識別されたパラメータの集合を、($\delta_1, \delta_2, \alpha_2$) の3次元で表している。ただし、$\alpha_1 = 0$。

図6.2(b) 参入ゲームのパラメータ ($\alpha_1, \delta_1, \alpha_2, \delta_2$) の識別集合(2)

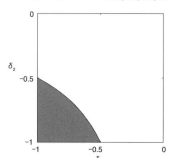

注) (6.23)式で識別されたパラメータの集合を、δ_1 と δ_2 の平面で表している。ただし、$\alpha_1 = 0$、$\alpha_2 = -1-\delta_2$。

図6.2(a)は、(6.23)式で識別された集合を ($\delta_1, \delta_2, \alpha_2$) の3次元で表しており、図に描かれた四分円がその識別集合である（ただし、$\alpha_1 = 0$ である）。図6.2(b)は、図6.2(a)の識別集合を、δ_1 と δ_2 の平面に射影して、(δ_1, δ_2) の識別集合として表している（ただし、$\alpha_1 = 0, \alpha_2 = -1-\delta_2$）。一方、図6.3は、(6.24)式で識別されたパラメータの集合を、α_2 と δ_2 の平面で表している（ただし、$\alpha_1 = 0, \delta_1 = -1$）。(6.25)式で識別されたパラメータの集合は、(6.23)式と(6.25)式の対称性より、図6.2(a)の α_2 を α_1 に置き換えた図となり（ただし、$\alpha_2 = 0$）、また、δ_1 と δ_2 の平面で表すと、図6.2(b)と同じ図となる（ただし、$\alpha_2 = 0, \alpha_1 = -1-\delta_1$）。一方、(6.26)式で識別されたパラメータの集合は、(6.24)式と(6.26)式の対称性より、図6.3の α_2 を α_1 に、δ_2 を δ_1 に置き換えた図となる（ただし、

図6.3　参入ゲームのパラメータ（$\alpha_1, \delta_1, \alpha_2, \delta_2$）の識別集合(3)

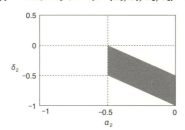

注) (6.24)式で識別されたパラメータの集合を、α_2 と δ_2 の平面で表している。ただし、$\alpha_1 = 0$、$\delta_1 = -1$。

$\alpha_2 = 0, \delta_2 = -1$）。

このような単純な数値例ではなく、現実のデータを使う場合は、(6.3)、(6.8)、(6.11)、(6.12)、(6.19)、(6.20)、(6.21)、(6.22)式の同時方程式で識別されるパラメータ（$\alpha_1, \delta_1, \alpha_2, \delta_2$）の集合は複雑になり、解析的に解くことは難しい。そこで、第7章で説明するモーメント不等式を使った集合推定の方法で、パラメータの集合を推定することが多い。

Ciliberto and Tamer（2009）は、本節の集合識別の方法と米国の航空会社の路線参入競争のデータを用いて、パラメータ（$\alpha_1, \delta_1, \alpha_2, \delta_2$）を集合推定している[13]。この場合、（$\delta_1, \delta_2$）は、航空会社が路線に参入することが、ライバル社の利潤をどれだけ引き下げるかを表している。彼らの推定結果は、アメリカン航空などの大手航空会社が路線に参入することよりも、LCC（格安航空会社）が路線に参入することのほうがライバル社の利潤を引き下げ、その結果、ライバル社の参入確率を引き下げることを示している。そして、推定されたパラメータに基づくシミュレーションを使って、テキサス州のダラス・ラブフィールド空港から出発する直行便を制限したライト修正法が2006年に撤廃されたことに

---

[13] Ciliberto and Tamer（2009）は、さらに、企業1の市場 m における要因 x_{1m} と企業2の市場 m における要因 x_{2m} が、データとして観測できる場合を分析している。そして、

$$z_{1m} = 1(\alpha_1 + \delta_1 z_{2m} + \beta_1 x_{1m} + \varepsilon_{1m} \geq 0)$$
$$z_{2m} = 1(\alpha_2 + \delta_2 z_{1m} + \beta_2 x_{2m} + \varepsilon_{2m} \geq 0)$$

を計量モデルとして、パラメータ（δ_1, δ_2）を推定している。この（x_{1m}, x_{2m}）が、（δ_1, δ_2）の識別を改善する効果については、Tamer (2003) を参照。また、Ciliberto and Tamer (2009) は、ε_{1m} と ε_{2m} は、互いに独立に正規分布に従うと仮定している。

より、各航空会社のこの路線への参入確率がどの程度増加したのかを明らかにした。

Tamer（2003）とCiliberto and Tamer（2009）以降の参入ゲームの部分識別の研究については、Berry and Tamer（2006）、Aradillas-López and Tamer（2008）、Beresteanu, Molchanov and Molinari（2011）、Galichon and Henry（2011）、Kline and Tamer（2012）、Pakes et al.（2015）を参照していただきたい。

参入ゲームにおける部分識別の方法は、他の社会科学の課題にも応用されている。例えば、Kawai and Watanabe（2013）は、本節で説明した方法によって「戦略的投票モデルの複数均衡の識別問題」に取り組んだ。選挙においては、投票者が、自分以外の人々がどの候補者に投票するかを予測して、勝つ見込みが高いと思われる候補者を選ぶことがある（彼らを「戦略的投票者」と呼ぶ）。しかし、参入ゲームと同様に複数均衡が存在するため、各候補者の得票率のデータからは「戦略的投票者」がどれだけ存在するかを識別できないことが、以前からの問題であった。Kawai and Watanabe（2013）は、本節の方法を2005年の日本の衆議院選挙（通称「郵政選挙」）のデータの分析に応用して、①戦略的投票者の比率は63％から85％の間と、既存の実証結果に比べて高い割合であることを示し、②すべての戦略的投票者が、もし、勝つ見込みではなく、本当に一番投票したい候補者に投票していたら選挙結果はどう変わっていたかを、シミュレーションにより示している。

6.4 オークションの識別問題に対する部分識別の方法

Haile and Tamer（2003）は、イギリス式（競り上げ式）オークションにおいて、商品に対する買い手（入札者）の評価額を部分識別し、推定する方法を開発した。イギリス式オークションとは、競り人、もしくは買い手が、買い手全員にわかるように次第に価格を上げていき、最後まで残った買い手が競り落とすオークションの方式を言う[14]。

オークションの実証研究の目的は、観測される入札価格のデータから、買い手の評価額の分布を識別することである[15]。イギリス式オークションの理論・

実証研究では、多くの場合、①価格は、競り人により連続的に上げられていき、②その価格に対して、すべての買い手が、入札し続ける（ずっと手を挙げている）か、入札をやめる（手を下げる）かを行うと仮定している。この仮定の下では、商品に対する買い手の評価額（商品に買い手が最高でいくらまで支払ってもよいと考える額）は、その買い手が入札をやめるときの価格と一致することが、理論的に知られている[16]。よって、この仮定の下では、入札をやめるときの価格（入札価格）のデータから、買い手の評価額の分布を識別することができる。

しかし、現実のオークションでは、このような仮定が成立するとは考えにくい。実際は、買い手がより高い価格を次々と非連続的に付けていくことが多いため、価格はジャンプしがち（跳ね上がりがち）である。この場合、買い手の評価額は、その買い手の付けた価格の最高額（入札価格）と必ずしも一致しない。よって、現実のオークションでの入札価格の分布から、評価額の分布を点識別できない（オークションゲームの識別問題）。

Haile and Tamer（2003）は、このような現実のオークションにおいても成立すると考えられる、信頼できる2つの弱い仮定を提案した。

【仮定1】買い手は、自分の評価額を超える額では入札しない（つまり、買い手の評価額は入札価格以上である）。

【仮定2】買い手は、自分の評価額より低い入札価格で、他の買い手に落札させることをしない（つまり、落札しなかった買い手の評価額は、落札価格以下である）。

Haile and Tamer（2003）は、仮定1と2の下で、評価額の分布をバウンドで識

---

14) イギリス式オークションのモデルでは、買い手は商品に対する自分の評価額は知っているが、他の買い手の評価額は知らない（評価額は私的情報）と仮定される。

15) それは、商品に対する買い手の評価額の分布を知ることにより、商品に対する買い手の需要を知ることができるからである。その結果、①商品特性の差異が買い手の需要にどう影響を与えているかがわかる、②別のオークションのメカニズム（例えば、別の最低入札価格）を採用することにより、買い手の需要行動がどう変わるかを政策評価できる。

16) Milgrom and Weber（1982）や梶井・松井（2000）を参照。

6.4 オークションの識別問題に対する部分識別の方法

別できることを示した。

その基本的なアイディアを、参加者2人の単純なイギリス式オークションを例に説明しよう。買い手1の入札価格が10であり、買い手2の入札価格が40であるとする。まず、仮定1と2が、現実的にもっともらしいと考えられる理由を説明する。仮定1から始めよう。買い手が入札価格で落札したときの利益は、「評価額－入札価格」である。よって、もし買い手が自分の評価額以下の入札価格を付けて落札した場合は、「評価額－入札価格 ≥ 0」の正の利益を得るが、買い手が自分の評価額を超える入札価格を付けて落札した場合は、「評価額－入札価格 < 0」の損を被る。そのため買い手は、自分の評価額を超える価格で入札しないであろう。これは、買い手の評価額は入札価格以上であると言い換えることができる。よって、仮定1は現実的であろう。この例の場合、仮定1は、買い手1の評価額は10以上であり、買い手2の評価額は40以上であるということになる。

次に、仮定2を説明する。この例では、より高い価格で入札した買い手2が、その価格40で落札する。まず、仮に、「買い手1の評価額が、買い手2の入札価格40より高い」と仮定しよう。このとき、買い手2の入札価格40より低い価格で買い手1が入札した場合、買い手2が落札に成功し、商品を得られなかった買い手1の利益は0である。それに対し、買い手1が、自分の評価額以下だが、買い手2の入札価格40より高い価格で入札すれば、買い手1が落札に成功し、「買い手1の評価額－買い手1の入札価格 ≥ 0」の正の利益を得る。したがって、買い手1は、買い手2の入札価格40より高い入札価格を付けるであろう。言い換えると、買い手1は、自分の評価額より低い入札価格40で、買い手2に落札させないであろう。これが仮定2の意味である。しかし、この例では、買い手1は40より高い入札価格を付けず（実際は、入札価格10を付け）、買い手2に落札させている。仮定2では、「買い手1の評価額が買い手2の入札価格40より高い」のであれば、「買い手1は、買い手2の入札価格40より高い入札価格を付けて落札する」はずである。しかし実際は、買い手1は落札しなかったので、買い手1の評価額は、落札価格の40以下であることになる。以上より、仮定2は現実的であるといえよう。

それでは、仮定1と2を課すことにより、買い手1の評価額と買い手2の評

価額がバウンドで識別されることを示そう。仮定1により、①買い手1の評価額は10以上であり、②買い手2の評価額は40以上であるということになる。仮定2により、③買い手1の評価額は40以下であるということになる。よって、①と③より、買い手1の評価額は、10以上で40以下というバウンドで識別され、②より、買い手2の評価額は40以上というバウンドで識別される。

以下では、この評価額のバウンドに、イギリス式オークションの標準的なモデルの仮定を課すことにより、そのバウンドを狭めていく。とくに、オークションでは、同じ種類の商品のオークションが何回も行われることが多いので、そのデータとオークション間での評価額の仮定を用いて、評価額の分布のバウンドを狭めていく。

具体的な設定は以下のとおりである。ある商品のイギリス式オークションが T 回行われるとする。各回の参加人数は同じで n とする[17]。各回のオークション t ($t = 1, ..., T$) において、買い手 j ($j = 1, ..., n$) は、自分の商品に対する評価額 V_j^t を、確率分布 $F(\cdot)$ から独立に引くとする。評価額の分布 $F(\cdot)$ は、すべての買い手で同一であり、すべての回のオークションで同一である[18]。この評価額の分布 $F(\cdot)$ を識別することが、ここでの目的である。

オークション t で、買い手の評価額 V_j^t を、昇順に並べた順序統計量を $V_{1:n}^t, ..., V_{n:n}^t$ とする ($V_{1:n}^t \leq V_{2:n}^t \leq \cdots \leq V_{n-1:n}^t \leq V_{n:n}^t$)。つまり、$V_{i:n}^t$ は、n 人の参加者の評価額のうち、下から i 番目の評価額である。そして、$V_{i:n}^t$ の分布を $F_{i:n}(v) = P(V_{i:n}^t \leq v)$ とする[19]。オークション t で、買い手の入札価格(その買い手の付けた価格の最高額) B_j^t を昇順に並べた順序統計量を $B_{1:n}^t, ..., B_{n:n}^t$ とする ($B_{1:n}^t \leq B_{2:n}^t \leq \cdots \leq B_{n-1:n}^t \leq B_{n:n}^t$ であり、$B_{i:n}^t$ は、参加者の入札価格のうち、

---

[17] オークションで、入札者の名前がデータにないため、観測されるのは、各回のオークションごとに入札価格を順番(昇順)に並べたデータである。

[18] 評価額 V_j^t が独立に同一の確率分布に従う (i.i.d.) ことを仮定する、Symmetric Independent Private Value (SIPV) モデルである。つまり、買い手は、他の買い手の評価額を予想するとき、他の買い手の評価額は、自分の評価額とは独立に、ある同一の分布に従っていると考えて予想している。

[19] 評価額の順序統計量 $V_{i:n}^t$ の分布 $F_{i:n}(v) = P(V_{i:n}^t \leq v)$ とは、各回のオークション t ($t = 1, ..., T$) で、下から i 番目の評価額 $V_{i:n}^t$ をとり、それを T 個並べた分布が、T が無限大になったときに収束する分布と考えることもできる。

6.4 オークションの識別問題に対する部分識別の方法

下から i 番目の入札価格である）。オークションでは、最も高い入札価格 $B_{n:n}^t$ を付けた人が、その価格（落札価格）で商品を購入する。$B_{i:n}^t$ の分布を $G_{i:n}(b) = \mathrm{P}(B_{i:n}^t \leq b)$ とする[20]。$B_{i:n}^t$ は観測されるので、$G_{i:n}(b)$ も観測される。前述したように、現実のオークションでは、自分の評価額と入札価格が必ずしも一致しないため、$V_{i:n}^t$ は観測されず、その結果、$F_{i:n}(v)$ も観測されない（つまり、観測可能な $B_{i:n}^t$ と $V_{i:n}^t$ は一致せず、観測可能な $G_{i:n}(b)$ と $F_{i:n}(v)$ は一致しない）。以下では、観測される入札価格の分布 $G_{i:n}(b)$ を使って、買い手の評価額の分布 $F(v)$ を識別する方法を説明する。

それでは、買い手の評価額の分布 $F(v)$ を識別しよう。まず、統計学の教科書（Hogg et al. 2012 など）にあるように、順序統計量の分布 $F_{i:n}(v)$ は、

$$F_{i:n}(v) = \sum_{k=i}^{n} \binom{n}{k} F(v)^k [1-F(v)]^{n-k} \tag{6.27}$$

である。(6.27)式の $F(v)$ と $F_{i:n}(v)$ は、式からはわかりにくいが、1対1の強増加関数の関係にある。その強増加関数を $\phi_{i,n}(\cdot)$ とすると、(6.27)式は、

$$F(v) = \phi_{i,n}[F_{i:n}(v)] \tag{6.28}$$

として表せる。関数 $\phi_{i,n}(\cdot)$ は (6.27) 式より既知であるから、(6.28) 式より、$F_{i:n}(v)$ がわかれば、$F(v)$ は識別される（一意に求まる）。

仮定1とは、すべての t と j に対して、

$$B_j^t \leq V_j^t \tag{6.29}$$

である。(6.29)式と順序統計量の性質より、すべての $i = 1, 2, ..., n$ に対して、

$$B_{i:n}^t \leq V_{i:n}^t \tag{6.30}$$

が成立する。(6.30)式より、$V_{i:n}^t$ は $B_{i:n}^t$ を（一次）確率優越するから、任意の v と i に対して、

---

[20] Haile and Tamer (2003) は、後述するように、$G_{i:n}(b)$ をデータから $G_{i:n}(b) = \frac{1}{T} \times \sum_{t=1}^{T} 1[B_{i:n}^t \leq b]$ と推定している。

$$F_{i:n}(v) \leq G_{i:n}(v) \tag{6.31}$$

である[21]。(6.28)式と(6.31)式より、任意のvとiに対して、

$$(\phi_{i,n}[F_{i:n}(v)] =) F(v) \leq \phi_{i,n}[G_{i:n}(v)] \tag{6.32}$$

である。(6.32)式より、$\phi_{i,n}[G_{i:n}(v)]$ が分布 $F(v)$ のバウンドの上限となる。さらに、(6.32)式は、すべての買い手 $i = 1, ..., n$ について成立するから、(6.32)式の右辺のすべての i に関する最小値が、分布 $F(v)$ のシャープバウンドの上限となる。つまり、

$$F(v) \leq \min_i \phi_{i,n}[G_{i:n}(v)] \tag{6.33}$$

である。$F(v)$ のバウンドの上限 $\min_i \phi_{i,n}[G_{i:n}(v)]$ は、データから観測される分布 $G_{i:n}(v)$ を、(6.28)式の既知の関数 $\phi_{i,n}(\cdot)$ で変換した $\phi_{i,n}[G_{i:n}(v)]$ の i に関する最小値であるから、計算することができる。本節の最後で、数値例を使って具体的に計算手順を説明する。

次に、仮定2に従って、$F(v)$ のバウンドの下限を求める。仮定2は、落札しなかった買い手の評価額、つまり、$i \leq n-1$ である買い手 i の評価額 $V_{i:n}^t$ は、落札価格である $B_{n:n}^t$ 以下であることを意味する。よって、その評価額 $V_{i:n}^t$ ($i \leq n-1$) の最高額である $V_{n-1:n}^t$ は、$B_{n:n}^t$ 以下である。つまり、

$$V_{n-1:n}^t \leq B_{n:n}^t \tag{6.34}$$

である。(6.34)式より、$B_{n:n}^t$ は $V_{n-1:n}^t$ を確率優越するから、任意の v に対して、

$$G_{n:n}(v) \leq F_{n-1:n}(v) \tag{6.35}$$

である[22]。(6.28)式と(6.35)式より、任意の v に対して、

$$\phi_{n-1,n}[G_{n:n}(v)] \leq F(v) (= \phi_{n-1,n}[F_{n-1:n}(v)]) \tag{6.36}$$

---

[21] 確率優越については、第2章補論、および、第2章2.2節の脚注4を参照。

[22] 定義より、$B_{n:n}^t$ の分布は $G_{n:n}(v) = P(B_{n:n}^t \leq v)$ であり、$V_{n-1:n}^t$ の分布は $F_{n-1:n}(v) = P(V_{n-1:n}^t \leq v)$ である。

である[23]。$F(v)$ のバウンドの下限 $\phi_{n-1,n}[G_{n:n}(v)]$ は、データから観測される分布 $G_{n:n}(v)$ を、(6.28)式の既知の関数 $\phi_{n-1,n}(\cdot)$ で変換した分布であるから、計算することができる[24]。

(6.33)式と(6.36)式より、買い手の評価額の分布 $F(v)$ のシャープバウンドは、

$$\phi_{n-1,n}[G_{n:n}(v)] \leq F(v) \leq \min_{i} \phi_{i,n}[G_{i:n}(v)] \tag{6.37}$$

である。

それでは、簡単な数値例を使って、評価額の分布 $F(v)$ のシャープバウンド(6.37)式を求めよう。同じ種類の商品のイギリス式オークションを2回 ($T=2$) 行い、各回の参加者数が2人 ($n=2$) としよう。表6.1は、各回のオークションの入札価格の順序統計量 $B_{i:n}^t$ を表している。具体的には、1回目のオークションの入札価格の順序統計量が $B_{1:2}^1 = 10$, $B_{2:2}^1 = 40$ であり、2回目のオークションの入札価格の順序統計量が $B_{1:2}^2 = 60$, $B_{2:2}^2 = 80$ である。この例を使って、以下のステップに従い、(6.37)式のバウンドの推定値を求める。

第1ステップでは、$n=2$ のときの(6.28)式の関数 $\phi_{i,2}(\cdot)$ ($i=1,2$) を求める。第2ステップでは、表6.1の数値例から、入札価格の順序統計量 $B_{i:2}^t$ ($i=1,2$) の分布 $G_{i:2}(v) = \mathrm{P}(B_{i:2}^t \leq v)$ を推定する。第3ステップでは、第2ステップで求めた $G_{i:2}(v)$ を、第1ステップで求めた関数 $\phi_{i,2}(\cdot)$ で変換して $\phi_{i,2}[G_{i:2}(v)]$ を求め、(6.37)式のバウンドの上限の式に代入して、$F(v)$ の上限の分布 $\min_{i=1,2} \phi_{i,2}[G_{i:2}(v)]$ を求める。第4ステップでは、第2ステップで求めた $G_{2:2}(v)$ を、第1ステップ

---

[23] $i \leq n-1$ に対し、$V_{i:n}^t \leq B_{n:n}^t$ であるから、$F(v)$ の下限は、(6.36)式ではなく、

$$\max_{i \leq n-1} \phi_{i,n}[G_{n:n}(v)] \leq F(v) \,(= \phi_{i,n}[F_{i:n}(v)])$$

ではないかと思われるかもしれない。しかし、評価額 $V_{i:n}^t$ は、$V_{1:n}^t \leq V_{2:n}^t \leq \cdots \leq V_{n-1:n}^t$ であるので、任意の v に対し、$F_{n-1:n}(v) \leq F_{n-2:n}(v) \leq \cdots \leq F_{1:n}(v)$ である。さらに、$i \leq n-1$ に対して、(6.28)式が成立するから、$0 \leq x \leq 1$ に対して、$\phi_{i,n}[x]$ は、i の増加関数である。よって、$i \leq n-1$ に対し、$\phi_{i,n}[G_{n:n}(v)] \leq \phi_{n-1,n}[G_{n:n}(v)]$ である。したがって、(6.36)式が $F(v)$ の下限となる。

[24] Haile and Tamer (2003) は、イギリス式オークションでは、買い手が価格を競り上げるとき、決められた一定額（Δ とする）以上の価格を付けなければならないという現実のオークションのルールを仮定2に加味し、(6.34)式を現実的に改良して、$V_{n-1:n}^t \leq B_{n:n}^t + \Delta$ を導出している。この不等式の下では、$B_{n:n}^t + \Delta$ の分布を $G_{n:n}^{\Delta}(\cdot)$ とすると、$\phi_{n-1,n}[G_{n:n}^{\Delta}(v)] \leq F(v)$ が評価額の分布 $F(v)$ のバウンドの下限となる。

表6.1　イギリス式オークションの入札価格 $B_{i:2}^t$ の数値例

		t 回目	
		1	2
買い手 i	2	40	80
	1	10	60

で求めた関数 $\phi_{1,2}(\cdot)$ で変換して $\phi_{1,2}[G_{2:2}(v)]$ を求め、(6.37)式のバウンドの下限の分布 $\phi_{1,2}[G_{2:2}(v)]$ を求める。

それでは、第1ステップから始めよう。(6.28)式の関数 $\phi_{i,n}(\cdot)$ は、(6.27)式の $F_{i:n}(v)$ から $F(v)$ への対応を表した関数である。$n = 2$ のとき、(6.27)式は、

$$F_{1:2}(v) = \binom{2}{1} F(v)[1-F(v)] + \binom{2}{2} F(v)^2 = 2F(v) - F(v)^2 \tag{6.38}$$

$$F_{2:2}(v) = \binom{2}{2} F(v)^2 = F(v)^2 \tag{6.39}$$

である。(6.38)式と $0 \leq F(v) \leq 1$ より、

$$F(v) = \phi_{1,2}[F_{1:2}(v)] = 1 - \sqrt{1 - F_{1:2}(v)} \tag{6.40}$$

(6.39)式より、

$$F(v) = \phi_{2,2}[F_{2:2}(v)] = \sqrt{F_{2:2}(v)} \tag{6.41}$$

である。

第2ステップでは、表6.1より、入札価格の順序統計量 $B_{1:2}^t$ の分布 $G_{1:2}(v) = P(B_{1:2}^t \leq v)$ と、順序統計量 $B_{2:2}^t$ の分布 $G_{2:2}(v) = P(B_{2:2}^t \leq v)$ を推定する。まず、$G_{1:2}(v) = P(B_{1:2}^t \leq v)$ は、$B_{1:2}^t$ のデータの経験分布（度数分布）である、

$$G_{1:2}(v) = \frac{1}{2}\sum_{t=1}^{2} 1[B_{1:2}^t \leq v] = \frac{1}{2}\{1[B_{1:2}^1 \leq v] + 1[B_{1:2}^2 \leq v]\} \tag{6.42}$$

により推定できる。表6.1の $B_{1:2}^1 = 10$, $B_{1:2}^2 = 60$ を、(6.42)式に代入すると、分布 $G_{1:2}(v)$ の推定値は、

6.4 オークションの識別問題に対する部分識別の方法

$$
\begin{aligned}
&0 \leq v < 10 \text{ の } v \text{ に対しては、} & G_{1:2}(v) = 0 \\
&10 \leq v < 60 \text{ の } v \text{ に対しては、} & G_{1:2}(v) = 0.5 \\
&60 \leq v \text{ の } v \text{ に対しては、} & G_{1:2}(v) = 1
\end{aligned} \quad (6.43)
$$

である。(6.42)式と同様に、$G_{2:2}(v) = \mathrm{P}(B_{2:2}^t \leq v)$ は、

$$
G_{2:2}(v) = \frac{1}{2}\{1[B_{2:2}^1 \leq v] + 1[B_{2:2}^2 \leq v]\} \quad (6.44)
$$

により推定できる。表6.1の $B_{2:2}^1 = 40$, $B_{2:2}^2 = 80$ を、(6.44)式に代入すると、分布 $G_{2:2}(v)$ の推定値は、

$$
\begin{aligned}
&0 \leq v < 40 \text{ の } v \text{ に対しては、} & G_{2:2}(v) = 0 \\
&40 \leq v < 80 \text{ の } v \text{ に対しては、} & G_{2:2}(v) = 0.5 \\
&80 \leq v \text{ の } v \text{ に対しては、} & G_{2:2}(v) = 1
\end{aligned} \quad (6.45)
$$

である。

第3ステップでは、まず、(6.43)式の $G_{1:2}(v)$ を(6.40)式の $\phi_{1,2}[\cdot]$ で変換して $\phi_{1,2}[G_{1:2}(v)] = 1 - \sqrt{1 - G_{1:2}(v)}$ を求め、さらに、(6.45)式の $G_{2:2}(v)$ を(6.41)式の $\phi_{2,2}[\cdot]$ で変換して $\phi_{2,2}[G_{2:2}(v)] = \sqrt{G_{2:2}(v)}$ を求める。したがって、

$$
\begin{aligned}
&0 \leq v < 10 \text{ の } v \text{ に対しては、} & \phi_{1,2}[G_{1:2}(v)] &= 1 - \sqrt{1-0} = 0 \\
& & \phi_{2,2}[G_{2:2}(v)] &= \sqrt{0} = 0 \\
&10 \leq v < 40 \text{ の } v \text{ に対しては、} & \phi_{1,2}[G_{1:2}(v)] &= 1 - \sqrt{1-0.5} = 0.293 \\
& & \phi_{2,2}[G_{2:2}(v)] &= \sqrt{0} = 0 \\
&40 \leq v < 60 \text{ の } v \text{ に対しては、} & \phi_{1,2}[G_{1:2}(v)] &= 1 - \sqrt{1-0.5} = 0.293 \\
& & \phi_{2,2}[G_{2:2}(v)] &= \sqrt{0.5} = 0.707 \\
&60 \leq v < 80 \text{ の } v \text{ に対しては、} & \phi_{1,2}[G_{1:2}(v)] &= 1 - \sqrt{1-1} = 1 \\
& & \phi_{2,2}[G_{2:2}(v)] &= \sqrt{0.5} = 0.707 \\
&80 \leq v \text{ の } v \text{ に対しては、} & \phi_{1,2}[G_{1:2}(v)] &= 1 - \sqrt{1-1} = 1 \\
& & \phi_{2,2}[G_{2:2}(v)] &= \sqrt{1} = 1
\end{aligned} \quad (6.46)
$$

図6.4(a) $\phi_{1,2}[G_{1:2}(v)]$ の推定値

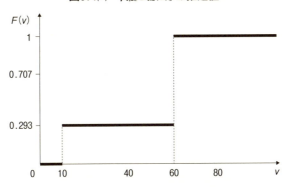

図6.4(b) $\phi_{2,2}[G_{2:2}(v)]$ の推定値

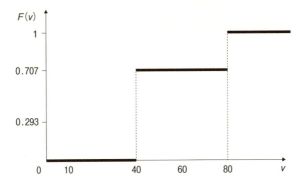

である。図 6.4(a) は (6.46) 式の $\phi_{1,2}[G_{1:2}(v)]$ を示し、図 6.4(b) は (6.46) 式の $\phi_{2,2}[G_{2:2}(v)]$ を示している。

次に、(6.46) 式の $\phi_{1,2}[G_{1:2}(v)]$ と $\phi_{2,2}[G_{2:2}(v)]$ の最小値 $\min\{\phi_{1,2}[G_{1:2}(v)], \phi_{2,2}[G_{2:2}(v)]\}$ を求め、(6.37) 式の $F(v)$ のバウンドの上限を推定する。$F(v)$ のバウンドの上限である $\min\{\phi_{1,2}[G_{1:2}(v)], \phi_{2,2}[G_{2:2}(v)]\}$ は、

$$
\begin{aligned}
&0 \leq v < 10 \text{ の } v \text{ に対しては、} & &\min\{0, 0\} = 0 \\
&10 \leq v < 40 \text{ の } v \text{ に対しては、} & &\min\{0.293, 0\} = 0 \\
&40 \leq v < 60 \text{ の } v \text{ に対しては、} & &\min\{0.293, 0.707\} = 0.293 \\
&60 \leq v < 80 \text{ の } v \text{ に対しては、} & &\min\{1, 0.707\} = 0.707 \\
&80 \leq v \text{ の } v \text{ に対しては、} & &\min\{1, 1\} = 1
\end{aligned}
\quad (6.47)
$$

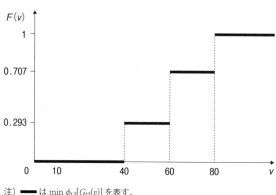

図6.5 評価額の分布 $F(v)$ のバウンドの上限の推定値

注) ■ は $\min_{t=1,2} \phi_{t,2}[G_{t:2}(v)]$ を表す。

となる。図6.5は、図6.4(a)の $\phi_{1,2}[G_{1:2}(v)]$ と図6.4(b)の $\phi_{2,2}[G_{2:2}(v)]$ の最小値である $F(v)$ のバウンドの上限 (6.47) 式を示している。

第4ステップでは、(6.45) 式の $G_{2:2}(v)$ を (6.40) 式の $\phi_{1,2}[\cdot]$ で変換して、(6.37) 式の $F(v)$ のバウンドの下限の $\phi_{1,2}[G_{2:2}(v)] = 1 - \sqrt{1 - G_{2:2}(v)}$ を求める。よって、$\phi_{1,2}[G_{2:2}(v)]$ は、

$$
\begin{aligned}
&0 \leq v < 40 \text{ の } v \text{ に対しては、} & \phi_{1,2}[G_{2:2}(v)] &= 1 - \sqrt{1-0} = 0 \\
&40 \leq v < 80 \text{ の } v \text{ に対しては、} & \phi_{1,2}[G_{2:2}(v)] &= 1 - \sqrt{1-0.5} = 0.293 \\
&80 \leq v \text{ の } v \text{ に対しては、} & \phi_{1,2}[G_{2:2}(v)] &= 1 - \sqrt{1-1} = 1
\end{aligned}
\tag{6.48}
$$

となる。図6.6は、$F(v)$ のバウンドの下限である (6.48) 式の $\phi_{1,2}[G_{2:2}(v)]$ の分布を示している。

最後に、図6.7は、図6.5と図6.6を重ねて、表6.1の数値例に対する評価額の分布 $F(v)$ のバウンド (6.37) 式の上限と下限の推定値を示している。図6.7より、$60 \leq v < 80$ の v に対しては、$F(v)$ は、$0.293 \leq F(v) \leq 0.707$ のバウンドとして推定されることがわかる。

Haile and Tamer (2003) は、米国農務省森林局の木材オークションのデータを使って、木材に対する買い手の評価額の分布 $F(v)$ を、(6.37) 式のバウンドで推定した。そして、そのバウンド推定値を使って、オークションの最低入札価

図6.6　評価額の分布 $F(v)$ のバウンドの下限の推定値

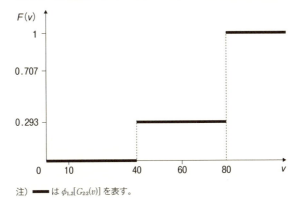

注）━━ は $\phi_{1,2}[G_{2,2}(v)]$ を表す。

図6.7　評価額の分布 $F(v)$ のバウンドの上限と下限の推定値

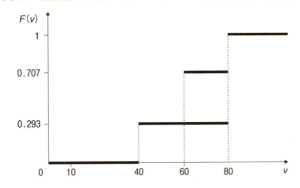

格を変えたときに、売り手である森林局の利潤がどう変化するかを政策評価している。

　Haile and Tamer (2003) 以降のオークションゲームの部分識別の研究については、Tang (2011)、Aradillas-López, Gandhi and Quint (2013)、Chesher and Rosen (2017) を参照していただきたい。

6.5 おわりに

本章では、参入ゲームとオークションゲームの識別問題に対して、部分識別の方法が有効な解決策を与えることを説明した。

前半では、二企業が市場に参入するか、参入しないかを選択する離散ゲームで、複数均衡が存在する状況を考察した。複数均衡が存在する領域では、企業の利潤関数のパラメータと、実際に参入したか、参入しなかったかの実現均衡との間に、一対一の対応関係が成立しない。そのため、伝統的な点識別の計量経済学では、観測される実現均衡からパラメータを点識別できない。

この識別問題に対し、部分識別の方法は、複数均衡が存在する場合に、パラメータと実現均衡との間に不等式の関係が成立することを用いて、パラメータをバウンド（集合）で識別した。

後半では、イギリス式（競り上げ式）オークションゲームを考察した。このゲームの理論モデルでは、価格は連続的に競り上げられ、入札者は商品が入札されるまで手を上げ続けると仮定されている。しかし、このような入札者の行動は、実際のオークションでは行われない。そのため、観測される入札価格から、入札者の評価額を点識別できない。

この識別問題に対し、部分識別の方法は、入札者の行動に対して、実際のオークションでも成立する信頼できる弱い仮定を課すことにより、入札者の評価額をバウンドで識別した。

第7章 部分識別の推定

7.1 はじめに

　本章では、部分識別の推定について説明する。具体的には、これまで識別してきたパラメータのバウンド（集合）を、有限のデータを用いてどのように推定（**集合推定**、Set Estimation）するか、パラメータの信頼区間（**信頼集合**、Confidence Set）をどのように求めるのか、パラメータの仮説検定をどのように行うかを説明する[1]。

　部分識別の推定方法の開発は、現在最も精力的に研究されている計量経済学のトピックの一つである。これまで考察してきたように、部分識別はパラメータを集合として識別する。この識別された集合を推定する（つまり、識別集合の一致推定量を求める）ことは、伝統的な識別された点を推定する点推定と異なるため、新領域の研究となる。

　7.2節では、部分識別でのパラメータの集合が、パラメータの期待値を不等式（**モーメント不等式**、Moment Inequalities）で表したモデルで記述できることを説明する。7.3節では、モーメント不等式モデルを使ってパラメータを集合推定する方法を説明する。7.4節では、パラメータの信頼集合を求める方法を説

---

[1] 部分識別の推定は、識別されたパラメータの集合を推定するため、集合推定と呼ばれる。また、パラメータの「信頼区間」も、それにあわせて、信頼集合と呼ばれる。

明する。まず、信頼集合を求める際に生じる統計的問題点を説明する。次に、この問題点に対処する方法として**一般化モーメント選択**（Generalized Moment Selection）を説明する。最後に、一般化モーメント選択を実行する具体的手順を説明する。7.5節がまとめとなる。

7.2 モーメント不等式

本書ではこれまで、いくつかの仮定を課して、パラメータの集合を識別してきた。例えば、第2章2.2節(2.6)式では、個人 $i = 1, ..., n$ の関数 $y_i(\cdot)$ が増加関数の仮定を満たすとき、処置変数 t に対する結果変数 $y_i(t)$ の期待値 $\mathrm{E}[y(t)]$ の識別集合（バウンド）は、

$$\sum_{s \leq t} \mathrm{E}[y|z=s]\mathrm{P}(z=s) + \underline{y}\mathrm{P}(z>t) \leq \mathrm{E}[y(t)]$$
$$\leq \overline{y}\mathrm{P}(z<t) + \sum_{s \geq t} \mathrm{E}[y|z=s]\mathrm{P}(z=s) \tag{7.1}$$

であることを示した（ただし、z は実現処置変数、$\underline{y}$ と $\overline{y}$ はそれぞれ結果変数の値域の下限と上限である）。

(7.1)式は、

$$\mathrm{E}\left[\sum_{s \leq t} y\mathbf{1}(z=s) + \underline{y}\mathbf{1}(z>t)\right] \leq \mathrm{E}[y(t)] \leq \mathrm{E}\left[\overline{y}\mathbf{1}(z<t) + \sum_{s \geq t} y\mathbf{1}(z=s)\right] \tag{7.2}$$

と書ける[2]。その理由は以下のとおりである。

まず、(7.1)式の下限と(7.2)式の下限が等しいことを示す。(7.2)式の下限の第1項の $\mathrm{E}[y\mathbf{1}(z=s)]$ は、

$$\mathrm{E}[y\mathbf{1}(z=s)] = \mathrm{E}[y\mathbf{1}(z=s)|z=s]\mathrm{P}(z=s) + \mathrm{E}[y\mathbf{1}(z=s)|z \neq s]\mathrm{P}(z \neq s)$$
$$= \mathrm{E}[y|z=s]\mathrm{P}(z=s)$$

---

[2] 関数 $\mathbf{1}(\omega)$ は、事象 ω が正しければ $\mathbf{1}(\omega) = 1$ であり、事象 ω が正しくなければ $\mathbf{1}(\omega) = 0$ である指示関数である。

であり、(7.1)式の下限第 1 項に等しい（最後の等号は、$\mathrm{E}[\underline{y}\mathbf{1}(z=s)|z=s]$ $= \mathrm{E}[\underline{y}|z=s]$ であり、$\mathrm{E}[\underline{y}\mathbf{1}(z=s)|z\neq s]=0$ であるから）。さらに、(7.2)式の下限の第 2 項は、

$$\mathrm{E}\big[\underline{y}\mathbf{1}(z>t)\big] = \mathrm{E}\big[\underline{y}\mathbf{1}(z>t)|z>t\big]\mathrm{P}(z>t) + \mathrm{E}\big[\underline{y}\mathbf{1}(z>t)|z\leq t\big]\mathrm{P}(z\leq t)$$
$$= \mathrm{E}\big[\underline{y}|z>t\big]\mathrm{P}(z>t) = \underline{y}\mathrm{P}(z>t)$$

であり、(7.1)式の下限の第 2 項と等しい。同様にして、(7.1)式の上限と (7.2)式の上限が等しいことを示すことができる。

パラメータ $\mathrm{E}[y(t)]$ を θ と置き、データである y_i と z_i を、$\mathbf{Z}_i = (y_i, z_i)$ として、関数 $m_1(\mathbf{Z}_i, \theta)$ と $m_2(\mathbf{Z}_i, \theta)$ を、

$$m_1(\mathbf{Z}_i, \theta) = \theta - \Big[\sum_{s\leq t} y_i \mathbf{1}(z_i = s) + \underline{y}\mathbf{1}(z_i > t)\Big] \quad (7.3)$$
$$m_2(\mathbf{Z}_i, \theta) = \overline{y}\mathbf{1}(z_i < t) + \sum_{s\geq t} y_i \mathbf{1}(z_i = s) - \theta \quad (7.4)$$

とする。以上の表記を使えば、(7.2)式は、

$$\mathrm{E}[m_1(\mathbf{Z}, \theta)] \geq 0 \quad (7.5)$$
$$\mathrm{E}[m_2(\mathbf{Z}, \theta)] \geq 0 \quad (7.6)$$

の同時方程式で書くことができる。

また、第 6 章 6.2 節と 6.3 節では、企業 1 と企業 2 が、n 個の市場 $i = 1, 2, ..., n$ で参入競争している参入ゲームにおいて、企業 $l = 1, 2$ が、市場 i に参入している（$z_{li} = 1$）か、参入していないか（$z_{li} = 0$）のデータを使って、企業 1 の利潤関数 $\pi_{1i} = \alpha_1 + \delta_1 z_{2i} + \varepsilon_{1i}$ と企業 2 の利潤関数 $\pi_{2i} = \alpha_2 + \delta_2 z_{1i} + \varepsilon_{2i}$ のパラメータ $(\alpha_1, \delta_1, \alpha_2, \delta_2)$ の識別集合を求めた。それは、(6.11)、(6.12)、(6.19)〜(6.22)式、つまり、

$$\mathrm{P}[(z_1, z_2) = (1, 1)] = (1 + \alpha_1 + \delta_1)(1 + \alpha_2 + \delta_2) \quad (7.7)$$
$$\mathrm{P}[(z_1, z_2) = (0, 0)] = \alpha_1 \alpha_2 \quad (7.8)$$
$$-(1 + \alpha_2)(\alpha_1 + \delta_1) - \delta_1 \delta_2 \leq \mathrm{P}[(z_1, z_2) = (0, 1)] \quad (7.9)$$
$$-(1 + \alpha_2)(\alpha_1 + \delta_1) \geq \mathrm{P}[(z_1, z_2) = (0, 1)] \quad (7.10)$$
$$-(1 + \alpha_1)(\alpha_2 + \delta_2) - \delta_1 \delta_2 \leq \mathrm{P}[(z_1, z_2) = (1, 0)] \quad (7.11)$$

7.2 モーメント不等式

$$-(1+\alpha_1)(\alpha_2+\delta_2) \geq \mathrm{P}[(z_1, z_2) = (1, 0)] \tag{7.12}$$

の同時方程式で記述された。

(7.7)式～(7.12)式は、パラメータ $\theta = (\alpha_1, \delta_1, \alpha_2, \delta_2)$、データ $\boldsymbol{Z}_i = (z_{1i}, z_{2i})$、そして、

$$m_1(\boldsymbol{Z}_i, \theta) = z_{1i} z_{2i} - (1+\alpha_1+\delta_1)(1+\alpha_2+\delta_2) \tag{7.13}$$
$$m_2(\boldsymbol{Z}_i, \theta) = (1-z_{1i})(1-z_{2i}) - \alpha_1 \alpha_2 \tag{7.14}$$
$$m_3(\boldsymbol{Z}_i, \theta) = (1-z_{1i}) z_{2i} + (1+\alpha_2)(\alpha_1+\delta_1) + \delta_1 \delta_2 \tag{7.15}$$
$$m_4(\boldsymbol{Z}_i, \theta) = -(1-z_{1i}) z_{2i} - (1+\alpha_2)(\alpha_1+\delta_1) \tag{7.16}$$
$$m_5(\boldsymbol{Z}_i, \theta) = z_{1i}(1-z_{2i}) + (1+\alpha_1)(\alpha_2+\delta_2) + \delta_1 \delta_2 \tag{7.17}$$
$$m_6(\boldsymbol{Z}_i, \theta) = -z_{1i}(1-z_{2i}) - (1+\alpha_1)(\alpha_2+\delta_2) \tag{7.18}$$

と置くと、

$$\mathrm{E}[m_1(\boldsymbol{Z}, \theta)] = 0 \tag{7.19}$$
$$\mathrm{E}[m_2(\boldsymbol{Z}, \theta)] = 0 \tag{7.20}$$
$$\mathrm{E}[m_3(\boldsymbol{Z}, \theta)] \geq 0 \tag{7.21}$$
$$\mathrm{E}[m_4(\boldsymbol{Z}, \theta)] \geq 0 \tag{7.22}$$
$$\mathrm{E}[m_5(\boldsymbol{Z}, \theta)] \geq 0 \tag{7.23}$$
$$\mathrm{E}[m_6(\boldsymbol{Z}, \theta)] \geq 0 \tag{7.24}$$

と書ける。例えば、(7.7)式の $\mathrm{P}[(z_1, z_2) = (1, 1)]$ は、z_i が 0 か 1 をとる二値変数であること注意すると、$\mathrm{P}[(z_1, z_2) = (1, 1)] = \mathrm{P}[z_1 z_2 = 1]$ である。一方、(7.13)式を (7.19) 式に代入した式の第 1 項である $\mathrm{E}[z_1 z_2]$ は、$\mathrm{E}[z_1 z_2] = 1 \times \mathrm{P}[z_1 z_2 = 1] + 0 \times \mathrm{P}[z_1 z_2 = 0] = \mathrm{P}[z_1 z_2 = 1]$ である。よって、(7.7)式と (7.19)式は同値である。同様にして、(7.20)～(7.24)式も (7.8)～(7.12)式と同値であることを示すことができる。

この(7.5)、(7.6)式の例と(7.19)～(7.24)式の例を一般化しよう。部分識別によるパラメータ θ の識別集合は、$m_j(\cdot, \cdot)$ を既知の関数、$\boldsymbol{Z}_i$ ($i = 1, ..., n$) を独立に同一の分布 F_0 に従うとすると、以下の同時方程式を満たす θ の集合となる。

$$j = 1, ..., p \text{ に対して、} \quad \mathrm{E}[m_j(\boldsymbol{Z}, \theta)] \geq 0 \qquad (7.25)$$

$$j = p+1, ..., k \text{ に対して、} \mathrm{E}[m_j(\boldsymbol{Z}, \theta)] = 0 \qquad (7.26)$$

(7.25)、(7.26)式を、**モーメント不等式モデル**という。よって、θ の**識別集合**を Θ_0 と定義すれば、

$$\Theta_0 = \{\theta \,|\, \mathrm{E}[m_j(\boldsymbol{Z}, \theta)] \geq 0 \,(j = 1, ..., p), \quad \mathrm{E}[m_j(\boldsymbol{Z}, \theta)] = 0 \,(j = p+1, ..., k)\} \qquad (7.27)$$

である。

集合推定の目的は、(7.27)式の識別集合 Θ_0 を、データ $\boldsymbol{Z}_i$ を用いて推定することである。7.3節と7.4節の7.4.1項と7.4.2項では、簡単化のため、(7.26)式の等式がなく、(7.25)式の不等式のみのモデル、

$$j = 1, ..., k \text{ に対して、} \mathrm{E}[m_j(\boldsymbol{Z}, \theta)] \geq 0 \qquad (7.28)$$

のモーメント不等式モデルを考え、識別集合

$$\Theta_0 = \{\theta \,|\, \mathrm{E}[m_j(\boldsymbol{Z}, \theta)] \geq 0 \,(j = 1, ..., k)\} \qquad (7.29)$$

を、データ $\boldsymbol{Z}_i$ を用いて推定する。

7.3 集合推定

本節では、パラメータ θ の識別集合 Θ_0 の集合推定について説明する。まず、集合推定の方法と比較するため、伝統的な点推定の方法を復習しよう。点推定のモデルは、$m_j(\cdot, \cdot)$ を既知の関数、$\boldsymbol{Z}_i \,(i = 1, ..., n)$ を独立に同一の分布 F_0 に従うとすると、

$$j = 1, ..., k \text{ に対して、} \mathrm{E}[m_j(\boldsymbol{Z}, \theta)] = 0 \qquad (7.30)$$

と書ける。このモデルのパラメータ θ の代表的な推定方法として、**一般化モーメント法**（GMM：Generalized Method of Moments）がある。それは、(7.30)式に対応する標本平均（1次のモーメント）である

7.3 集合推定

$$j = 1, ..., k \text{ に対して、} \overline{m}_j = \frac{1}{n}\sum_{i=1}^{n} m_j(\boldsymbol{Z}_i, \theta) = 0 \tag{7.31}$$

を満たすパラメータ θ を求めるという方法である[3]。しかし、(7.31)式の制約式の数 k が、パラメータの θ の個数（つまり、ベクトル θ の次元）を超える場合は、すべての $\overline{m}_j$ を 0 にするパラメータ θ を見つけることは一般的には不可能である（この状況を過剰識別という）。この場合、すべての $\overline{m}_j$ をできるだけ 0 に近づける θ を求める。つまり、$\overline{m}(\theta) = (\overline{m}_1, ..., \overline{m}_k)'$ とし、$V(\theta)$ を $k \times k$ の正値定符号のウェイト行列とすると、(7.30)式に対する一般化モーメント法の推定量は、

$$Q_{\text{GMM}}(\theta) = \overline{m}(\theta)' V(\theta) \overline{m}(\theta) \tag{7.32}$$

を最小化する θ となる[4]。この一般化モーメント法の推定量 θ_{GMM} は、(7.30)式を満たす真の θ の一致推定量となる。

それでは、本論に戻り、(7.29)式のモーメント不等式モデルを満たすパラメータ $\theta \in \Theta_0$ の集合推定を考えよう。(7.29)式に対応する標本平均である

$$j = 1, ..., k \text{ に対して、} \overline{m}_j = \frac{1}{n}\sum_{i=1}^{n} m_j(\boldsymbol{Z}_i, \theta) \geq 0 \tag{7.33}$$

を満たすパラメータ θ を求めよう。$\overline{m}_j$ は非負であれば(7.33)式を満たし、負であれば(7.33)式を満たさないから、$\overline{m}_j$ が負の値をとる場合に、それをできるだけ 0 に近づける θ を求めればよい。

ここで、関数 $[\cdot]_-$ を、$x < 0$ のとき $[x]_- = x$ であり、$x \geq 0$ のとき $[x]_- = 0$ をとる関数として設定する[5]。$\overline{m}(\theta) = (\overline{m}_1, ..., \overline{m}_k)'$ に対して、$[\overline{m}(\theta)]_- = ([\overline{m}_1]_-, ..., [\overline{m}_k]_-)'$ は、負である $\overline{m}_j$ のみをその要素として選び、非負である $\overline{m}_j$ には 0 をその要素とするベクトルとなる。よって、(7.29)式を満たす θ の推定量は、$\overline{m}(\theta) = (\overline{m}_1, ..., \overline{m}_k)'$ の各要素のうち負である $\overline{m}_j$ をできるだけ 0 に近づける θ であり、すなわち、

---

[3] 一般化モーメント法については、詳しくは、末石（2015）などを参照してほしい。
[4] $V(\theta)$ が単位行列であるときは、$Q_{\text{GMM}}(\theta) = \sum_{j=1}^{k}(\overline{m}_j)^2$ である。
[5] 関数 $[\cdot]_-$ は、$[x]_- = \min\{x, 0\}$ と書くこともできる。

$$Q_n(\theta) = [\overline{m}(\theta)]'_- V(\theta)[\overline{m}(\theta)]_- \tag{7.34}$$

を最小化する θ となる[6]。

Manski and Tamer（2002）と Chernozhukov, Hong and Tamer（2007）は、この θ の推定量の集合が、(7.29)式の識別集合 Θ_0 の一致推定量となることを示した。具体的には、識別集合 Θ_0 の内部に要素がある（非空の）とき、推定集合

$$\tilde{\Theta}_n = \{\theta \,|\, Q_n(\theta) = 0\} \tag{7.35}$$

が、識別集合 Θ_0 の一致推定量になることを示した。

(7.35)式の推定集合 $\tilde{\Theta}_n$ が識別集合 Θ_0 の一致推定量になることを、7.2節で説明した「増加関数の結果変数の期待値 $\theta = \mathrm{E}[y(t)]$ のモーメント不等式モデル(7.3)～(7.6)式」を例に使って説明しよう。(7.34)式の $V(\theta)$ を単位行列とすると、(7.35)式の推定集合 $\tilde{\Theta}_n$ は、

$$Q_n(\theta) = [\overline{m}_1(\theta)]^2_- + [\overline{m}_2(\theta)]^2_- = 0 \tag{7.36}$$

を満たす θ となる。ただし、$[x]^2_- = ([x]_-)^2$ である。(7.36)式は、$[\overline{m}_1(\theta)]_- = 0$、かつ、$[\overline{m}_2(\theta)]_- = 0$ と同値である。さらに、それは、$\overline{m}_1(\theta) \geq 0$、かつ、$\overline{m}_2(\theta) \geq 0$ と同値である。よって、(7.3)、(7.4)、(7.31)式より、

$$\overline{m}_1(\theta) = \theta - \frac{1}{n}\sum_{i=1}^{n}\left[\sum_{s \leq t} y_i 1(z_i = s) + \underline{y} 1(z_i > t)\right] \geq 0 \tag{7.37}$$

$$\overline{m}_2(\theta) = \frac{1}{n}\sum_{i=1}^{n}\left[\overline{y} 1(z_i < t) + \sum_{s \geq t} y_i 1(z_i = s)\right] - \theta \geq 0 \tag{7.38}$$

となる。つまり、

$$\frac{1}{n}\sum_{i=1}^{n}\left[\sum_{s \leq t} y_i 1(z_i = s) + \underline{y} 1(z_i > t)\right] \leq \theta \leq \frac{1}{n}\sum_{i=1}^{n}\left[\overline{y} 1(z_i < t) + \sum_{s \geq t} y_i 1(z_i = s)\right] \tag{7.39}$$

---

[6] $V(\theta)$ が単位行列であるときは、$Q_n(\theta) = \sum_{j=1}^{k}([\overline{m}_j]_-)^2$ である。これは、$\overline{m}(\theta)$ の各要素のうち負である $\overline{m}_j$ のみについて、その $\overline{m}_j$ の二乗をすべての j について足しあわせたものである。

7.3 集合推定

が、θ $(= \mathrm{E}[y(t)])$ の推定集合 $\tilde{\Theta}_n$ である。

(7.39)式の推定集合 $\tilde{\Theta}_n$ のバウンドの上限と下限のそれぞれの点が、(7.2)式の識別集合 Θ_0 のバウンドの上限と下限のそれぞれの点の一致推定量になることは、大数の法則より明らかである。しかし、ここで示さなければならないのは、(7.39)式の集合 $\tilde{\Theta}_n$ が、(7.2)式の集合 Θ_0 の一致推定量となることである。そのためには、集合と集合の一致性を新たに定義する必要がある。Chernozhukov, Hong and Tamer (2007) は、二つの集合の一致性を、集合間の距離を表すハウスドルフ距離が、標本数 n が増えるに従い 0 に確率収束することとして定義した[7]。そして、標準的な仮定の下で、推定集合 $\tilde{\Theta}_n$ と識別集合 Θ_0 の一致性を示している[8]。

しかし、標本数 n が有限のときで、式の本数 k がパラメータの θ の個数を超える場合には、たとえ、識別集合 Θ_0 に要素があっても、$Q_n(\theta) > 0$ となり、(7.35)式の推定集合 $\tilde{\Theta}_n$ が空である場合がありうる。この問題に対し、Chernozhukov, Hong and Tamer (2007) は、推定集合

$$\Theta_n = \left\{\theta \,\middle|\, Q_n(\theta) \leq \frac{\log n}{n}\right\} \tag{7.40}$$

を考え、標準的な仮定の下で、**推定集合 Θ_n が識別集合 Θ_0 の一致推定量**になることを示した[9]。

(7.2)式のように、識別集合 Θ_0 の境界(識別バウンドの上限と下限)が、明示的な関数として求められる場合は、(7.39)式のように、Θ_0 の境界の標本統計

---

[7] 集合 A と集合 B の間のハウスドルフ距離とは、以下のことを言う。まず、集合 A から集合 B への距離として、①集合 A に含まれる点から集合 B のすべての点までの距離のうち最短距離を求める、②それを集合 A のすべての点について求める、③求めた距離の最大値を求める。次に、同様にして、集合 B から集合 A への距離を求める。最後に、集合 A から集合 B への距離と集合 B から集合 A への距離の大きいほうを求める。これが、集合 A と集合 B の間のハウスドルフ距離である。

[8] 彼らは、推定集合 $\tilde{\Theta}_n$ の識別集合 Θ_0 への収束レートが $1/\sqrt{n}$ であることを示している。

[9] 推定集合 Θ_n の識別集合 Θ_0 への収束レートは、$\sqrt{\max(\log n, 1)/n}$ であり、これは、$1/\sqrt{n}$ に近い値である。また、(7.40)式で、$\log n/n \geq 0$ であるから、$\Theta_n \supseteq \tilde{\Theta}_n$ である。$\log n/n$ は標本数 n が無限になるにつれて 0 に収束する。よって、n が無限になると、Θ_n は $\tilde{\Theta}_n$ にも収束する。

量を推定集合 $\tilde{\Theta}_n$ の境界（推定バウンドの上限と下限）とすればよい。しかし、7.2節で説明したもう一つの例である「参入ゲームにおける企業の利潤関数のパラメータ $\theta = (\alpha_1, \delta_1, \alpha_2, \delta_2)$ のモーメント不等式モデル(7.7)〜(7.12)式」の例のように、推定集合の $\tilde{\Theta}_n$ や Θ_n を明示的な関数として求めるのが難しい場合もある。このような場合は、推定集合の $\tilde{\Theta}_n$ や Θ_n を直接求めずに、7.4節で説明するパラメータ $\theta \in \Theta_0$ の信頼集合をシミュレーションにより求め、提示することが多い。

7.4 信頼集合

7.4.1 信頼集合の求め方と問題点

本節では、識別集合(7.29)式のパラメータ $\theta \in \Theta_0$ の信頼集合を考える。まず、集合推定における信頼集合を定義する。伝統的な点推定の信頼区間が、識別された点を囲む幅であったのに対し、集合推定の信頼集合は、識別された集合を囲む領域になるので、新たな定義が必要となる。

集合推定における信頼集合の定義として、①Imbens and Manski (2004) が提示した、識別集合 Θ_0 の要素である $\theta \in \Theta_0$ に対する信頼集合と、②Chernozhukov, Hong and Tamer (2007) が提示した、識別集合 Θ_0 自身に対する信頼集合の二つの定義がある。本節では、①の定義に基づいた信頼集合について説明する[10]。

信頼集合を、仮説検定と信頼集合の双対性――有意水準 α で帰無仮説が棄却されないパラメータ θ の集合は、信頼水準 $1-\alpha$ の信頼集合と等しい――を使って、定義する。まず、パラメータ θ が、(7.29)式の識別集合 Θ_0 の要素であるという帰無仮説

$$H_0 : \theta \in \Theta_0 = \{\theta \,|\, \mathrm{E}[m_j(\boldsymbol{Z}, \theta)] \geq 0 \ (j = 1, ..., k)\} \tag{7.41}$$

---

[10] 後述する Andrews and Soares (2010a) は①の定義を用いた代表的研究であるが、②の定義を用いた研究としては、Beresteanu and Molinari (2008)、Bugni (2010) などがある。7.4.4項で説明する。

7.4 信頼集合

の仮説検定を考えよう。7.3節の推定の考え方をもとにして、検定統計量 $T_n(\theta)$ として、

$$T_n(\theta) = nQ_n(\theta) = n[\overline{m}(\theta)]'V(\theta)[\overline{m}(\theta)] \quad (7.42)$$

を考える（ただし、$Q_n(\theta)$ は(7.34)式）。そして、ある有意水準 α の（受容域と棄却域の）境界値（または、臨界値）$c_n(\theta, 1-\alpha)$ を設定し、

$$T_n(\theta) > c_n(\theta, 1-\alpha) \quad (7.43)$$

ならば、(7.41)式の帰無仮説は有意水準 α で棄却されるとする。境界値 $c_n(\theta, 1-\alpha)$ の決め方は後述する。

パラメータ $\theta \in \Theta_0$ の信頼水準 $1-\alpha$ での信頼集合とは、有意水準 α で帰無仮説が棄却されない（受容される）パラメータ θ の集合である。よって、パラメータ $\theta \in \Theta_0$ の信頼水準 $1-\alpha$ での信頼集合 C_n は、

$$C_n = \{\theta \mid T_n(\theta) \leq c_n(\theta, 1-\alpha)\} \quad (7.44)$$

と定義される。

したがって、信頼集合 C_n を求めるためには、境界値 $c_n(\theta, 1-\alpha)$ を求めればよい。(7.43)式より、境界値 $c_n(\theta, 1-\alpha)$ は、パラメータ $\theta \in \Theta_0$ のときの検定統計量 $T_n(\theta)$ の漸近分布の境界値として求められる[11]。しかし、以下で示すように、この $T_n(\theta)$ の漸近分布は、k 本あるモーメント不等式 $\mathrm{E}[m_j(\mathbf{Z}, \theta)] \geq 0$ ($j = 1, ..., k$) のうち、どの j のモーメント不等式が $\mathrm{E}[m_j(\mathbf{Z}, \theta)] = 0$ と等号成立し、どの j のモーメント不等式が $\mathrm{E}[m_j(\mathbf{Z}, \theta)] > 0$ と厳密な不等号で成立するかによって異なる分布となる。そして、それが信頼集合を求める上で大きな問題となってきた。

以下の簡単なモーメント不等式を使ってこのことを説明しよう。(7.41)式の $m_j(\mathbf{Z}, \theta)$ が、

$$m_1(\mathbf{Z}_i, \theta) = Z_i - \theta \quad (7.45)$$

---

[11] 検定統計量 $T_n(\theta)$ の漸近分布とは、n が無限大になるにつれて、$T_n(\theta)$ が収束する分布のことであり、$T_n(\theta)$ の母分布の近似として用いられる。

の 1 本であり（つまり、$k=1$）、Z_i ($i=1,...,n$) は、平均 μ、分散 1 の分布 F_0 に従う、という単純なケースを考えよう。このとき、(7.41)式のモーメント不等式モデルは、

$$\mathrm{E}[m_1(\boldsymbol{Z}, \theta)] = \mathrm{E}[Z_i - \theta] = \mu - \theta \geq 0 \tag{7.46}$$

となる。(7.46)式より、(7.41)式の識別集合 Θ_0 は、

$$\Theta_0 = \{\theta \mid \mu - \theta \geq 0\} \, (= \{\theta \mid \theta \leq \mu\}) \tag{7.47}$$

となる。

それでは、$\theta \in \Theta_0$ のときの $T_n(\theta)$ の漸近分布を求めよう。(7.46)式に対応する標本平均は、$\overline{m}_1 = \overline{Z}_n - \theta$（ただし、$\overline{Z}_n = (1/n)\sum_{i=1}^{n} Z_i$）である。$\overline{m}_1$ を (7.42) 式に代入しよう。Z_i の分散が 1 であるから、$V(\theta) = 1$ とすると、

$$T_n(\theta) = n\left[\overline{Z}_n - \theta\right]_-^2 = \left[\sqrt{n}\overline{Z}_n - \sqrt{n}\theta\right]_-^2 = \left[\sqrt{n}(\overline{Z}_n - \mu) + \sqrt{n}(\mu - \theta)\right]_-^2 \tag{7.48}$$

である。中心極限定理より、(7.48)式の $\sqrt{n}(\overline{Z}_n - \mu)$ の分布は、標本数 n が無限になるにつれて、標準正規分布に収束する。つまり、Z^* を標準正規分布に従う変数とすると、標本数 n が無限になるにつれて、

$$\sqrt{n}(\overline{Z}_n - \mu) \to Z^* \tag{7.49}$$

である。

一方、$\sqrt{n}(\mu - \theta)$ はどうであろうか。(7.47)式より、パラメータ $\theta \in \Theta_0$ は、$\mu - \theta \geq 0$ を満たすので、$\mu - \theta = 0$ のときと $\mu - \theta > 0$ のときで分けて考える。$\sqrt{n}(\mu - \theta)$ は、①$\mu - \theta = 0$ のときは、$\sqrt{n}(\mu - \theta) = 0$ がすべての n について成立するが、②$\mu - \theta > 0$ のときは、$\sqrt{n}(\mu - \theta)$ は、n が無限になるにつれて、∞ に発散する。よって、n が無限のときの $\sqrt{n}(\mu - \theta)$ の収束先を h とすると、

$$\sqrt{n}(\mu - \theta) \to h = \begin{cases} 0 & \text{もし } \mu - \theta = 0 \text{ のとき} \\ \infty & \text{もし } \mu - \theta > 0 \text{ のとき} \end{cases} \tag{7.50}$$

となる。(7.48)式、(7.49)式、(7.50)式より、$\theta \in \Theta_0$ のときの検定統計量

7.4 信頼集合

$T_n(\theta)$ は、n が無限になるにつれて、

$$T_n(\theta) \to [Z^*+h]_-^2 = \begin{cases} [Z^*]_-^2 & \text{もし } \mu-\theta=0 \text{ のとき} \\ 0 & \text{もし } \mu-\theta>0 \text{ のとき} \end{cases} \quad (7.51)$$

に収束する[12]。このように、$\theta \in \Theta_0$ のときの検定統計量 $T_n(\theta)$ の漸近分布が、$\mathrm{E}[m_1(\boldsymbol{Z},\theta)]=\mu-\theta=0$ のときと、$\mathrm{E}[m_1(\boldsymbol{Z},\theta)]=\mu-\theta>0$ のときで、異なる分布となる。

実際の実証分析では、われわれ研究者は、データ Z_i ($i=1,...,n$) が従う分布 F_0 を知らず、そのため、Z_i の平均 μ を知らない。よって、(7.41)式の帰無仮説 $H_0:\theta \in \Theta_0 = \{\theta|\mathrm{E}[m_1(\boldsymbol{Z},\theta)]=\mu-\theta\geq 0\}$ で設定したパラメータ θ が、$\mu-\theta=0$ なのか、$\mu-\theta>0$ なのかを判別できない。その結果、設定した θ が、本当は $\mu-\theta=0$ であるにもかかわらず、$\mu-\theta>0$ だと思って帰無仮説を検定してしまうかもしれない。その場合、$\mu-\theta>0$ のときの $T_n(\theta)$ の漸近分布である $[Z^*+h]_-^2=0$ を使って、その境界値 $c_n(\theta,1-\alpha)=0$ を求めるであろう[13]。一方、本当は $\mu-\theta=0$ だから、データから作成した検定統計量 $T_n(\theta)$ が 0 より大きくなり、$T_n(\theta)>c_n(\theta,1-\alpha)=0$ となる可能性は十分ある[14]。よって、本当は帰無仮説 $H_0:\theta \in \Theta_0 = \{\theta|\mu-\theta\geq 0\}$ を満たしているにもかかわらず、帰無仮説を棄却してしまう可能性が（有意水準 α より）高くなってしまう。

この問題を一般化して説明しよう。期待値が分布 F_0 の関数であることを示すため、$\mathrm{E}_{F_0}[\cdot]$ と表記する。そのため、識別集合も F_0 の関数

$$\Theta_{0F_0} = \{\theta | \mathrm{E}_{F_0}[m_j(\boldsymbol{Z},\theta)]\geq 0 \ (j=1,...,k)\} \quad (7.52)$$

となる。前述の問題は、Z_i の分布 F_0 をわれわれがわからないため、$\mathrm{E}_{F_0}[m_j(\boldsymbol{Z},\theta)]=0$ か、$\mathrm{E}_{F_0}[m_j(\boldsymbol{Z},\theta)]>0$ かを判別できず、もしも誤った判別をしてしまうと、間違った $T_n(\theta)$ の漸近分布を仮説検定に用いてしまうことであ

---

[12] $\mu-\theta>0$ のとき、$[Z^*+h]_- = [Z^*+\infty]_- = 0$ である。

[13] (7.51)式より、$\mu-\theta>0$ のときの $T_n(\theta)$ の漸近分布は 0 で退化 (Degenerate) した分布となり、この確率密度の分布は 0 で 1 本立っている形状となる。

[14] (7.51)式より、$\mu-\theta=0$ のときの $T_n(\theta)$ の漸近分布は、$[Z^*]_-^2$ の分布となる。この確率密度の分布は 0 で切断され、非負の区間に存在する形状となる。

る。

　真の分布 F_0 がわからない以上、$E_F[m_j(\mathbf{Z},\theta)] = 0$ となる分布 F であろうと、$E_F[m_j(\mathbf{Z},\theta)] > 0$ となる分布 F であろうと、$\theta \in \Theta_{0F_0}$ に対して、帰無仮説 $H_0 : \theta \in \Theta_{0F}$ が棄却される確率（第1の過誤の確率）は有意水準 α 以下となる境界値 $c_n(\theta, 1-\alpha)$ を作成する必要がある。つまり、任意の分布 F に対して、帰無仮説が受容される確率は $1-\alpha$ 以上であるような受容域をもつ信頼集合を求めることが必要である。

　この条件を、**一様一致性**（Uniform Consistency）という。つまり、パラメータ $\theta \in \Theta_0$ の信頼水準 $1-\alpha$ での信頼集合 C_n が一様一致性を満たすとは、

$$\liminf_{n\to\infty} \inf_{F \in \mathcal{F}} \inf_{\theta \in \Theta_{0F}} P_F(\theta \in C_n) \geq 1-\alpha \tag{7.53}$$

が成立することをいう。一様一致性は、点推定で要求される点一致性（Pointwise Consistency）より強い性質である。

　そこで集合推定では、一様一致性を満たす信頼集合を求める方法が開発されてきた。一つの方法は、「サブサンプリング」である。サブサンプリングとは、標本数 n の標本（データ）から、n より小さい標本数 b の標本を、重複を許してランダムに再抽出し、それを繰り返して、新しい標本を $\binom{n}{b}$ 個作る方法である（Politis, Romano and Wolf 1999を参照）。この新たに生成された標本のセットを使って、$\theta \in \Theta_0$ のときの $T_n(\theta)$ の漸近分布を求め、その境界値 $c_n(\theta, 1-\alpha)$ を計算し、(7.44)式の信頼集合を作成する。この信頼集合は、一様一致性を満たす。**サブサンプリングに基づく方法**として、Romano and Shaikh（2008）、Andrews and Guggenberger（2009a,b）などがある。

　サブサンプリングに類似する方法として、「ブートストラップ」がある[15]。ブートストラップとは、標本数 n の標本（データ）から、重複を許してランダムに標本数 n の標本を再抽出し、それを繰り返し、新しい標本のセットを作る方法である。ブートストラップによって生成された新しい標本のセットを使って、$\theta \in \Theta_0$ のときの $T_n(\theta)$ の漸近分布を求め、その境界値 $c_n(\theta, 1-\alpha)$ を計算し、信頼集合を作成することが考えられる。しかし、このようにして**ブートストラッ**

---

15) ブートストラップについては、末石（2015）などを参照。

7.4 信頼集合

プを使って求めた信頼集合は、一様一致性を満たさない。

一様一致性を満たす信頼集合を求める二つ目の方法は、**一般化モーメント選択**（Generalized Moment Selection）である。Andrews and Soares（2010a）と Bugni（2010）は、サブサンプリングの方法よりも一般化モーメント選択の方法のほうが、検出力が優れていることを示した。7.4.2項では、この一般化モーメント選択の方法を、Andrews and Soares（2010a）に基づき説明する。

7.4.2 一般化モーメント選択

本項では、Andrews and Soares（2010a）の一般化モーメント選択を、モーメント不等式モデルが(7.46)式の場合について説明する。一般的なモーメント不等式モデル(7.25)式、(7.26)式の場合でも議論の本質は同じである。

信頼集合を求める上での問題は、(7.51)式で、① $\mu-\theta=0$ になるか、② $\mu-\theta>0$ になるかわからないために生じた。そこで、一般化モーメント選択の方法は、まず、① $\mu-\theta=0$ になるか、② $\mu-\theta>0$ になるかを、データ Z_i $(i=1,...,n)$ から作成する関数を使って判別する。次に、その判別関数を使って、$\theta\in\Theta_0$ のときの検定統計量 $T_n(\theta)$ の漸近分布（つまり、(7.51)式の $[Z^*+h]_-^2$）を作成する。最後に、求めた $T_n(\theta)$ の漸近分布の $1-\alpha$ 分位点を境界値 $c_n(\theta,1-\alpha)$ として、信頼集合(7.44)式を求める。

Andrews and Soares（2010a）は、$\mu-\theta=0$ と $\mu-\theta>0$ の判別関数として、データ $\bar{Z}_n=(1/n)\sum_{i=1}^{n}Z_i$ とパラメータ θ から作成した関数

$$\xi_n(\theta)=\kappa_n^{-1}\sqrt{n}(\bar{Z}_n-\theta) \qquad (7.54)$$

を提案した。ただし、κ_n は正で、n が無限になるにつれて、$\kappa_n\to\infty$ で、かつ、$\kappa_n/\sqrt{n}\to 0$ となる数列（例えば、$\kappa_n=\sqrt{\log(n)}$）である。そして、

① もし $\xi_n(\theta)\leq 1$ のとき、つまり、もし $\bar{Z}_n-\theta\leq\dfrac{\kappa_n}{\sqrt{n}}$ のとき、$\mu-\theta=0$

② もし $\xi_n(\theta)>1$ のとき、つまり、もし $\bar{Z}_n-\theta>\dfrac{\kappa_n}{\sqrt{n}}$ のとき、$\mu-\theta>0$

$$(7.55)$$

と判別する。そして、(7.50)式の h の標本統計量を、

$$\phi(\xi_n(\theta)) = \begin{cases} 0 & \text{もし } \xi_n(\theta) \leq 1 \text{ のとき、つまり、もし } \overline{Z}_n - \theta \leq \frac{\kappa_n}{\sqrt{n}} \text{ のとき} \\ \infty & \text{もし } \xi_n(\theta) > 1 \text{ のとき、つまり、もし } \overline{Z}_n - \theta > \frac{\kappa_n}{\sqrt{n}} \text{ のとき} \end{cases} \quad (7.56)$$

とする。

(7.54)式が判別関数、(7.55)式が判別基準、(7.56)式が h の標本統計量となる理由は以下のとおりである。まず、κ_n の定義より、n が無限になるにつれて、$\kappa_n/\sqrt{n}$ は 0 に収束する。また、$\overline{Z}_n - \theta$ は大数の法則より $\mu - \theta$ に収束する。さらに、(7.47)式より、$\theta \in \Theta_0$ は、$\mu - \theta \geq 0$ を満たす。しがたって、$\overline{Z}_n - \theta \leq \kappa_n/\sqrt{n}$ は、漸近的に $\mu - \theta = 0$ と同じである。同様に、$\overline{Z}_n - \theta > \kappa_n/\sqrt{n}$ は、漸近的に $\mu - \theta > 0$ と同じである。よって、(7.54)式は判別関数として、(7.55)式は判別基準として適している。次に、$\theta \in \Theta_0$ に対する (7.56)式の $\phi(\xi_n(\theta))$ は、n が無限になるにつれて、

$$\phi(\xi_n(\theta)) \to h = \begin{cases} 0 & \text{もし } \mu - \theta = 0 \text{ のとき} \\ \infty & \text{もし } \mu - \theta > 0 \text{ のとき} \end{cases} \quad (7.57)$$

となり、(7.50)式の h に収束する。

(7.51)式で示した $\theta \in \Theta_0$ のときの検定統計量 $T_n(\theta)$ の漸近分布 $[Z^* + h]_-^2$ の h を、(7.56)式の標本統計量 $\phi(\xi_n(\theta))$ で置き換え、

$$[Z^* + \phi(\xi_n(\theta))]_-^2 = \begin{cases} [Z^*]_-^2 & \text{もし } \xi_n(\theta) \leq 1 \text{ のとき} \\ 0 & \text{もし } \xi_n(\theta) > 1 \text{ のとき} \end{cases} \quad (7.58)$$

を作成し、その分布を、$\theta \in \Theta_0$ のときの $T_n(\theta)$ の漸近分布とする(ただし、Z^* は標準正規分布に従う変数である)。そして、この分布の $1-\alpha$ 分位数を、有意水準 α での境界値 $c_n(\theta, 1-\alpha)$ とし、それを(7.44)式に代入して、

$$C_n = \{\theta \mid T_n(\theta) \leq c_n(\theta, 1-\alpha)\} \quad (7.59)$$

を、パラメータ $\theta \in \Theta_0$ の信頼水準 $1-\alpha$ での信頼集合とする。

7.4.3 一般化モーメント選択の手順

Andrews and Soares（2010a）の一般化モーメント選択を使って信頼集合を推定する具体的手順を、以下のステップにより説明する。

ステップ1では、パラメータ θ としてある値を設定し、その θ の値が、(7.27)式のモーメント不等式モデルを満たすという帰無仮説

$$H_0 : \theta \in \Theta_0$$
$$= \{\theta | \mathrm{E}[m_j(\boldsymbol{Z}, \theta)] \geq 0 \ (j=1,...,p), \ \mathrm{E}[m_j(\boldsymbol{Z}, \theta)] = 0 \ (j=p+1,...,k)\}$$
(7.60)

を、有意水準 α で検定することを考える。そして、そのための検定統計量 $T_n(\theta)$ をデータ Z_i $(i=1,...,n)$ から求める。ステップ2では、$\theta \in \Theta_0$ のときの $T_n(\theta)$ の漸近分布（前項では、(7.58)式の $[Z^* + \phi(\xi_n(\theta))]_-^2$ の分布）を、シミュレーションにより求める。そして、(7.60)式の帰無仮説を検定するための境界値 $c_n(\theta, 1-\alpha)$ を、導出した $T_n(\theta)$ の漸近分布の分位数として計算する。ステップ3では、ステップ1で求めた検定統計量 $T_n(\theta)$ とステップ2で求めた境界値 $c_n(\theta, 1-\alpha)$ を使って、(7.60)式の帰無仮説を仮説検定する。帰無仮説が受容されたならば、ステップ1で設定した θ を保存する。ステップ4では、パラメータ θ としてさまざまな値をとり、それぞれの θ の値に対して、ステップ1からステップ3の手順を実行する。そして、(7.60)式の帰無仮説が受容された θ の値を集めて、信頼水準 $1-\alpha$ の信頼集合とする。

Econometric Society のウェブ上にある学術誌 *Econometrica* のオンライン版に掲載されている Andrews and Soares（2010a）の補論：Andrews and Soares（2010b）から、この推定方法のGaussプログラムをダウンロードすることができる。

【ステップ1】検定統計量 $T_n(\theta)$ の計算
〈サブステップ1.1〉パラメータ θ としてある値を設定する。
〈サブステップ1.2〉$j = 1,...,k$ に対して、$m_j(\boldsymbol{Z}_i, \theta)$ の標本平均

$$\overline{m}_j = \frac{1}{n}\sum_{i=1}^{n} m_j(\mathbf{Z}_i, \theta) \tag{7.61}$$

を求める。そして、$m(\mathbf{Z}_i, \theta) = (m_1(\mathbf{Z}_i, \theta), ..., m_k(\mathbf{Z}_i, \theta))'$, $\overline{m}(\theta) = (\overline{m}_1, ..., \overline{m}_k)'$ とする。

〈**サブステップ1.3**〉$\sqrt{n}\,\overline{m}(\theta)$ の分散の推定値 $\hat{\Sigma}(\theta)$ を求める。データ $\mathbf{Z}_i$ ($i = 1, ..., n$) が独立に同一の分布に従うという仮定の下では、

$$\hat{\Sigma}(\theta) = \frac{1}{n}\sum_{i=1}^{n}(m(\mathbf{Z}_i, \theta) - \overline{m}(\theta))(m(\mathbf{Z}_i, \theta) - \overline{m}(\theta))' \tag{7.62}$$

となる[16]。

〈**サブステップ1.4**〉検定統計量 $T_n(\theta)$ を、$\sqrt{n}\,\overline{m}(\theta)$ と $\hat{\Sigma}(\theta)$ の関数として求める。その関数を、

$$T_n(\theta) = S(\sqrt{n}\,\overline{m}(\theta), \hat{\Sigma}(\theta)) \tag{7.63}$$

と表記する。この関数 $S(\cdot,\cdot)$ の形状として、Andrews and Soares (2010a) は、以下の2つを提案している。第1の関数は、

$$S_1(\sqrt{n}\,\overline{m}(\theta), \hat{\Sigma}(\theta)) = \sum_{j=1}^{p}\left[\frac{\sqrt{n}\,\overline{m}_j}{\hat{\sigma}_j}\right]_{-}^{2} + \sum_{j=p+1}^{k}\left(\frac{\sqrt{n}\,\overline{m}_j}{\hat{\sigma}_j}\right)^2 \tag{7.64}$$

ただし、$\hat{\sigma}_j^2$ は $\hat{\Sigma}(\theta)$ の (j, j) 要素とする。(7.64)式の関数 $S_1(\cdot,\cdot)$ は、7.4.2項の(7.42)式と同じ考え方に基づいている。具体的には、(7.64)式の右辺第1項は、(j, j) 要素が $1/\hat{\sigma}_j^2$ である対角行列を $V(\theta)$ としたときの (7.42) 式である。(7.64)式の右辺第2項は、(7.32)式の一般化モーメント法の検定統計量 $nQ_{\text{GMM}}(\theta)$ である。第2の関数は、

$$S_2(\sqrt{n}\,\overline{m}(\theta), \hat{\Sigma}(\theta)) = \inf_t \,(\sqrt{n}\,\overline{m}(\theta) - t)'\hat{\Sigma}(\theta)^{-1}(\sqrt{n}\,\overline{m}(\theta) - t) \tag{7.65}$$

ただし、k 次元のベクトル t は、最初の p 要素が非負の値をとり、第 $p+1$ 要素

---

[16] $\sqrt{n}\,\overline{m}(\theta) = (\sqrt{n}/n)\sum_{i=1}^{n}(m_1(\mathbf{Z}_i, \theta), ..., m_k(\mathbf{Z}_i, \theta))'$ の分散の推定値 $\hat{\Sigma}(\theta)$ は、$\hat{\Sigma}(\theta) = (1/\sqrt{n})^2 \times \sum_{i=1}^{n}(m_1(\mathbf{Z}_i, \theta) - \overline{m}_1, ..., m_k(\mathbf{Z}_i, \theta) - \overline{m}_k)'(m_1(\mathbf{Z}_i, \theta) - \overline{m}_1, ..., m_k(\mathbf{Z}_i, \theta) - \overline{m}_k) = (1/n) \times \sum_{i=1}^{n}(m(\mathbf{Z}_i, \theta) - \overline{m}(\theta))(m(\mathbf{Z}_i, \theta) - \overline{m}(\theta))'$ である。

7.4 信頼集合

から第 k 要素までが 0 であるベクトルである（つまり、$t = (\tilde{t}, 0_{k-p})$、ただし、$\tilde{t} \in R^p_{+,\infty}$）。(7.65)式の関数 $S_2(\cdot,\cdot)$ の考え方は、（疑似）尤度比検定に基づいている。具体的には、$\hat{\Sigma}(\theta)$ が対角行列の場合、(7.65)式は、

$$S_2(\sqrt{n}\,\overline{m}(\theta), \hat{\Sigma}(\theta)) = \inf_{\tilde{t} \geq 0} \sum_{j=1}^{p} \left[\frac{\sqrt{n}\,\overline{m}_j - \tilde{t}_j}{\hat{\sigma}_j} \right]^2 + \sum_{j=p+1}^{k} \left(\frac{\sqrt{n}\,\overline{m}_j}{\hat{\sigma}_j} \right)^2$$

$$= \sum_{j=1}^{p} \inf_{\tilde{t}_j \geq 0} \left[\frac{\sqrt{n}\,\overline{m}_j - \tilde{t}_j}{\hat{\sigma}_j} \right]^2 + n Q_{\text{GMM}}(\theta)$$

ただし、$\tilde{t}_j$ は $\tilde{t}$ の第 j 要素である。ここで、

$$\inf_{\tilde{t}_j \geq 0} \left[\frac{\sqrt{n}\,\overline{m}_j - \tilde{t}_j}{\hat{\sigma}_j} \right]^2 = \begin{cases} \left(\frac{\sqrt{n}\,\overline{m}_j}{\hat{\sigma}_j} \right)^2 & \text{もし } \sqrt{n}\,\overline{m}_j < 0 \text{ のとき }(\tilde{t}_j = 0 \text{ をとる}) \\ 0 & \text{もし } \sqrt{n}\,\overline{m}_j \geq 0 \text{ のとき }(\tilde{t}_j = \sqrt{n}\,\overline{m}_j \text{ をとる}) \end{cases}$$
(7.66)

となる。よって、この場合、$S_2(\sqrt{n}\,\overline{m}(\theta), \hat{\Sigma}(\theta))$ は (7.64)式の $S_1(\sqrt{n}\,\overline{m}(\theta), \hat{\Sigma}(\theta))$ と一致する。$S_1(\sqrt{n}\,\overline{m}(\theta), \hat{\Sigma}(\theta))$ か、$S_2(\sqrt{n}\,\overline{m}(\theta), \hat{\Sigma}(\theta))$ のいずれかを使って、検定統計量 $T_n(\theta)$ を計算する。なお、Andrews and Soares (2010a) は、シミュレーションによる評価結果から、$S_2(\sqrt{n}\,\overline{m}(\theta), \hat{\Sigma}(\theta))$ を推奨している。

【ステップ2】 境界値 $c_n(\theta, 1-\alpha)$ の計算

$\theta \in \Theta_0$ のときの $T_n(\theta)$ の漸近分布である $[Z^* + \phi(\xi_n(\theta))]^2_-$ の分布をシミュレーションにより求める際、Andrews and Soares (2010a) は、Z^* を、①ブートストラップにより発生させる方法と、②標準正規分布から発生させる方法を提案している。彼らは、評価結果から①を推奨しているので、①を説明する。

〈サブステップ2.1〉 ブートストラップの方法により、(i)データ $\{Z_i : i = 1, ..., n\}$ $= \{Z_1, ..., Z_n\}$ から、重複を許して n 個の標本をランダムに再抽出し、新たな標本（ブートストラップ標本）$\{Z^*_{1,1}, ..., Z^*_{n,1}\}$ を作成する、(ii)それを R 回（ただし1000回以上）繰り返し、ブートストラップ標本 $\{Z^*_{1,r}, ..., Z^*_{n,r}\}$ $(r = 1, ..., R)$ を作成する（$\{\{Z^*_{i,r} : i = 1, ..., n\} : r = 1, ..., R\}$ と表記する）。

〈サブステップ2.2〉 サブステップ1.1で設定した θ に対して、以下、サブステップ2.2からサブステップ2.6まで行う。

サブステップ2.2では、サブステップ2.1で発生させたブートストラップ標本を使って、$[Z^* + \phi(\xi_n(\theta))]_-^2$ の分布を求める準備をする。まず、$j = 1, ..., k$ に対して、$\{m_j(\boldsymbol{Z}_i, \theta) : i = 1, ..., n\}$ の $\{\boldsymbol{Z}_1, ..., \boldsymbol{Z}_n\}$ をブートストラップ標本 $\{\boldsymbol{Z}_{1,r}^*, ..., \boldsymbol{Z}_{n,r}^*\}$ ($r = 1, ..., R$) に置き換えて、$\{\{m_j(\boldsymbol{Z}_{i,r}^*, \theta) : i = 1, ..., n\} : r = 1, ..., R\}$ を求める。そして、$m(\boldsymbol{Z}_{i,r}^*, \theta) = (m_1(\boldsymbol{Z}_{i,r}^*, \theta), ..., m_k(\boldsymbol{Z}_{i,r}^*, \theta))'$ とする。(7.61)式の $m_j(\boldsymbol{Z}_i, \theta)$ を $m_j(\boldsymbol{Z}_{i,r}^*, \theta)$ に置き換えて、$r = 1, ..., R$ に対して、$\overline{m}_{j,r}^* = (1/n) \times \sum_{i=1}^{n} m_j(\boldsymbol{Z}_{i,r}^*, \theta)$ を求め $\overline{m}_r^*(\theta) = (\overline{m}_{1,r}^*, ..., \overline{m}_{k,r}^*)'$ とする。

〈サブステップ2.3〉 (7.62)式の $m(\boldsymbol{Z}_i, \theta)$ を $m(\boldsymbol{Z}_{i,r}^*, \theta)$ に、$\overline{m}(\theta)$ を $\overline{m}_r^*(\theta)$ に置き換えて、

$$\hat{\Sigma}_r^*(\theta) = \frac{1}{n} \sum_{i=1}^{n} (m(\boldsymbol{Z}_{i,r}^*, \theta) - \overline{m}_r^*(\theta))(m(\boldsymbol{Z}_{i,r}^*, \theta) - \overline{m}_r^*(\theta))' \tag{7.67}$$

を求める ($r = 1, ..., R$)。$\hat{\Sigma}_r^*(\theta)$ の対角行列を $\hat{D}_r^*(\theta)$ とする。そして、$r = 1, ..., R$ に対して、

$$\hat{M}_r^*(\theta) = \sqrt{n} (\hat{D}_r^*(\theta))^{-1/2} (\overline{m}_r^*(\theta) - \overline{m}(\theta)) \tag{7.68}$$

$$\hat{\Omega}_r^*(\theta) = (\hat{D}_r^*(\theta))^{-1/2} \hat{\Sigma}_r^*(\theta) (\hat{D}_r^*(\theta))^{-1/2} \tag{7.69}$$

を求める ($\hat{M}_r^*(\theta)$ は k 次元のベクトル、$\hat{\Omega}_r^*(\theta)$ は k 行 k 列の行列である)[17]。

〈サブステップ2.4〉 設定した θ に対し、(7.60)式のモーメント不等式モデルの $\mathrm{E}[m_j(\boldsymbol{Z}, \theta)] \geq 0$ ($j = 1, ..., p$) に対して、$\mathrm{E}[m_j(\boldsymbol{Z}, \theta)] > 0$ となる j と、$\mathrm{E}[m_j(\boldsymbol{Z}, \theta)] = 0$ となる j を判別する。そのための判別の基準 (判別関数) は以

---

[17] 7.4.1項では、「ブートストラップを使って求めた信頼集合は一様一致性を満たさない」と書いた。そこで説明したブートストラップを使った検定統計量は、(7.48)式のデータの平均 $\overline{Z}_n$ をブートストラップ標本の平均 $\overline{Z}_r^* = (1/n) \sum_{i=1}^{n} Z_{i,r}^*$ で置き換えた $n[\overline{Z}_r^* - \theta]_-^2$ であり、これは、$T_n(\theta)$ の漸近分布(7.51)式を近似しない。それに対し、ここのステップ2でのブートストラップは、(7.48)式を使って説明すると、$\sqrt{n}(\overline{Z}_n - \mu)$ を $\sqrt{n}(\overline{Z}_r^* - \overline{Z}_n)$ で置き換えるのに使われる (これを(7.68)式、(7.69)式で行っている)。よって、検定統計量は、$T_{n,r}(\theta) = [\sqrt{n}(\overline{Z}_r^* - \overline{Z}_n) + \sqrt{n}(\mu - \theta)]_-^2$ となり、$\overline{Z}_r^*$ の期待値は $\overline{Z}_n$ であるので、$\sqrt{n}(\overline{Z}_r^* - \overline{Z}_n)$ は漸近的に標準正規分布になる。さらに、一般化モーメント選択を使って $\sqrt{n}(\mu - \theta)$ を近似する (これをサブステップ2.4〜サブステップ2.6で行う)。その結果、$T_{n,r}(\theta)$ は、$T_n(\theta)$ の漸近分布(7.51)式を近似する。

7.4 信頼集合

下のとおりである。

$$\kappa_n = \sqrt{\log(n)} \text{ として、} j = 1,...p \text{ に対して、} \frac{\sqrt{n}\,\overline{m}_j}{\hat{\sigma}_j} > \kappa_n \quad (7.70)$$

(ただし、$\hat{\sigma}_j^2$ は $\hat{\Sigma}(\theta)$ の (j,j) 要素。) (7.70)式が成立する場合、$\mathrm{E}[m_j(\boldsymbol{Z},\theta)] > 0$ と判別し、成立しない場合、$\mathrm{E}[m_j(\boldsymbol{Z},\theta)] = 0$ と判別する。

(7.70)式を判別関数とする理由は以下のとおりである。7.4.2項で説明した(7.54)式の判別関数 $\xi_n(\theta)$ を、(7.60)式のモーメント不等式モデルに対応させて書き直すと、

$$\xi_n(\theta) = \kappa_n^{-1}\left(\frac{\sqrt{n}\,\overline{m}_j}{\hat{\sigma}_j}\right)$$

となる。このとき、(7.55)式の判別基準の② $\xi_n(\theta) > 1$ は、(7.70)式である。

(7.70)式を満たす j を j^{out} とする（j^{out} の個数は0個以上 p 個以下である）。

⟨**サブステップ2.5**⟩ サブステップ2.4で、(7.70)式を満たすと判定された $j = j^{out}$ に対応する $\hat{\mathrm{M}}_r^*(\theta)$ の要素（第 j^{out} 要素）と $\hat{\Omega}_r^*(\theta)$ の要素（j^{out} 行と j^{out} 列）を削除する（この削除をすべての $r = 1,...,R$ に対して行う）。そして、新しい $\hat{\mathrm{M}}_r^{**}(\theta)$ と $\hat{\Omega}_r^{**}(\theta)$ $(r = 1,...,R)$ を作成する。

この作業の理由は以下のとおりである。7.4.2項の(7.58)式で、$\xi_n(\theta) > 1$ のとき、$T_n(\theta)$ の漸近分布は0になった。同様の理由で、$\hat{\mathrm{M}}_r^*(\theta)$ と $\hat{\Omega}_r^*(\theta)$ から（$j = j^{out}$ に対応する要素を削除せずに）、次のサブステップ2.6で求める $T_n(\theta)$ を作成すると、その $T_n(\theta)$ の $j = j^{out}$ に対応する要素の漸近分布は0になる。そこで、$\hat{\mathrm{M}}_r^*(\theta)$ の第 j^{out} 要素と $\hat{\Omega}_r^*(\theta)$ の j^{out} 行と j^{out} 列を事前に削除することにより、$T_n(\theta)$ の j^{out} に対応する要素を削除する。

⟨**サブステップ2.6**⟩ $\hat{\mathrm{M}}_r^{**}(\theta)$ と $\hat{\Omega}_r^{**}(\theta)$ $(r = 1,...,R)$ を、サブステップ1.4で選んだ関数 $S(\cdot,\cdot)$ に代入し、$T_{n,r}(\theta) = S(\hat{\mathrm{M}}_r^{**}(\theta), \hat{\Omega}_r^{**}(\theta))$ を求める。そして、求めた $\{T_{n,r}(\theta) : r = 1,...,R\}$ の経験分布を作成し、その経験分布の $1-\alpha$ 分位数を境界値 $c_n(\theta, 1-\alpha)$ とする（ただし、α は仮説検定(7.60)式の有意水準である）。

【ステップ3】

ステップ1で求めた検定統計量 $T_n(\theta)$ と、ステップ2で求めた境界値 $c_n(\theta, 1-\alpha)$ を使って、設定した θ の値が(7.60)式の帰無仮説を満たすかを仮説検定する。$T_n(\theta) > c_n(\theta, 1-\alpha)$ であれば、有意水準 α で帰無仮説は棄却されるので、この θ は捨てる。逆に、$T_n(\theta) \leq c_n(\theta, 1-\alpha)$ であれば、帰無仮説は受容されるので、この θ を保存する。

【ステップ4】

グリッドサーチのアルゴリズムを使い、さまざまなパラメータ θ の値に対して、ステップ1からステップ3の手順を実行する。そして、帰無仮説が受容された θ の値を集めて、パラメータ $\theta \in \Theta_0$ の信頼水準 $1-\alpha$ での信頼集合とする。

7.4.4 その他の信頼集合の推定方法

一般化モーメント選択の方法による信頼集合は、Andrews and Soares (2010a) と同時期に、Bugni (2010) と Canay (2010) によっても開発されている。

Andrews and Soares (2010a) の一般化モーメント選択の方法に基づき、Andrews and Barwick (2012) は、(7.54)式の κ_n の取り方を精緻化した。また、Andrews and Shi (2013) は、条件付き期待値のモーメント不等式モデル（条件付きモーメント不等式モデル）の信頼集合を導出した。

サブサンプリング法や一般化モーメント選択法以外にも、モーメント不等式モデルの信頼集合を推定する方法の開発が行われている。

Rosen (2008) は、(7.41)式の帰無仮説で設定したパラメータ θ が、すべての j について $E_{F_0}[m_j(\boldsymbol{Z}, \theta)] = 0$ である場合の検定統計量 $T_n(\theta)$ の漸近分布を求め、その境界値 $c_n(\theta, 1-\alpha)$ を用いて、信頼集合を導出した。

Chernozhukov, Lee and Rosen (2013) は、(7.41)式の k 本のモーメント不等式からなるモデルの識別集合 Θ_0 を、k 個の集合の共通集合と考え、それを推定する方法を提案した。これは、識別集合に max や min がつく場合に、推定集合に生じる有限標本バイアスを修正する方法となっている。第3章の操作変数の仮定の下でのバウンドや単調操作変数の仮定の下でのバウンド、第4章の凹増

7.4 信頼集合

加関数と単調処置選択の仮定の下でのバウンドのように、識別集合にmaxやminがつく場合に、有限標本バイアスのため、推定集合が識別集合の内側になる可能性がある[18]。このバイアスを修正する方法として、①Haile and Tamer (2003) の方法、②Kreider and Pepper (2007) の方法、③Chrnozhukov, Lee and Rosen (2013) の方法がある。Haile and Tamer (2003) とKreider and Pepper (2007) の方法は計算が簡便であるが、漸近的性質が十分に示されていないという問題がある。一方、Chrnozhukov, Lee and Rosen (2013) の方法は、パラメー

---

[18] まず、モーメント不等式モデルの識別集合が、共通集合で表現できることを示す。例えば、第3章(3.4)式の操作変数の仮定の下でのE[y(t)]のバウンドは、

$$\theta^L(u) \equiv \mathrm{E}[y|z=t, v=u]\mathrm{P}(z=t|v=u) + \underline{y}\mathrm{P}(z \neq t|v=u)$$
$$\theta^U(u) \equiv \mathrm{E}[y|z=t, v=u]\mathrm{P}(z=t|v=u) + \overline{y}\mathrm{P}(z \neq t|v=u)$$

とすると、

$$\max_{u \in V}\{\theta^L(u)\} \leq \mathrm{E}[y(t)] \leq \min_{u \in V}\{\theta^U(u)\} \tag{A7.1}$$

と書ける。このバウンドは、

$$\bigcap_{u \in V}\{\theta^L(u) \leq \mathrm{E}[y(t)] \leq \theta^U(u)\}$$

と等しい。

次に、識別集合にmaxやminがつく場合に、推定集合が識別集合の内側になる可能性があることを説明する。(A7.1)式の下限は以下のように書ける（$1(\cdot)$は指示関数）。

$$\max_{u \in V}\{\theta^L(u)\} = \max_{u \in V}\mathrm{E}\big[y \times 1(z=t) + \underline{y} \times 1(z \neq t)|v=u\big] \tag{A7.2}$$

ここで、$\hat{\mathrm{E}}[x|v=u]$を$\mathrm{E}[x|v=u]$の推定値（標本平均）とすると、(A7.2)式の推定値は、

$$\max_{u \in V}\hat{\mathrm{E}}\big[y \times 1(z=t) + \underline{y} \times 1(z \neq t)|v=u\big] \tag{A7.3}$$

となる。max関数は凸関数であるので、イェンセンの不等式より、

$$\mathrm{E}\Big\{\max_{u \in V}\hat{\mathrm{E}}\big[y \times 1(z=t) + \underline{y} \times 1(z \neq t)|v=u\big]\Big\}$$
$$\geq \max_{u \in V}\mathrm{E}\hat{\mathrm{E}}\big[y \times 1(z=t) + \underline{y} \times 1(z \neq t)|v=u\big]$$
$$= \max_{u \in V}\mathrm{E}\big[y \times 1(z=t) + \underline{y} \times 1(z \neq t)|v=u\big] \tag{A7.4}$$

となる。最後の等式は、$\hat{\mathrm{E}}[x|v=u]$の不偏性より成立する。(A7.4)式より、(A7.1)式の下限の推定値（(A7.3)式）に上方バイアスがあることがわかる。

一方、min関数は凹関数であるので、同様の方法により、「(A7.1)式の上限の推定値に下方バイアスがある」ことを示すことができる。以上より、識別集合にmaxやminがつく場合に、推定集合が識別集合の内側になる可能性があることがわかる。

タのバウンドの標本推定量をその標準誤差と境界値を使って補正することによりパラメータの信頼集合を導出する方法を提案し、その信頼集合の一致性を理論的に示している[19]。Okumura and Usui（2014）は、①、②、③の3つのバイアス修正の方法を使って、凹増加関数と単調処置選択の仮定の下でのバウンドの信頼集合をそれぞれ計算し、互いに比較して、それぞれの方法のバイアス修正力を評価している（3つの方法のアルゴリズムは、Okumura and Usui 2014 の Appendix E を参照）。また、Chrnozhukov, Lee and Rosen（2013）の方法は、Chernozhukov, Kim, Lee and Rosen（2013）により、計量経済学の計算ソフトSTATAで使えるプログラムが提供されている。

Beresteanu and Molinari（2008）、Beresteanu, Molchanov and Molinari（2011）や Kaido and Santos（2014）は、ランダム集合理論（Random Set Theory）を使った信頼集合の推定方法を開発した。ランダム集合理論では、(7.41)式のパラメータ θ が識別集合 Θ_0 の要素であるという帰無仮説の代わりに、パラメータ θ の集合が識別集合 Θ_0 と一致するという帰無仮説を仮説検定する。具体的には、パラメータ θ の推定集合 Ψ と識別集合 Θ_0 のハウスドルフ距離を測り、それが境界値より大きければ、帰無仮説を棄却する。境界値は、ブートストラップ法により求めている。よって、この方法によって導出された信頼集合は、7.4.1項の最初に説明した、「集合推定における信頼集合の2つの定義」のうち、Chernozhukov, Hong and Tamer（2007）が提示した「識別集合 Θ_0 自身に対する信頼集合」となる。Beresteanu and Molinari（2008）の方法は、Beresteanu, Molinari and Morris（2010）により、STATAで使えるプログラムが提供されている。

Moon and Schorfheide（2012）、Kitagawa（2012）、Giacomini and Kitagawa（2015）、Kline and Tamer（2016）は、ベイズ推定の方法を使った推定方法を開

---

19) 脚注18のように、パラメータ θ のバウンドが、$\max_{u \in V}\{\theta^L(u)\} \leq \theta \leq \min_{u \in V}\{\theta^U(u)\}$ と表されるとき、$\theta^U(u)$ の標本統計量 $\hat{\theta}^U(u)$ に、その標準誤差 $\hat{\sigma}^U(u)$ と境界値 k_p の掛け算を加えた $\hat{\theta}^U(u) + \hat{\sigma}^U(u) \times k_p$ を作り、$\min_{u \in V}\{\hat{\theta}^U(u) + \hat{\sigma}^U(u) \times k_p\}$ を θ の上側の信頼区間とする。同様に、$\max_{u \in V}\{\hat{\theta}^L(u) - \hat{\sigma}^L(u) \times k_p\}$ を θ の下側の信頼区間とする。境界値 k_p は、理論的に求める方法とシミュレーションにより求める方法が提案されているが、シミュレーションの方法が推奨されている。

発した。Moon and Schorfheide（2012）は、(7.41)式の識別集合 Θ_0 の要素であるパラメータの信頼集合をベイズ推定した場合、パラメータの事前分布が異なると事後分布も（漸近的にも）異なり、そして、信頼集合が頻度主義による信頼集合の内側になることを示した。その問題に対し、Kitagawa（2012）とGiacomini and Kitagawa（2015）は、パラメータの事前分布をデータにより更新される部分と更新されない部分に分け、前者の事後分布が「識別集合 Θ_0 自身に対する信頼集合」になると考え、ロバストベイズ推定の方法により信頼集合を求めた。Kline and Tamer（2016）は、パラメータの事後分布がその事前分布に漸近的に依存しないためのベイズ推定の方法を提案し、信頼集合を求めた。Kitagawa（2012）とKline and Tamer（2016）は、ベイズによる更新された事後分布の信頼集合（credible set）が、頻度主義による信頼集合（confidence set）に漸近的に一致することを示している。

　Chernozhukov, Chetverikov and Kato（2014）は、モーメント不等式の制約式の数が多い場合の推定方法を開発した。とくに、制約式の数が標本数とともに（無限に）増加する場合において、それに適した検定統計量と境界値を使って、信頼集合を推定する方法を開発した。

7.5　おわりに

　本章では、部分識別の推定（集合推定）の方法について説明した。これらの推定方法がある程度確立されたことにより、近年、部分識別の実証分析が盛んに行われるようになった。とくに、従来は識別問題の難関があったために十分に分析できなかった研究課題や、あるいは、識別問題をクリアするために必ずしも根拠が十分ではない「強い仮定」が必要であった課題に対し、現在、この部分識別の手法を活用した実証分析が精力的に行われている。その結果、「強い仮定」に基づく既存の実証研究の結果を覆すような、新たな推定結果が次々と示されている。

● 参考文献

Andrews, D. K. W. and P. J. Barwick (2012) "Inference for Parameters Defined by Moment Inequalities: A Recommended Moment Selection Procedure," *Econometrica*, 80(6), pp.2805-2826.
Andrews, D. K. W. and P. Guggenberger (2009a) "Hybrid and Size-Corrected Subsampling Methods," *Econometrica*, 77(3), pp.721-762.
Andrews, D. K. W. and P. Guggenberger (2009b) "Validity of Subsampling and 'Plug-in Asymptotic' Inference for Parameters Defined by Moment Inequalities," *Econometric Theory*, 25(3), pp.669-709.
Andrews, D. K. W. and X. Shi (2013) "Inference Based on Conditional Moment Inequalities," *Econometrica*, 81(2), pp.609-666.
Andrews, D. K. W. and G. Soares (2010a) "Inference for Parameters Defined by Moment Inequalities Using Generalized Moment Selection," *Econometrica*, 78(1), pp.119-157.
Andrews, D. K. W. and G. Soares (2010b) "Supplement to 'Inference for Parameters Defined by Moment Inequalities Using Generalized Moment Selection'," (https://www.econometricsociety.org/publications/econometrica/2010/01/01/inference-parameters-defined-moment-inequalities-using)
Aneja, A., J. J. Donohue and A. Zhang (2011) "The Impact of Right-to-Carry Laws and the NRC Report: Lessons for the Empirical Evaluation of Law and Policy," *American Law and Economics Review*, 13(2), pp.565-631.
Angrist, J. D. (2006) "Instrumental Variables Methods in Experimental Criminological Research: What, Why and How," *Journal of Experimental Criminology*, 2(1), pp.23-44.
Angrist, J. D., G. W. Imbens and D. B. Rubin (1996) "Identification of Causal Effects Using Instrumental Variables," *Journal of the American Statistical Association*, 91

(434), pp.444-455.
Angrist, D. J. and J. Pischke (2009) *Mostly Harmless Econometrics: An Economist's Companion*, Princeton University Press. (邦訳:『「ほとんど無害」な計量経済学』大森義明・田中隆一・野口晴子・小原美紀訳、NTT出版、2013年)
Angrist, D. J. and J. Pischke (2015) *Mastering 'Metrics: The Path from Cause to Effect*, Princeton University Press.
Aradillas-López, A., A. Gandhi and D. Quint (2013) "Identification and Inference in Ascending Auctions with Correlated Private Values," *Econometrica*, 81(2), pp.489-534.
Aradillas-López, A. and E. Tamer (2008) "The Identification Power of Equilibrium in Simple Games," *Journal of Business and Economic Statistics*, 26(4), pp.261-283.
Bajari, P., H. Hong and S. Ryan (2010) *"Identification and Estimation of Discrete Games of Complete Information,"* Econometrica, 78(5), pp.1529-1568.
Beresteanu, A. and F. Molinari (2008) "Asymptotic Properties for a Class of Partially Identified Models," *Econometrica*, 76(4), pp.763-814.
Beresteanu, A., I. Molchanov and F. Molinari (2011) "Sharp Identification Regions in Models with Convex Moment Predictions," *Econometrica*, 79(6), pp.1785-1821.
Beresteanu, A., F. Molinari and D. S. Morris (2010) "Asymptotics for Partially Identified Models in STATA," (コーネル大学経済学部のMolinari教授のホームページに掲載: https://molinari.economics.cornell.edu/programs.html)
Berk, R. A. and L. W. Sherman (1988) "Police Responses to Family Violence Incidents: An Analysis of an Experimental Design With Incomplete Randomization," *Journal of the American Statistical Association*, 83(401), pp.70-76.
Berry, S., and E. Tamer (2006) "Identification in Models of Oligopoly Entry," in: R. Blundell, W. Newey and T. Persson (eds.), *Advances in Economics and Econometrics, Ninth World Congress of the Econometric Society*, Vol.2, pp.46-85, Cambridge University Press.
Bloom, H. (1984) "Accounting for No-Shows in Experimental Evaluation Designs," *Evaluation Review*, 8(2), pp.225-246.
Blume, L. E., W. A. Brock, S. N. Durlauf and Y. M. Ioannides (2011) "Identification of Social Interactions," in: J. Benhabib, A. Bisin and M. O. Jackson (eds.), *Handbook of Social Economics*, Vol.1, pp.853-964. North-Holland.
Blundell, R., A. Gosling, H. Ichimura and C. Meghir (2007) "Changes in the Distribution of Male and Female Wages Accounting for Employment Composition Using Bounds," *Econometrica*, 75(2), pp.323-363.
Bresnahan, T. and P. Reiss (1990) "Entry in Monopoly Markets," *Review of Economic Studies*, 57(4), pp.531-553.
Bresnahan, T. and P. Reiss (1991) "Empirical Models of Descrete Games," *Journal of*

Econometrics, 48(1-2), pp.57-81.

Bugni, F. A. (2010) "Bootstrap Inference in Partially Identified Models Defined by Moment Inequalities: Coverage of the Identified Set," *Econometrica*, 78(2), pp.735-753.

Canay, I. A. (2010) "EL Inference for Partially Identified Models: Large Deviations Optimality and Bootstrap Validity," *Journal of Econometrics*, 156(2), pp.408-425.

Card, D. (1999) "The Causal Effect of Education on Earnings," in: O. Ashenfelter and D. Card (eds.), *Handbook of Labor Economics*, Vol.3A, pp.1801-1863, Ch.30, North-Holland.

Card, D. (2001) "Estimating the Return to Schooling: Progress on Some Persistent Econometric Problems," *Econometrica*, 69(5), pp.1127-1160.

Carneiro, P., J. J. Heckman and E. J. Vytlacil (2011) "Estimating Marginal Returns to Education," *American Economic Review*, 101(6), pp.2754-2781.

Chernozhukov, V., D. Chetverikov and K. Kato (2014) "Gaussian Approximation of Suprema of Empirical Processes," *Annals of Statistics*, 42(4), pp.1564-1597.

Chernozhukov, V., H. Hong and E. Tamer (2007) "Estimation and Confidence Regions for Parameter Sets in Econometric Models," *Econometrica*, 75(5), pp.1243-1284.

Chernozhukov, V., W. Kim, S. Lee and A. M. Rosen (2013) "Implementing Intersection Bounds in STATA," *Stata Journal*, 15(1), pp.21-44.

Chernozhukov, V., S. Lee and A. M. Rosen (2009) "Intersection Bounds: Estimation and Inference." CeMMAP Working Paper, CWP19/09.

Chernozhukov, V., S. Lee and A. M. Rosen (2013) "Intersection Bounds: Estimation and Inference." *Econometrica*, 81(2), pp.667-737.

Chesher, A. and A. Rosen (2017) "Incomplete English Auction Models with Heterogeneity," CeMMAP Working Paper, CWP27/17.

Chetverikov, D., A. Santos and A. M. Shaikh (2018) "The Econometrics of Shape Restrictions," *Annual Review of Economics*, 10(1), pp.31-63.

Ciliberto, F. and E. Tamer (2009) "Market Structure and Multiple Equilibria in Airline Markets," *Econometrica*, 77(6), pp.1791-1828.

Galichon, A. and M. Henry (2011) "Set Identification in Models with Multiple Equailibria," *Review of Economic Studies*, 78(4), pp.1264-1298.

Gerfin, M. and M. Schellhorn (2006) "Nonparametric Bounds on the Effect of Deductibles in Health Care Insurance on Doctor Visits - Swiss Evidence," *Health Economics*, 15(9), pp.1011-1020.

Giacomini, R. and T. Kitagawa (2015) "Robust Inference about Partially Identified SVARs," Manuscript, UCL.

Ginther, D. K. (2000) "Alternative Estimates of the Effect of Schooling on Earnings," *Review of Economics and Statistics*, 82(1), pp.103-116.

González, L. (2005) "Nonparametric Bounds on the Returns to Language Skills," *Journal of Applied Econometrics*, 20(6), pp.771-795.

Haile, P. A. and E. Tamer (2003) "Inference with an Incomplete Model of English Auctions," *Journal of Political Economy*, 111(1), pp.1-51.

Hogg, R. V., J. W. McKean and A. T. Craig (2012) *Introduction to Mathematical Statistics*, 7th Edition, Pearson.

Imbens, G. W. and J. D. Angrist (1994) "Identification and Estimation of Local Average Treatment Effects," *Econometrica*, 62(2), pp.467-475.

Imbens, G. and C. F. Manski (2004) "Confidence Intervals for Partially Identified Parameters," *Econometrica*, 72(6), pp.1845-1857.

Jovanovic, B. (1989) "Observable Implications of Models with Multiple Equilibria," *Econometrica*, 57(6), pp.1431-1438.

Kaido, H. and A. Santos (2014) "Asymptotically Efficient Estimation of Models Defined by Convex Moment Inequalities," *Econometrica*, 82(1), pp.387-413.

Katz, L. F. and K. M. Murphy (1992) "Changes in Relative Wages, 1963-1987: Supply and Demand Factors," *Quarterly Journal of Economics*, 107(1), pp.35-78.

Kawai, K. and Y. Watanabe (2013) "Inferring Strategic Voting," *American Economic Review*, 103(2), pp.624-662.

Kitagawa, T. (2012) "Estimation and Inference for Set-Identified Parameters Using Posterior Lower Probability," Manuscript, UCL.

Kline, B. and E. Tamer (2012) "Bounds for Best Response Functions in Binary Games," *Journal of Econometrics*, 166(1), pp.92-105.

Kline, B. and E. Tamer (2016) "Bayesian Inference in a Class of Partially Identified Models," *Quantitative Economics*, 7(2), pp.329-366.

Kline, B. and E. Tamer (2017) "Econometric Analysis of Models with Social Interactions," forthcoming in: B. Graham and A. De Paula (eds), *The Econometric Analysis of Network Data*, Academic Press.

Kreider, B. and S. C. Hill (2009) "Partially Identifying Treatment Effects with an Application to Covering the Uninsured," *Journal of Human Resources*, 44(2), pp. 409-449.

Kreider, B. and J. V. Pepper (2007) "Disability and Employment: Reevaluating the Evidence in Light of Reporting Errors," *Journal of the American Statistical Association*, 102(478), pp.432-441.

Kreider, B., J. V. Pepper, C. Gundersen and D. Jolliffe (2012) "Identifying the Effects of SNAP (Food Stamps) on Child Health Outcomes When Participation is Endogenous and Misreported," *Journal of the American Statistical Association*, 107(499), pp.958-975.

Lott, J. R. (2010) *More Guns, Less Crime: Understanding Crime and Gun-Control Laws*,

University of Chicago Press.

Lott, J. R. and D. Mustard (1997) "Crime, Deterrence and Right-to-Carry Concealed Handguns," *Journal of Legal Studies*, 26(1), pp.1-68.

Manski, C. F. (1989) "Anatomy of the Selection Problem," *Journal of Human Resources*, 24(3), pp.347-360.

Manski, C. F. (1990) "Nonparametric Bounds on Treatment Effects," *American Economic Review Papers and Proceedings*, 80(2), pp.319-323.

Manski, C. F. (1993) "Identification of Endogenous Social Effects: The Reflection Problem," *Review of Economic Studies*, 60(3), pp.531-542.

Manski, C. F. (1994) "The Selection Problem," in: C. A. Sims (ed.), *Advances in Econometrics: Sixth World Congress*, pp.143-170, Ch.4, Cambridge University Press.

Manski, C. F. (1995) *Identification Problems in the Social Sciences*, Harvard University Press.

Manski, C. F. (1997) "Monotone Treatment Response," *Econometrica*, 65 (6), pp. 1311-1334.

Manski, C. F. (2000) "Economic Analysis of Social Interactions," *Journal of Economic Perspectives*, 14(3), pp.115-136.

Manski, C. F. (2003) *Partial Identification of Probability Distributions*, Springer-Verlag.

Manski, C. F. (2005) *Social Choice with Partial Knowledge of Treatment Response*, Princeton University Press.

Manski, C. F. (2006) "Search Profiling with Partial Knowledge of Deterrence," *Economic Journal*, 116(515), pp.F385-F401.

Manski, C. F. (2007) *Identification for Prediction and Decision*, Harvard University Press.

Manski, C. F. (2010) "Vaccination with Partial Knowledge of External Effectiveness," *Proceedings of the National Academy of Sciences of the United States of America*, 107(9), pp.3953-3960.

Manski, C. F. (2013) *Public Policy in an Uncertain World*, Harvard University Press.

Manski, C. F. and D. Nagin (1998) "Bounding Disagreements About Treatment Effects: A Case Study of Sentencing and Recidivism," *Sociological Methodology*, 28(1), pp. 99-137.

Manski, C. F. and J. V. Pepper (1998) "Monotone Instrumental Variables: With an Application to the Returns to Schooling," NBER Technical Working Paper, No.224.

Manski, C. F. and J. V. Pepper (2000) "Monotone Instrumental Variables: With an Application to the Returns to Schooling," *Econometrica*, 68(4), pp.997-1010.

Manski, C. F. and J. V. Pepper (2009) "More on Monotone Instrumental Variables," *Econometrics Journal*, 12(s1), pp.S200-S216.

Manski, C. F. and J. V. Pepper (2013) "Deterrence and the Death Penalty: Partial Identification Analysis Using Repeated Cross Sections," *Journal of Quantitative Criminology*, 29(1), pp.123-141.

Manski, C. F. and J. V. Pepper (2018) "How Do Right-to-Carry Laws Affect Crime Rates? Coping with Ambiguity Using Bounded-Variation Assumptions," *Review of Economics and Statistics*, 100(2), pp.232-244.

Manski, C. F. and E. Tamer (2002) "Inference on Regressions with Interval Data on a Regressor or Outcome," *Econometrica*, 70(2), pp.519-547.

Matzkin, R. L. (1994) "Restrictions of Economic Theory in Nonparametric Methods," in: R. F. Engle and D. L. McFadden (eds.), *Handbook of Econometrics*, Vol.4, Ch.42, pp.2523-2558, North-Holland.

Matzkin, R. L. (2007) "Nonparametric Identification," in: J. J. Heckman and E. E. Leamer (eds.), *Handbook of Econometrics*, Vol.6B, Ch.73, pp.5307-5368, North-Holland.

Milgrom, P. and R. J. Weber (1982) "A Theory of Auctions and Competitive Bidding," *Econometrica*, 50(5), pp.1089-1122.

Moon, H. R. and F. Schorfheide (2012) "Bayesian and Frequentist Inference in Partially Identified Models," *Econometrica*, 80(2), pp.755-782.

Murphy, K. M. and F. Welch (1992) "The Structure of Wages," *Quarterly Journal of Economics*, 107(1), pp.285-326.

Okumura, T. (2011) "Nonparametric Estimation of Labor Supply and Demand Factors," *Journal of Business and Economic Statistics*, 29(1), pp.174-185.

Okumura, T. and E. Usui (2014) "Concave-Monotone Treatment Response and Monotone Treatment Selection: With an Application to the Returns to Schooling," *Quantitative Economics*, 5(1), pp.175-194.

Pakes, J., J. Porter, K. Ho and J. Ishii (2015) "Moment Inequalities and Their Application," *Econometrica*, 83(1), pp.315-334.

Politis, D., J. P. Romano and M. Wolf (1999) *Subsampling*, Springer.

Romano, J. P. and A. M. Shaikh (2008) "Inference for Identifiable Parameters in Partially Identified Econometric Models," *Journal of Statistical Inference and Planning*, 138(9), pp.2786-2807.

Romano, J. P. and A. M. Shaikh (2010) "Inference for the Identified Set in Partially Identified Econometric Models," *Econometrica*, 78(1), pp.169-211.

Rosen, A. M. (2008) "Confidence Sets for Partially Identified Parameters that Satisfy a Finite Number of Moment Inequalities," *Journal of Econometrics*, 146(1), pp.107-117.

Sherman, L. W. and R. A. Berk (1984) "The Specific Deterrent Effects of Arrest for Domestic Assault," *American Sociological Review*, 49(2), pp.261-272.

Siddique, Z. (2013) "Partially Identified Treatment Effects under Imperfect Compliance: The Case of Domestic Violence," *Journal of the American Statistical Association*, 108(502), pp.504-513.

Tamer, E. (2003) "Incomplete Simultaneous Discrete Response Model with Multiple Equilibria," *Review of Economic Studies*, 70(1), pp.147-165.

Tang, X. (2011) "Bounds on Revenue Distributions in Counterfactual Auctions with Reserve Prices," *Rand Journal of Economics*, 42(1), pp.175-203.

奥村綱雄（2015）「部分識別とその応用：処置効果を中心に」日本経済学会2015年度春季大会チュートリアルセッション招待講演（http://stat.econ.osaka-u.ac.jp/~suryo/201505/slides1.pdf）

奥村綱雄（2016）「識別とは何か」経済セミナー増刊『進化する経済学の実証分析』日本評論社

梶井厚志・松井彰彦（2000）『ミクロ経済学：戦略的アプローチ』日本評論社

末石直也（2015）『計量経済学：ミクロデータ分析へのいざない』日本評論社

● 索　引

ア　行

一様一致性（Uniform Consistency）　215
一致推定量（推定集合が識別集合の）　210
一般化モーメント選択（Generalized Moment Selection）　216
一般化モーメント選択の手順　218
一般化モーメント法（GMM）　207
因果効果　2　→　平均処置効果
凹関数　47, 107
凹増加関数の仮定（Concave Monotone Treatment Response）　19, 47, 107
　　――と単調処置選択の仮定の下での平均処置効果のバウンド　114
　　――の下での分布のバウンド　51
　　――の下での平均処置効果のバウンド　50
凹増加関数の分布バージョンの仮定　120
　　――と単調処置選択の分布バージョンの仮定の下での分布のバウンド　121
オークションゲームの識別問題　191
オークションゲームの部分識別　190
　　――の仮定　191

カ　行

確率分布　123　→　分布
確率優越　45, 63
　　――に関するパラメータ、Dパラメータ　46, 63
下限（バウンドの下限、Lower Bound）　15
過少識別　5
仮説検定　211
仮想的（Counterfactual）　8
仮定が変わると推定結果は変わる　6, 24

索引

仮定の信頼性（妥当性）　2, 120, 156
関数（反応関数）　7
教育のリターン（Returns to Schooling）　8　→　大学教育のリターン
境界値　212, 217
供給曲線・供給関数　52, 54
供給曲線と需要曲線の識別問題　51
供給曲線のシフトと需要曲線のシフトの部分識別　53
共変量（Covariates）　13, 35
局所的平均処置効果（Local Average Treatment Effect：LATE）　90, 119, 133
均衡選択（Equilibrium Selection）　185
繰り返し期待値の法則（Law of Iterated Expectations）　10, 19, 34, 69
傾向スコア法（Propensity Score Matching）　13
ゲーム理論での複数均衡の識別問題　175
結果変数（Outcomes）　7
検定統計量　212, 217
限界生産力逓減　47, 107
減少関数の仮定　46
誤差項　3
コントロール変数法（重回帰法）　13

サ 行

最悪の場合のバウンド（Worst-case Bounds）　18　→　何も仮定しないときのバウンド
最小二乗法　**13**, 28, 128, 147
最適反応関数　175
差の差推定の仮定　28
サブサンプリング（Subsampling）　215
参入ゲームの識別問題　176
参入ゲームの部分識別　185
識別（Identification）　6
　——集合（Identified Set）　207
識別問題（Identification Problem）　5, 10
識別力（Identification Power）　2, 43
死刑制度の犯罪抑止効果　33
自己選択問題、セレクションバイアス（Self-selection Problem）　93, 97, 146, 158
指示関数　177
事前事後不変の仮定　28
実現結果変数（Realized Outcome）　7
実現処置変数（Realized Treatment）　7
四分位範囲（IQR）　163
シャープ、シャープバウンド（Sharp Bounds）　20
社会的相互作用（Social Interactions）　53
集合識別（Set Identification）　186

235

集合推定（Set Estimation） 207
従属変数 3
銃の携帯許可の犯罪への効果 24
需要曲線・需要関数 52, 54
遵守者（Complier） 125, 129
順序統計量 193
条件付き確率 33
条件付き期待値 9, 34
条件付き独立の仮定 13, 35
上限（バウンドの上限、Upper Bound） 15
除外制約 14, 70 → 操作変数の仮定
食糧配給政策が子どもの健康に与える効果 146
処置変数（Treatment） 7
処置を受けた人々にとっての平均処置効果 11
処置を受けなかった人々にとっての平均処置効果 11
信頼集合（Confidence Set） 211, 212, 218
信頼性逓減の法則（Law of Decreasing Credibility） 2
推定（Inference） 6
推定集合 210
　──のバイアス 223
政策効果 46, **146**
　──の識別問題 94, 146
　──の部分識別 148
政策評価 2, 167, 201 → 政策効果
説明変数 3
全確率の法則（Law of Total Probability） 23, 33, 76
線形関数の仮定（Homogeneous Linear Response） 3, **88**, 119
　──と操作変数の仮定の下での点識別 90
　──と単調操作変数の仮定の下での平均処置効果のバウンド 91
潜在的結果変数（Latent Outcomes） 7
操作変数 70
　──と結果変数の統計的独立の仮定（Statistical Independence of Outcomes and Instruments） 76
　──と結果変数の統計的独立の仮定の下での分布のバウンド 76, 160
　──と結果変数の独立の仮定（Mean Independence of Outcomes and Instruments） 70 → 操作変数の仮定
操作変数の仮定 69
　──の下での平均処置効果のバウンド 71
操作変数法 13, 67, 89, 133
　──推定量、局所的平均処置効果、平均処置効果の関係性の図解 134
　──推定量は局所的平均処置効果となることの証明 168
増加関数の仮定（Monotone Treatment Response） 41
　──と操作変数の仮定の下での平均処置効果のバウンド 77

——と単調処置選択の仮定の下での平均処置効果のバウンド　105
　　——と単調操作変数の仮定の下での平均処置効果のバウンド　88
　　——の下での分布のバウンド　45
　　——の下での平均処置効果のバウンド　43

タ 行

大学教育のリターン（教育のリターン）　9
　　——のバウンド推定値　22, 45, 50, 75, 78, 84, 88, 101, 106, 119
単調関数の仮定（Monotone Treatment Response）　41
単調処置選択の仮定（Monotone Treatment Selection）　95
　　——の下での平均処置効果のバウンド　99
単調処置選択の分布バージョンの仮定（Stochastic Dominance Restriction）　102
　　——の下での分布のバウンド　102, 162
単調性の仮定　113
単調操作変数（Monotone Instrumental Variables）　79
単調操作変数の仮定　79
　　——の下での平均処置効果のバウンド　84
単調操作変数の分布バージョンの仮定（Monotonicity Restriction）　86
　　——の下での分布のバウンド　87, 161
値域　7
中央値　23, 58, 64, 166
賃金関数　8
賃金の不平等、賃金格差　158, 162
賃金分布　158
データ　7
点識別（Point Identification）　1
　　——の計量経済学、伝統的な計量経済学　3, **4**, 13
統計的独立の仮定（実現処置変数と結果変数の）（Statistical Independence of Outcomes and Realized Treatments）　159
同時方程式　54, 186, 206
独立の仮定（平均独立の仮定）（Mean Independence）　**12**, 27
独立変数　3
ドメスティックバイオレンス（DV、家庭内暴力）の被疑者逮捕の再犯抑止効果
　ランダム化実験法（最小二乗法）による点推定　125
　操作変数法による点推定　133
　何も仮定しないときのバウンド推定　137
　操作変数の仮定の下でのバウンド推定　138
　操作変数の仮定と単調処置選択の仮定の下でのバウンド推定　140
　操作変数の仮定と単調操作変数の仮定の下でのバウンド推定　142
ドメスティックバイオレンスのランダム化実験　124

ナ 行

何も仮定しないときの分布のバウンド　23, 160
何も仮定しないときの平均処置効果のバウンド（No-assumption Bounds）　19
能力バイアス（Ability Bias）　94

ハ 行

ハウスドルフ距離　210
バウンド（Bounds）　2
　――と信頼区間の違い　6
反証不可能（Nonrefutable）　29, 79
判別関数　216, 222
被説明変数　3
フードスタンプ（食糧配給券）　146
ブートストラップ　215, 220
不完備計量モデル（Incomplete Econometric Model）　175
複数均衡　175, **178**
不遵守者（Noncomplier）　124, 129
　――がいる場合の識別問題　128
不等式の仮定　5
部分識別（Partial Identification）　1, 14
部分識別の推定　203
　――のコンピュータ・プログラム　218, 225
プログラム評価（Program Evaluation）　9, 146　→ 平均処置効果、政策効果
分位数　23, 60, 64, 163, 218
分布　22, 157
平均処置効果（Average Treatment Effect：ATE）　9, 20
ベイズ推定　226

マ 行

マッチング法　13
無相関の仮定　4　→ 独立の仮定
モーメント不等式（Moment Inequalities）　207

ラ 行

ランダム化実験（Randomized Experiment）　13, **124**
ランダム集合理論（Random Set Theory）　225
ランダム割り当ての仮定　127
労働供給曲線のシフトと労働需要曲線のシフトの推定　62

● 著者紹介

奥村綱雄（おくむら・つなお）

横浜国立大学大学院国際社会科学研究院教授。ノースウェスタン大学博士課程修了（Ph.D. in Economics）。東京大学経済学博士。横浜国立大学大学院国際社会科学研究科助教授、ノースウェスタン大学経済学部客員研究員を経て、2007年より現職。専門は計量経済学、マクロ経済学、労働経済学、金融論。

論文：``Concave-monotone Treatment Response and Monotone Treatment Selection: With an Application to the Returns to Schooling,'' *Quantitative Economics*, 5 (1), pp. 175-194, 2014（共著）. ``Nonparametric Estimation of Labor Supply and Demand Factors,'' *Journal of Business and Economic Statistics*, 29(1), pp.174-185, 2011. ``Wealth as a Signal in the Search Model of Money,'' *International Economic Review*, 47(1), pp.87-106, 2006 ほか。

部分識別　入門──計量経済学の革新的アプローチ

●─── 2018年9月30日　第1版第1刷発行
　　　　2022年8月25日　第1版第2刷発行

著　者──奥村綱雄
発行所──株式会社　日本評論社
　　　　〒170-8474　東京都豊島区南大塚3-12-4　振替 00100-3-16
　　　　電話 03-3987-8621（販売）、03-3987-8595（編集）
　　　　https://www.nippyo.co.jp/
印刷所──精文堂印刷株式会社
製本所──株式会社難波製本
装　幀──林　健造
検印省略　©Tsunao OKUMURA, 2018
Printed in Japan
ISBN 978-4-535-55893-9

JCOPY　〈（社）出版者著作権管理機構　委託出版物〉

本書の無断複写は著作権法上での例外を除き禁じられています。複写される場合は、そのつど事前に、（社）出版者著作権管理機構（電話：03-5244-5088、FAX：03-5244-5089、e-mail：info@jcopy.or.jp）の許諾を得てください。また、本書を代行業者等の第三者に依頼してスキャニング等の行為によりデジタル化することは、個人の家庭内の利用であっても、一切認められておりません。